高等院校通用教材

应用写作

Applied Writing

主　编　杨　锋
副主编　郑周明　程　华　尹平平

暨南大學出版社
JINAN UNIVERSITY PRESS
中国·广州

图书在版编目（CIP）数据

应用写作/杨锋主编；郑周明，程华，尹平平副主编．—广州：暨南大学出版社，2011.2
ISBN 978-7-81135-752-3

Ⅰ.①应…　Ⅱ.①杨…②郑…③程…④尹…　Ⅲ.①汉语—应用文—写作—高等学校—教材　Ⅳ.①H152.3

中国版本图书馆 CIP 数据核字(2011)第 020604 号

出版发行：暨南大学出版社

地　址：中国广州暨南大学
电　话：总编室（8620）85221601
营销部（8620）85225284　85228291　85228292（邮购）
传　真：（8620）85221583（办公室）　85223774（营销部）
邮　编：510630
网　址：http：//www.jnupress.com　http：//press.jnu.edu.cn

排　版：广州市天河星辰文化发展部照排中心
印　刷：河源市天才印务有限公司

开　本：787mm×960mm　1/16
印　张：20.125
字　数：382 千
版　次：2011 年 2 月第 1 版
印　次：2011 年 2 月第 1 次
印　数：1—3000 册

定　价：29.80 元

目　录

1　应用写作基础 …… 1
1.1　应用写作概述 …… 2
1.1.1　应用写作与应用文书的相关概念 …… 2
1.1.2　应用写作的历史沿革 …… 2
1.1.3　应用文书的特点 …… 5
1.1.4　应用文书的分类 …… 5
1.2　应用写作的一般过程 …… 6
1.2.1　写作活动四要素 …… 6
1.2.2　应用写作的一般过程 …… 7
1.3　应用文的构成要素 …… 10
1.3.1　主旨 …… 10
1.3.2　材料 …… 11
1.3.3　结构 …… 12
1.3.4　语言及表达方式 …… 17

2　公文基础 …… 22
2.1　公文概述 …… 22
2.1.1　公文的概念 …… 22
2.1.2　公文的特点与作用 …… 23
2.1.3　公文的分类 …… 25
2.2　公文的格式 …… 26
2.2.1　公文用纸与印装规范 …… 26
2.2.2　公文眉首格式 …… 27
2.2.3　公文主体格式 …… 30
2.2.4　公文版记格式 …… 35
2.2.5　公文的特定格式 …… 37
2.3　公文行文规则 …… 38

2.3.1 行文规则的意义 …… 38
2.3.2 行文规则的主要内容 …… 38

3 指令性公文与法规性公文 …… 44
3.1 指令性公文 …… 44
3.1.1 命令（令） …… 44
3.1.2 决定 …… 48
3.1.3 决议 …… 51
3.1.4 指示 …… 54
3.1.5 意见 …… 57
3.1.6 批复 …… 62
3.2 法规性公文 …… 65
3.2.1 条例 …… 65
3.2.2 规定 …… 69

4 知照性公文与报请性公文 …… 76
4.1 知照性公文 …… 76
4.1.1 通知 …… 76
4.1.2 通报 …… 81
4.1.3 公报 …… 84
4.1.4 公告、通告 …… 87
4.1.5 函 …… 91
4.1.6 会议纪要 …… 93
4.2 报请性公文 …… 95
4.2.1 议案 …… 95
4.2.2 报告 …… 101
4.2.3 请示 …… 108

5 事务文书 …… 116
5.1 事务文书概述 …… 116
5.1.1 事务文书的概念与作用 …… 116
5.1.2 事务文书的特点 …… 117
5.1.3 事务文书的写作要求 …… 117
5.2 计划 …… 118

5.2.1 计划的概念与作用 …… 118
5.2.2 计划的特点与分类 …… 118
5.2.3 计划的结构 …… 119
5.2.4 计划的写作要求与例文 …… 120
5.3 总结 …… 124
5.3.1 总结的概念与作用 …… 124
5.3.2 总结的特点与分类 …… 124
5.3.3 总结的基本内容与结构形式 …… 125
5.3.4 总结的写作要求与例文 …… 127
5.4 调查报告 …… 130
5.4.1 调查报告的概念与作用 …… 130
5.4.2 调查报告的特点与分类 …… 130
5.4.3 调查报告的内容与写法 …… 132
5.4.4 调查报告的写作要求与例文 …… 133
5.5 简报 …… 137
5.5.1 简报的概念与作用 …… 137
5.5.2 简报的特点与分类 …… 137
5.5.3 简报的结构、写法与例文 …… 138

6 法律文书 …… 144
6.1 法律文书概述 …… 144
6.1.1 法律文书的概念 …… 144
6.1.2 法律文书的特点 …… 145
6.1.3 法律文书的作用 …… 146
6.1.4 法律文书的分类 …… 147
6.1.5 法律文书的学习方法 …… 147
6.2 民事起诉状 …… 148
6.2.1 民事起诉状的概念和法律依据 …… 148
6.2.2 民事起诉状的结构与写法 …… 149
6.2.3 民事起诉状的写作注意事项与例文 …… 150
6.3 民事上诉状 …… 153
6.3.1 民事上诉状的概念和法律依据 …… 153
6.3.2 民事上诉状的结构与写法 …… 154
6.3.3 民事上诉状的写作注意事项与例文 …… 156

6.4 民事答辩状 …… 159
6.4.1 民事答辩状的概念和法律依据 …… 159
6.4.2 民事答辩状的结构、写法与例文 …… 159

7 经济文书 …… 167
7.1 经济文书概述 …… 167
7.1.1 经济文书的概念与作用 …… 167
7.1.2 经济文书的特点 …… 168
7.1.3 经济文书的写作要求 …… 169
7.2 经济合同与意向书 …… 169
7.2.1 经济合同与意向书的概念 …… 169
7.2.2 意向书的写作要求与例文 …… 170
7.2.3 合同的形式和结构特点 …… 171
7.2.4 经济合同的写作要求与例文 …… 172
7.3 市场调查报告 …… 182
7.3.1 市场调查报告的概念与特点 …… 182
7.3.2 市场调查报告的种类 …… 183
7.3.3 市场调查报告的结构 …… 183
7.3.4 市场调查报告的写作要求与例文 …… 185
7.4 可行性研究报告 …… 187
7.4.1 可行性研究报告的概念 …… 187
7.4.2 可行性研究报告的基本内容与结构 …… 188
7.4.3 可行性研究报告的写作要求与例文 …… 188
7.5 商品说明书 …… 192
7.5.1 商品说明书的概念 …… 192
7.5.2 商品说明书的分类 …… 192
7.5.3 商品说明书的结构 …… 193
7.5.4 商品说明书的特点 …… 193
7.5.5 商品说明书的写作要求与例文 …… 194
7.6 广告文案 …… 198
7.6.1 广告文案的概念 …… 198
7.6.2 广告文案的形式 …… 198
7.6.3 广告文案的基本内容与结构特点 …… 198
7.6.4 广告文案的写作要求与例文 …… 201

7.7 外贸商业信函 …… 203
7.7.1 外贸商业信函的概念 …… 203
7.7.2 外贸商业信函的特点 …… 203
7.7.3 外贸商业信函的结构与格式 …… 203
7.7.4 外贸商业信函的写作要求与例文 …… 206

8 学术论文与申论 …… 212
8.1 学术论文概述 …… 212
8.1.1 学术论文的概念 …… 212
8.1.2 学术论文的特点与作用 …… 212
8.1.3 学术论文的分类 …… 215
8.2 学术论文写作 …… 216
8.2.1 学术论文的选题 …… 216
8.2.2 学术论文的资料搜集 …… 220
8.2.3 学术论文的论点确立 …… 223
8.2.4 学术论文的提纲撰写 …… 227
8.2.5 学术论文的结构与格式 …… 231
8.2.6 学位论文的答辩 …… 234
8.3 申论概述 …… 234
8.3.1 申论的概念 …… 234
8.3.2 申论考试的特点与试卷结构 …… 235
8.4 申论的应试策略 …… 237
8.4.1 阅读理解的应试 …… 237
8.4.2 申论考试概括要点的技巧 …… 239
8.4.3 申论考试提出对策的技巧 …… 240
8.4.4 申论考试综合运用应对技巧 …… 240
8.4.5 申论写作应注意的问题 …… 243

9 网络写作 …… 245
9.1 网络写作概述 …… 245
9.1.1 网络写作的概念 …… 245
9.1.2 网络写作的特点 …… 246
9.1.3 网络文体的界定与分类 …… 248
9.2 网络评论 …… 249

9.2.1　网络评论的概念与存在形式 …… 249
9.2.2　网络评论的特点 …… 250
9.2.3　网民评论的特点 …… 251
9.2.4　网络评论的写作要求与例文 …… 253
9.3　网络日志 …… 260
9.3.1　网络日志的概念与发展过程 …… 260
9.3.2　网络日志的传播特点 …… 262
9.3.3　网络日志的写作特点 …… 263
9.3.4　网络日志的分类 …… 265
9.3.5　网络日志的例文 …… 266

10　礼仪生活文书 …… 271
10.1　礼仪生活文书概述 …… 271
10.1.1　礼仪生活文书的概念 …… 271
10.1.2　礼仪生活文书的特点 …… 271
10.1.3　礼仪生活文书的作用 …… 272
10.2　礼仪生活文书写作 …… 273
10.2.1　感谢信 …… 273
10.2.2　慰问信 …… 275
10.2.3　贺信（电） …… 280
10.2.4　求职信 …… 283
10.2.5　聘书 …… 288
10.2.6　祝词 …… 290
10.2.7　悼词 …… 293
10.2.8　讣告 …… 295
10.2.9　对联 …… 299

附录：国家行政机关公文文面格式样板 …… 310
参考文献 …… 313
后　记 …… 314

内容简介

本书为高等院校应用写作课专用教材，共十章，包括党政公文、事务文书、法律文书、经济文书、学术论文与申论、网络写作、礼仪生活文书等文体的写作。本书比较全面地吸收了国内外应用写作的最新成果，注重写作训练，使学习者易于将书本知识转化为实际写作能力。

除作为教材外，本书还可作为办公室工作人员进修学习、提高写作能力的必读书籍。

1　应用写作基础

内容提示

应用写作的基本概念、特点和分类
应用写作的历史沿革
应用写作的一般过程
应用文书的构成要素

“凡有文章，倘若分类，都有类可归。”（鲁迅语）应用写作是写作学的一个重要分支。

所谓写作，是人们运用语言文字符号反映客观事物、表达思想感情、传递知识信息的创造性脑力劳动过程。凡是为了一定目的，运用书面语言表达一定思想内涵的实践，都可以称为写作。

写作作为一种富有创造性的脑力劳动过程，其早期的形态是和治理国家相关的。曹丕所论的“盖文章，经国之大业，不朽之盛事”，刘勰所论的“虽艺文之末品，而政事之先务”，说的都是这个意思。“经国”和“政事”显然是应用写作的功能。应用写作是以实用为目的的写作。美国未来学家约翰·奈斯比特在其著作《大趋势》中曾断言：“在这个文字愈来愈密集的社会，我们比以往任何时候都更需要读写技巧。”这里的“写”也同样是指应用写作而非文学创作。

应用写作与我们的日常生活和工作密切相关。无论是党政机关、企事业单位还是个人，传递信息、交流思想、表达观点都离不开应用文；现代复合型人才必须具备较高的应用写作能力，才能从容应对日常生活和工作中的诸多问题；经济高度发展的文明社会里，应用写作还关系到全民族文化素质和综合国力的提高。

1.1 应用写作概述

1.1.1 应用写作与应用文书的相关概念

应用写作有广义与狭义之分，广义的应用写作是指为适应社会生产、生活的实际需要，为解决一定的实际工作问题而从事的写作活动；狭义的应用写作主要是指在社会管理中，党政机关、企事业单位所广泛运用的各类专业性的应用文的写作。

应用文书是应用写作的文字表现形态；是国家党政机关、企事业单位、社会团体或个人在工作、学习和生活中使用的，用以处理公务或私事、传播信息、表述意愿而撰写的具有一定的惯用体式的实用性文章。

目前，在机关单位中常常存在文书、公文和文件三个概念同时使用的情况，对此我们作简要分析。

文书是一个概括性的名词，指的是一种记录信息、表达意图的文字材料。它是一切书面文字材料，包括各类公文和私文的统称。文书包括的范围是很广泛的。

广义的公文是指公务活动中形成和使用的文书，或者说处理公务时所使用的文书，是公务文书的统称。狭义的公文指的是《国家行政机关公文处理办法》和《中国共产党机关公文处理条例》中规定的法定公文。

文件是指机关、团体、企事业单位之间正式行使的具有统一格式、行文关系和指挥性内容的公文。它是公文中的一部分，或者说是公文中的主要部分。

综上所述，文书、公文和文件三个概念的含义基本上是相同的。但严格地说，它们之间既有含义宽窄之差，又有习惯称呼之别。例如，我们习惯说“文书工作”而不说“公文工作”或“文件工作”，习惯说“文书处理程序”而不说“文件处理程序”，习惯说“中央文件”而不说“中央文书”或“中央公文”。

1.1.2 应用写作的历史沿革

1. 应用写作的萌生

人类在未有文字之前，大约是在原始社会氏族公社后期就有了应用写作。《说文·叙说》中记载，古人最早是用结绳、绘画、图形符号以及契刻等方法来记载生产与生活事项，这就是应用写作最原始的形态。它产生于人们的劳动与生活之中，因为人与人需要交流与协调，部落内部需要沟通与管理。

2. 应用文雏形的出现

我国的文字大约产生于6 000年前。而真正可以称之为应用文雏形的，是殷墟出土的3 000多年前商周时期的甲骨卜辞，考古学家称之为“甲骨文书”，这是迄今为止我国有据可查的最早的应用文。甲骨卜辞主要用于占卜凶吉，上面刻的多是占卜的结果。其内容包括世系、天象、气候、食货、征伐等。这种甲骨卜辞，如果剔除其迷信的成分，可以看作商王朝用来处理政务的应用文。因而有学者认为它是我国最早的公务文书。

商周时期还出现了铸刻在铜器上的钟鼎铭文，其中记载了王室的各种活动、贵族之间订立的契约等，是我国最早的私务文书。

成书于先秦时期的《尚书》是我国现存最早、保存最完整的一部文章总集。它是一部历史文献汇编、一部以应用文为主的文集。《尚书》中的主要文种有“典”、“谟”、“训”、“诰”、“誓”、“命”等。“典”用于记载上古的典章制度；“谟”用于记载帝王、首领谈话和其治国之策；“训”用于教诲开导，给后人以警示；“诰”是训诫勉励的文告，用于告诫鼓舞民众；“誓”是将帅士卒的誓词；“命”是帝王赐命臣子的诏书。

经济方面的应用文的出现，则比政务方面的应用文稍晚。民间使用的经济方面的文书，最早见于《周礼》。在《天官·小宰》中有这样的记载：“听买卖以质剂。”“质”和“剂”为当时两种用途不同的契约。“质”用于买卖奴隶，“剂”用于交换武器、珍宝。

3. 应用文体成型与文书制度的创立

秦王朝建立后，朝廷在下令统一文字的同时，也统一了文书体例。这一时期，应用文进行了一系列的变革，形成了较为完善的体系。如：皇帝的命令，称为“制”、“诏”；臣子的上书，称为“奏”（奏章），等等。皇帝的玉印称为“玉玺”，百官用“印”或“章”，由此形成了公文的用印制度。

汉代传承了秦代的一些制度，并建立了严密的文书写作及管理制度。这一时期，应用文体趋于纷繁，较之秦代分类更细密，体式更加规范。上行文有章、表、奏、议、策、疏等之分。下行文有诏、令、诰、制、敕、谕等之分。汉高祖的《求贤诏》，汉景帝的《令二千石修职诏》，贾谊的《陈政事疏》、《论积贮疏》，晁错的《论贵粟疏》，司马相如的《上书谏猎》、《喻巴蜀檄》等都是当时的名篇。

4. 应用写作的自觉与理论的建立

魏晋南北朝时期是我国文学创作走向自觉的时代，曹丕的《典论·论文》、陆机的《文赋》、刘勰的《文心雕龙》都是文学史上重要的文艺理论著作。文学创作的发展也促进了应用写作的发展。《文心雕龙》既是我国第一部规模宏大的文学理论专著，也是我国第一部写作和应用文理论汇集，其奠定了我国古代应用写作理论的基础。应用写作由此进入到一个有一定理论指导的自觉阶段。诸葛亮的《出师表》，李密的《陈情表》，王羲之的《与恒温笺》，陶渊明的《与子俨等书》、《自祭文》，沈约的《答陆厥书》等，都是这一时期较出色的应用文。

5. 应用写作的成熟

唐宋时期的应用文出现了前所未有的繁荣，达到了历史的高峰。唐代涌现了一大批应用写作的大手笔。尤其是唐中叶，由韩愈等人倡导的“古文运动”，对应用文的发展及文风的转变，都产生了巨大影响。这一时期优秀的应用文有韩愈的《上宰相书》、柳宗元的《答韦中立论师道书》、白居易的《请赎魏征宅奏》、李白的《与韩荆州书》、刘禹锡的《陋室铭》等。

宋代提升了唐代的优势，应用文水平达到了相当的高度。代表作有范仲淹的《答手诏条陈十事》、苏轼的《上神宗皇帝书》、王安石的《上仁宗皇帝书》、欧阳修的《谢致仕表》、岳飞的《南京上高宗略》等。

6. 应用写作的繁荣

应用文的发展，在经历了唐宋的辉煌之后，元明清时期进入了相对稳定的发展时期。这一时期应用文文体分类更细密，写作要求更规范。应用文文体研究与写作理论研究得到进一步发展，应用文写作队伍更为庞大，文书制度更加系统、严密而且创新。

7. 应用文的更革与新变

辛亥革命之后，废除了沿袭几千年的旧式公文制，建立了以白话文为中心的新的文种和公文程式。1912 年，南京临时政府制定了《公文程式》，它的出现，废除了几千年封建王朝沿用的公文体式，确定了新的体式。封建色彩减少了，民主意识加强了。反映整个国家与地区经济、文化生活的文体大量产生。

8. 应用写作大发展与新的繁荣

新中国成立后，1951 年通过并颁布的《公文处理暂行办法》为新中国公文体裁的确立奠定了基础。其后，党和政府先后批准颁发了一系列有关公文写作与文书处理的文件，并根据社会的发展和现实需要不断调整修订。比如现在依据的是 2000 年发布的《国家行政机关公文处理办法》。

进入 21 世纪以后，在社会主义市场经济条件下，应用文得到极大的重视，发展更为迅速，并日趋国际化、现代化和专业化。

1.1.3 应用文书的特点

1. 实用性

实用性是应用文书最大、最本质的特点，是其区别于文学作品和其他文体的主要标志。

2. 真实性

应用文书写作对真实性的基本要求是：从实际出发，按照客观规律行文，事实确凿可信，统计数据准确无误，有根有据。

3. 思维的逻辑性

结构上要求条理清楚，段落之间具有明显的逻辑关系；陈述的事项界限清晰，不交叉；内容前后讲究因果，材料能够证明观点。

4. 格式的稳定性

约定俗成的格式成为惯用格式，如果被法定固化，就称为规范格式。应用文书多数有惯用格式，如国家行政机关公文、经济文书中的各类文体等都具有规范的格式。

1.1.4 应用文书的分类

依据的标准不同，应用文书的分类结果也不尽相同。本书按照内容特点和适用领域，将应用文书按党政公文、事务文书、经济文书、法律文书、学术论文与申论、礼仪生活文书以及网络写作分成七大类，分别介绍其写作特点与写作方法。

党政公文是指《中国共产党机关公文处理条例》所规定的14种公文：决议、决定、指示、通知、通报、公报、报告、请示、批复、条例、规定、意见、函、会议纪要；以及《国家行政机关公文处理办法》所规定的13种公文：命令（令）、决定、公告、通告、通知、通报、议案、报告、请示、批复、意见、函、会议纪要等。

事务文书是机关、团体、企事业单位在处理日常事务时用来沟通信息、安排工作、总结得失、研究问题的实用文体，主要有计划、总结、简报、调查报告、会议记录、大事记、述职报告等。

经济文书是涉及经济内容的应用文书，常用的有经济合同与意向书、市场调查报告、可行性研究报告、商品说明书、商品广告文案、商业信函等。

法律文书是司法行政机关及当事人、律师等在解决诉讼和非讼案件时使用的文书，常见的有起诉状、答辩状、委托书、上诉状、申诉状等。

学术论文是表述科研成果的文章；是运用科学的方法，用准确、科学的语言对自然科学和社会科学领域里具有一定学术价值的对象进行探讨或取得研究成果而写成的具有理论性的文章。而申论则是国家公务员考试中一种考察论辩、分析能力的思辨性很强的议论性文章。

礼仪生活文书是以礼仪为目的或在礼仪场合使用的文书，包括贺卡、请柬、名片、祝贺信、慰问信、感谢信、喜报、祝酒词、祝寿词、对联等。

网络写作是随着互联网的普及，以互联网为载体的特殊写作形式。

1.2　应用写作的一般过程

应用写作和一般写作有所不同，相对来讲是一个比较封闭的状态，它的主旨、材料、结构和语言都在其实用性、真实性、思维的逻辑性和格式的稳定性等特点的制约下，不允许有无主题变奏，不允许有想象虚构，不允许有浪漫抒情，也不允许有各行其是。要掌握应用写作的方法技巧，还需对其写作的过程作一番了解。

1.2.1　写作活动四要素

现代写作学认为，写作是一个由写作主体、写作客体、写作受体和写作载体四个要素综合作用所形成的系统活动。这就是所谓写作四要素。写作四要素是现代写作活动尤其是应用写作活动中必须充分考虑的四个方面，只有充分认识到这四要素在写作活动中的重要作用，写作者在从事写作实践活动的时候才能更加自觉地进行材料的搜集、筛选，主题的提炼，结构的完善和语言的推敲锤炼，最终写出实用规范的好文章。

1. 写作主体

写作主体即进入写作状态的人，一般谓之作者。就写作四要素而言，写作主体在写作活动中无疑是居于主导地位的要素。在应用写作活动中，尤其是公务文书写作中，写作主体是特殊的。一是因为他的写作不代表个人，而是代表整个机关单位；二是他所写的公务文章的作者不是他本人，而是机关单位或者相关负责的领导。因此，应用写作中对写作主体的心理素质、政治思想理论素质及文化知识的要求是非常高的。

2. 写作客体

写作客体泛指一切能够成为写作对象的人、事、景等客观对象。写作客体往往制约、引导着写作主体的主观能动性的发挥。在应用文写作活动中，写作客体就是工作、生活中的各种人际联系、各种例行事务和新出现的情况或事物。

3. 写作受体

写作受体即写作活动的接受对象，一般谓之读者。在应用文写作过程中，读者往往就是受文对象，一般是工作链条中的各个单位或者是有关事务的负责人，他们对于应用文的认知和对事情的把握是非常重要的。因此，写作中要充分考虑应用文的得体、规范。

4. 写作载体

写作载体是构成写作行为、以语言文字有规律地排列传递信息的组织系统，它通常由主旨、材料、结构、语言这四个基本要素构成。本章前面提及应用文的形式要素已经介绍了这四个方面，在此不再赘述。

1.2.2 应用写作的一般过程

我们以公文写作为例，说明应用写作的一般过程。

1. 准备阶段

(1) 明确行文目的。

行文目的是确定公文主旨、搜集材料、选择文种的重要依据。机关制发公文，每件都有特定的目的与要求，一般由机关领导核心确定，而后向撰文者授意，撰文者据此进行写作。这需要撰写者清晰、全面、深刻地领会发文机关的意图；通过深入领会和调研分析，把握上情和下情，吃透中央有关精神，吃透上级政策、指示精神，全面掌握本单位的实际情况。

(2) 广泛获取材料。

获取材料的主要途径有两个，一是调查，二是阅读。

调查。调查的主要方法有：典型调查法、问卷调查法、个别采访法、蹲点调查法和现场调查法。可根据实际需要选择不同的调查方法。

阅读。阅读可以帮助我们在得不到第一手资料的时候，通过别人的直接经验来丰富自己的阅历、增加自己的知识。首先要选择专业的或者相关的资料，包括法律法规、政府工作报告、会议材料和本单位以前的各种文书；其次是勤做笔记和卡片。在阅读时必须勤做笔记、卡片，随身带着笔记本，记录领导讲话内容、群众来访反馈、电视报纸摘要等。专门置备读书笔记和资料卡片，经常整理翻看，不断激活大脑宝库。

(3) 提炼正确的观点。

用观点来选择材料，通过调查、阅读，掌握大量的写作材料，通过鉴别、核实，比较分析，提炼出公文的主旨，再以主旨为中心进行选择，材料要为主旨服务。

(4) 明确受文对象。

公文的撰拟是建立在上情下达、下情上报的沟通平台上的，有着互动的双方或者多方，写作前一定要明确受文对象，并依据受文对象的级别，在国家公文处理法规规定的文种中，依据行文的目的选择文种。

2. 写作阶段

这一阶段的主要任务是：围绕观点拟定写作提纲，掌握基本表述方式，规范运用语言与谋篇布局。

(1) 围绕观点拟定写作提纲。

提纲是写作过程中的一个重要环节。撰文者先要把文稿的主要框架勾画出来，一是可以用来征求意见，避免偏离领导意图，使写作进展顺利，少走弯路；二是便于合理取舍、剪裁，树立全局观念，防止顾此失彼、前后重复或者跑题。

提纲应包括以下方面：初拟标题，主旨句，层次与段落的安排，关键段落的内容，需要过渡与照应的地方，开头和结尾的方式及其写法，重要内容的提示，大小纲目与字数的安排。

提纲的编写长短详略不拘，可根据公文的具体情况和个人习惯、写作的熟练程度而定。一般提纲中大小观点的写法有两种，一是标题式写法，二是句子式写法。标题式写法是以标题的形式把该部分内容概括出来。句子式写法是以一个能表达完整意思的句子的形式概括该部分内容。当将大大小小的观点按照它们的从属关系拟制完成后，再对选择的材料进行归类、剪辑、编排，做上记号备用。这样，一份提纲就基本完成了。

(2) 掌握基本表述方式。

应用文的语言属于事务语体，事务语体具有求明晰、少文饰、重程式的特征，所以在表达上主要是叙述、说明和议论，不用或者少用描写和抒情，并且叙述、说明、议论都是概括性的，多综合使用。

(3) 规范运用语言。

应用写作要使用规范的书面词语，比如可以使用惯用语，如“为了”、“凡”、“经”、“遵照执行”等，也可以使用行业规范术语。但是不能使用形象感强的成语、叠音词、口语、方言和俚词俗语。

应用写作要遵守语法规则，句子的结构要完整，主语、谓语、宾语及附加成分一般应完备，搭配得当。不能为了简洁而任意压缩，使句子成分残缺、表意不清。

应用写作还要适当使用修辞手法。多用消极修辞手法，运用典型事例、丰富语汇，选词造句来表现文章的生动，适当使用排比、对偶、反复的修辞手法，而不用夸张、比拟、婉曲等积极修辞手法。

（4）谋篇布局。

在一篇文章从无到有的成形过程中，剪裁和结构处于关键的地位。学习写作就要自觉锻炼剪裁与结构的能力。剪裁的主要内容是：区别主次，进行取舍，确定详写和略写。结构是紧接着剪裁之后的一项整体构造工作，也称为“布局”、“谋篇”，它的任务是使文章“言之有序”。结构的具体内容和方法本章前节已有论述，此处不再赘述。

3. 审核修改阶段

审核修改文稿是应用写作过程中最后的、不可或缺的阶段。好文章是改出来的，只有认真、精心修改，才能使文章成功完成，完善的过程比撰写的过程更长。公文中出现文字和数据的误差会给工作造成严重的损失，会影响国家和机关的信誉、权威以及工作效率，因此，修改是使文章的内容和形式精益求精、尽善尽美的保证，要进行有针对性的修改。

（1）审核修改的程序和内容。

公文的审核修改程序要复杂一些，秘书部门拿出初稿后首先要送给领导审稿，得到修改意见后进行修改。文稿审核修改的内容包括深化主题、审核内容、调整结构、修正语言、规范格式等方面。

（2）审核修改的方法。

首先是整体审视。就是对应用文的思想内容和文体形式进行整体把握。是否需要行文；是否符合行文关系，行文方式是否妥当；需要会签的是否已经会签；是否符合拟制公文的有关要求，格式是否规范；对不符合要求的公文，必要时应呈报主管领导同意后退回报文单位或部门，并说明退文理由。

其次是局部调整。局部修改是指从宏观上审阅主旨、材料、结构、语言。看观点是否有错误和偏颇之处；看材料与观点是否一致；检查开头、结尾是否需要修饰、润色或改写；检查层次、段落是否顺畅、合理、连贯；对缺少过渡和交代、照应的，则补写；根据不同文体对语言的不同要求进行检查，检查每一个语句是否符合语法，在修辞上是否妥当；通览全篇，看语言风格是否统一。凡是不合要求的，均应修改。

最后是文面把关。文面即文章的外表面貌。检查文面就是要检查文字书写、标点符号、行款格式是否规范化。具体工作是看文稿是否符合行款格式的要求，是否符合标点符号书写规定，有无错字、别字和不合规范的简化字，数目字的书写有没有不合要求、规定的。

1.3 应用文的构成要素

1.3.1 主旨

1. 主旨的概念和作用

主旨就是通过文章的具体材料所表达的中心思想、基本观点或要说明的主要问题，是作者对客观事物的评价和态度。

主旨的作用主要表现在两个方面：①主旨是文章的灵魂和生命；②主旨对行文产生制约作用。主旨制约材料取舍、布局谋篇、技巧运用，乃至拟订标题、遣词造句等，没有确定主旨就写作，难免“手忙脚乱”，甚至无法成篇。

2. 对主旨的要求

（1）正确。主旨正确的体现：符合国家的法律、法规，符合党和国家的路线、方针、政策；符合客观实际情况，能反映客观事物的本质规律，经得起实践和时间的检验。

（2）鲜明。应用文书的主旨不能像文学作品的主旨那样含蓄隐晦，必须清楚、明白、突出。赞成或反对、提倡或禁止、肯定或否定，都应一目了然。

（3）集中。应用文书不可多中心，要求主旨集中单一，内容单一，一文一事。

（4）体现领导意图。领导意图，是领导确立的工作指导思想和具体要求。领导不会签发不能体现自己意图的文稿。

3. 显示主旨的主要方法

（1）标题点旨。

即用标题概括点明主旨，概括事由或概括主旨的文字要严密、准确。如“××集团公司关于实行‘产品三包’责任制的通知”。

（2）开宗托旨。

使用主旨句，开宗托旨。在公文和其他应用文书中，明白、准确地表达主旨的句子，叫“主旨句”。主旨句以介词结构“为了……”为特征。

不出现主旨句，开宗托旨。有的应用文书开宗托旨，首句并不出现主旨句，而是直接阐述意义、主张或基本观点。

（3）小标题显旨。

小标题显旨的形式，是将文章主旨分解成几个部分，每个部分用一个小标题来显示。值得注意的是，各个小标题的排序必须体现合理的逻辑关系。如报告类文体经常以小标题来突显文书的主旨。

(4) 片言居要。

即在文章的内容转换之处揭示主旨，同时起到承上启下的过渡作用。如在分析问题到解决问题的过渡之处揭示主旨等。

(5) 篇末点旨与呼应显旨。

篇末点旨即在应用文书正文的结尾处点明写作主旨；呼应显旨是在正文的开头提出与主旨相关的问题，篇末与之相呼应。

1.3.2 材料

1. 选择材料的标准

(1) 真实。材料准确无误。

(2) 切题。材料明确、具体、有针对性，能准确说明观点。

(3) 恰当。恰当地选用材料：选择点面结合的材料说明观点；选择对比材料说明观点；选择正反材料说明观点；选择定性材料和定量材料说明观点。运用数据和图表作定量说明，使其更生动、直观，更具说服力。

(4) 新颖。材料有时代感，能表现事物的发展变化趋势，反映客观事物的最新面貌，展现新人、新事、新思想、新成果和新问题。

2. 材料处理的常用方法

(1) 筛选法。对材料进行鉴别、筛选，从纷繁复杂的材料中找到最切合主旨的材料。

(2) 类化法。将材料进行梳理归类。

(3) 截取法。选用完整事件的片断或部分。简报、通报、调查报告以及应用文书中叙事性较强的部分，常用此法。

(4) 撮要概述法。对材料加以概括压缩，使精华部分更为突出。对叙述性的事实材料，往往保留主干，抓住要点，理清线索，剔除细节，变描写、详述为略述、概述。

3. 材料与观点的组织形式

(1) 先列材料，后亮观点。先介绍事实，说明论据，或列举数字，然后归纳观点、推出结论。由事到理，说服力强。常用于叙事性较强的片断。

(2) 先亮观点，后列材料。常用层、段、条。首句先概括地亮出观点或问题，然后列举事例、陈述观点，或用理论材料和事实材料论述这个观点。这种写法观点鲜明，头绪清楚，先声夺人，引人注目。

(3) 边列材料，边亮观点。夹叙夹议，既摆事实，又讲道理，层层深入，便于理解。

1.3.3 结构

文章结构实质上就是作者思路的体现。文章的结构与作者的思想相对应或相统一。下笔之前先理清、理顺思路，为的是使结构完整、严谨和条理清晰，思想表达准确。应用文书写作构思主要是运用递进、并列、比较、归纳和演绎、综分、因果等逻辑思维方式进行，常常会综合运用几种思路成文。

1. 对应用文书结构的要求

（1）要反映客观事物的本质联系和规律。要依据事件发展的过程、事物的特征来安排正文结构，反映对象的内在本质及规律。如通报、传达重要情况、表彰或批评，都必须叙述清楚事实。

（2）要适应不同文种的体式特点。应用文书的结构安排需适应体式的规范要求，要注意应用文书文体样式的规范。如写市场调查报告，要写基本情况、分析评价和建议；写规章制度，则一般要按条款式来写。

（3）具有严密性。文章的各部分要成为统一的整体，共同表达一个主旨。文章从内容到结构都要周全，避免因遗漏而表达不全。例如，写一份请示，结构上应有请示缘由、事项和要求三个层次，使文章的部分与部分之间或呈现因果关系，或呈现主次关系，或呈现并列关系，或呈现表里关系，各部分互相弥补、协助，而不互相矛盾、拆台，共同使文章的结构及内容具有严密性。

2. 应用文书的结构类型

（1）篇段合一式。即一个段落就是一篇完整的文章。这种形式常用于内容单一的应用文书。

（2）两段式。这是内容简单、篇幅简短的应用文书常用的形式。把篇段合一式中的结语部分单独列为一段，可成为两段式；或把三段式中的结语部分省略，写作目的或缘由、行文事项各为一段。

（3）三段式。把正文分为目的或缘由、事项、结语三部分。

（4）多段式。一般是开头概述情况，说明缘由、目的或依据，主体部分若内容稍多则分为若干段，结尾单独成段或省略结尾段。层次序号用“一、（一）1.（1）”表示。

（5）分部式。这种结构形式容量较大，眉目清楚，头绪分明，用于内容较多、篇幅较长的应用文书，如工作总结、理论文章、调研文章等常用这种结构。文章分成几个大部分，每个部分就是一个层次。每个部分可用小标题或者序号列出（多用序号加小标题的形式）。小标题作为层旨句或者概括该部分中心，或者提示该部分内容范围。常体现为递进式结构，注重各部分间的逻辑联系。

（6）贯通式。贯通式不分条文，不用小标题，前后贯通，以自然段落组成全篇。围绕中心，按时间顺序、事物发展顺序或者认识顺序，抓住主要线索，比较完整地叙述或说明一个事项、一项工作、一个道理。适用于内容比较单一的叙述性或者说明性应用文书。

（7）条款（项）式。法规、规章文书多用这种形式。条款（项）式结构有两种：一是章断条连式，适用于内容多、篇幅长的法规、规章。全文分章节，章节下设条，条下设款，款下有项，项下有目。二是条文并列式，其与章断条连式的区别为：不再设章、节，适用于内容较简单、篇幅也不太长的规章文书。

（8）总分条文式。公文、规章、合同等文书常采用这种结构：①开头（即引言部分）总说。或概述情况，或说明写作目的、依据、原因，或阐明主旨，摆出结论。②主体分条文分述。每条或说明事物的一个方面，或围绕主旨阐述一个问题，或分析事件的一个原因，或提出一项要求、措施、办法等。③结尾。

（9）表格式。这是应用文书不同于其他文体所特有的一种结构形态。国家行政机关、企事业单位，如银行、保险公司及商贸公司等单位制发的有些专门文书常采用表格式。

（10）不成文式。没有一般文章那样完整的结构内容，开头、结尾、层次、段落、过渡和照应都不一定齐备，或不一定有明显标示，语言表述方式也有其特殊性，通常用图文相间的形式或者图表形式。广告等告启类文书就是典型的不成文式文书。

3. 应用文书的层次与段落

层次是文章中表现思想内容的基本单位，而段落是文章中表达完整意思的最小单位。层次着眼于整篇文章内容先后次序的划分：多数情况下，段落小于层次，几个段落表达思想内容上的一个层次；有时段落正好与层次的划分相一致，段落等于层次；个别情况下，段落大于层次，如篇段合一式的段落就是如此。

（1）层次的展开方式。

通过拟写提纲，确定层次的展开方式。应用文书层次的展开方式主要有以下几种：

递进式。递进式是层次按纵向展开的方式，其反映事物或事理本身的自然联系，结构层次之间是延续、承接、深入的关系。具体的方式有：按照时间先后顺序展开层次；按照事物或矛盾发展的各个阶段展开层次；按照作者认识的发展深化程度展开层次；按照论证推理的各个步骤展开层次。

并列式。并列式是按事物的逻辑联系进行分类归纳，按事物的构成部分、特性、性质的不同侧面来安排层次，将材料以横向排列的方式安排，结构层次间是平行、平等的关系。具体的方式有：按照观察者立足点的转移或空间位置的变换展开层次；按照事物各个构成部分展开层次；按照材料的类属展开层次；按照论述、说明的问题或各分论点展开层次。

总提分承式。较多的是先总后分，也有由总到分再到总，很少有先分后总的。应用文书中的通告、通知、会议纪要等的正文结构常呈现这种层次。

纵横交叉式。它是将纵向递进式和横向并列式综合起来交叉展开层次的方式。或以纵向为主，以横向为辅；或以横向为主，以纵向为辅。内容比较复杂、时空变换较大、篇幅较长的报告、总结、调查报告常采用纵横交叉式。

应用文书在层次的展开上，还常采用连接、转折的方式。具体写法主要有两种：一是普遍地使用序数；二是经常使用表示衔接和转接的词语和句式。常用的词语如：如下、以上、现、将、即、总之、为此、但是、一方面、另一方面、有的、同时、还有、此外、一律、所有等。常用的句式如：现将……如下；具体做法是；主要表现在以下几个方面；综上所述，等等。

（2）段落的展开方式。

段落的展开主要围绕主句进行。主句是段落中概括或提示本段中心、内容范围的句子。它起提携全段的作用。围绕主句展开段落，是写好应用文书的关键。围绕主句展开段落的方式，通常有下列八种：

通过解释、说明和阐述主句展开段落。即具体地对主句提出的概念、定义、主张或观点进行解释和阐述，以展开段落。例如：

办学要体现改革的精神。//增设学院，不增加编制。要充分挖掘党校现有的师资、场地、设施等方面的潜力。还要充分利用各种社会智力资源，聘请有实践经验、有理论素养的干部和企业家讲课，当客座教授。在生产（经营）、教学、科研相结合上下工夫，努力探索一条有特色的党校办学的新路子。

以实例说明主句展开段落。用举例来陈述、证实、说明主句以展开段落，有的用具体事例，有的用概括性例子。列举几个例子时，要注意叙述、说明的先后顺序。例如：

纵观整个20世纪末，“珠三角”的辉煌有目共睹。// 15年间，“珠三角”以国内生产总值年均递增18%的速度，将人均国民生产总值推上了1.1万元的高峰，成了中国最早跨入小康社会的地区之一。“珠江水”、“广东饼”，还有数不清的家用电器，几乎渗透到中国市场的每一个角落。

通过递进展开段落。即由浅入深、层层推进，逐步深入说明事物的本质属性或事理，以展开段落。它实质上是递进思路在段落中的运用。例如：

目前养猪业已形成三种经营形式，或称养猪的三个层次，即千家万户养猪、专业户养猪和工业化（工厂化）养猪。// 前两者数量大，存栏和出栏总量约占全省95%以上，占有举足轻重的地位。但这两个层次规模小、分散，限制了高科技的应用，因而难于进一步提高繁殖率、产肉率、商品率和经济效益，属于低层次养猪。要把这两个层次从数量增长型变为质量效益型，当务之急是集中精力发展第三个层次，才能启动前两个低层次类型。// 这是我省养猪业跃上新台阶的必由之路。

通过比较展开段落。即通过比较事物的差异或说明事物的相同点来展开段落。例如：

对技术人员的引进态度不一样。//发展快的张村，光从京、津等地请进的技术人才就有近百名，并采取师傅带徒弟的办法，为本地培养技术人员326名。靠这些人，办企业87个，今年新增产值960元；发展慢的王村，只引进外地人才11名。

通过分类展开段落。即依据同一标准对事物进行分类，以展开段落。例如：

这次检查的内容为今年6月份以来发生的各种乱涨价、乱收费行为。//(1) 违反国家规定，擅自涨价和扩大进销差率、批零差率、最高限价、指导价，提高商品价格及收费标准的行为；(2) 违反国家规定的调价备案、申报制度与监审品种的差率、利润率、临时性限价以及不实行明码标价的行为；(3) 违反国家规定，擅自提高化肥、农膜、农用柴油等农业生产资料最高限价的行为；(4) 擅自扩大收费范围，随意提高收费标准以及自立名目乱收费的行为。

通过综述与分说展开段落。即先综述后分说，这实质上是总分思路在段落中的体现。综述要概括准确，分说要善于铺陈，必要时可用序号，使分说条理更清楚。例如：

县委县政府把加快乡镇企业发展步伐作为全县经济上台阶、农民奔小康的突破口，领导重视，工作抓得实在。// 县委县政府把乡镇企业工作列入重要工作日程，县委常委会、政府常务会多次专题研究乡镇企业工作，先后4次召开大型乡镇企业会安排部署、检查指导。县委书记、县长蹲在基层调查研究，协调解决问题；主管领导集中精力抓住不放。为各乡（镇）配备了抓乡镇企业的专职副乡（镇）长，充实和加强了县乡企局和乡（镇）企业办的工作力量。明确提出，不抓乡镇企业的领导不是称职的领导，要解放思想换脑筋，不换脑筋就换人，不上台阶就下台。

通过排比句展开段落。排比句由三个或三个以上结构相同或相似、语气一致、意义相关的短语或句子连续排列构成。注意短语或句子间的逻辑排序。例如：

只有不断巩固和扩大团结，才能维护稳定的社会局面，保持和谐的人际关系；才能挖掘蕴藏的潜力，充分发挥中国人民的聪明才智；才能振奋民族精神，凝聚海内外各方面的力量。

权为民所用，情为民所系，事为民所用，利为民所谋。

通过因果关系的表述展开段落。采用这种方式展开段落，既可由因及果，又可由果溯因。例如：

实行承包经营制后，该厂生产仍然上不去。//其主要原因有以下几点：一、承包机制不健全，厂长的权、责、利没有紧密配合。二、上级主管部门的干预过多，厂里的自主权不够。三、技术力量薄弱，没有能力搞技术改造和发展新产品，以致产品在市场上缺乏竞争力。四、全厂职工当家做主的主人翁积极性也没有调动起来。

上述方式常常是几种方法综合运用，有些方法还可能与其他方法有交叉。

(3) 开头方式。

概述情况。即在开头简明扼要、切题地介绍有关情况或背景。简报、报告、会议纪要、总结等常用此法开头。

提出问题。即在开头提出问题，提示应用文书的主旨或主要内容。调查报告常用这种方式开头。

直陈目的。即在开头以“为了”、“为”等介词构成的主旨句领起下文。法规、规章、决定、通知等应用文书常用此方式。

引述来文。即在开头引述对方来文、文号，然后引出下文。复函、批复普遍使用此方式开头。

阐明观点。开头先提出观点，或者点明主旨，接着加以解释说明。

表明态度。对有关事项表明态度，作出评价，提出看法。批转、转发性通知多如此开头。

交代原因。在开头以“由于”、“因为”、“鉴于”等词领起下文，也可直接陈述发文原因。

说明根据。引用有关法律、法规或上级指示精神，具体来说，是以“根据”、“遵照”、“按照”等词语领起下文。通知、批复、规章等文书常用这种方式开头。

应用文书的开头有时是多种方式综合运用。

(4) 结尾方式。

提请求。即在结尾写上请求上级批复、批转、批准或请求对方帮助之类的话语。公文中的请示、函等普遍使用此方式结尾。

作强调。即在结尾对文中的主要问题作强调说明。

提要求。即在结尾提出要求、希望或发出号召。

作总结。即在结尾对文中的主要观点或问题作出归纳或总结。

显文种。以模式化的方式把名词性文种作动词用，并以此结尾。如“特此通告”、“特此通报”、“特此通知”、“特此报告”等。

作补充。即在结尾补充交代有关事项、事宜。通知、法规、规章等常用这样的结尾。

还有祝贺、慰问式的结尾，以及主体部分意尽即文完，不再另写结尾等方式。

1.3.4 语言及表达方式

1. 应用文书语言的基本特征

(1) 实用性。人类的语言分为实用语言和文学语言两大基本类型。实用语言只传达“实用”的内容。文学语言经过了作家“扭曲”或“施加暴力”，讲究审美、意在言外。

(2) 无歧义性。应用文书语言严格遵照其词典意义，严格遵循语法规则。应用文书只适当运用比喻、对偶、排比等常规修辞格，一般不采用夸张、通感、暗示等修辞格。应用文书的叙述多用直叙，证明则多是直接证明，应用文书的内容观点不能曲折隐晦、含糊其辞、模棱两可。

(3) 模式性。如“特此函复”这一模式化说法，如果换用别的语言表达，不可能如此简练明白。应用文书语言有相当一部分是沿用旧语、套语，如“来函收悉”、“敬请批复”等惯用语。公文具有模式化的体式。

(4) 概说性。应用文书不追求纤毫毕现的细节展示。应用文书的表述只求抓住关键、抓住要点，实行概括述说。叙述多是概述；说明多是概说；议论是“说理”而非“论理”。一般是直接地、明白地提出观点与主张。概说性的作用是使信息更精要，对读者更尊重，能更好地达到行文目的。

(5) 得体性。得体性即恰当地使用语言。应用文属于事务语体，少文饰，求明晰，重程式，语言要求平实庄重，少用口头语言和方言，不用或者慎用积极修辞。应用文书文种丰富，各类文种的用语风格也有明显的区别：指挥性公文注重庄重严肃；规章文书讲求严谨、确切、利落；计划性文书必须实在、周密、可行；会议报告应富于鼓动性等。上行文的语言应尊重而不阿谀讨好；下行文的语言应谦和但又不失度；与平行机关往来函件的语言，则应以诚以礼相待，多商量，互相尊重。惩戒坏人坏事的通报，语言应言之凿凿，义正词严。表彰好人好事的决定，语言则应热情、稳重。对上级的情况报告，不必有过多的宣传议论。对下级布置工作的通知，又不可过于原则、空洞，应实实在在、切实可行，有可操作性。有选择地使用模糊词语、委婉用语，有时会令应用文书的语言更得体。语言还应随社会的发展而有所变化，与时俱进。

2. 应用文书语言的主要表达方式

（1）说明。

说明是用简明扼要的文字，对客观事物或事理的状态、性质、特点、功能、成因、关系、功用等属性，加以客观的解释和介绍的表达方式。介绍背景材料和环境，可为叙述做好铺垫，也可为议论提供依据。应用文书的说明常与议论、叙述结合使用，常同时使用以下多种说明方式。

比较说明。即利用相同事物、事理之间的异同，或不同事物、事理之间的异同以说明被说明对象的方法。运用此法时事物之间一定要有可比性，且比较的标准要一致。例如：

世界上最深的淡水湖——俄国的贝加尔湖，由于污染，湖中的水生物至少比50年前灭绝了一半。

举例说明。即列举具体的例子以说明事物特征的方法。类型有两种：典型举例、列举性举例。例子要真实、具体，有代表性。

数字说明。即用数据来说明事物、事理的方法。例如：

在经济快速增长的基础上，城乡居民生活水平显著提高。城镇居民家庭人均纯收入由1 544.3元提高至4 377.2元，扣除价格因素，年均实际增长7.2%；农村居民家庭人均纯收入由708.6元提高到1 926元，扣除价格因素，平均实际增长5.7%，是新中国成立以来城乡居民收入增长最快的时期之一。

分类说明。即对事物或问题按统一的标准划分为不同的类别或不同的方面，逐一加以说明。例如：

营业税设置了三档税率。交通运输业、建筑业、邮电通信业、文化体育业税率为3%；金融保险业、服务业、转让无形资产、销售不动产税率为5%；娱乐业多属于高消费的范围，因此规定了5%～20%的税率，各省、自治区、直辖市人民政府所属税务机关可在税法规定的幅度内实行较高的税率。

定义说明。简要说明事物的概念或本质属性的方法，即讲明事物、事理“是什么”。“是”的前面和后面的内容可以互换。例如《现代汉语词典》给“人”下的定义：

人是能制造工具并使用工具进行劳动的动物。

图形说明。即用图形说明事物、事理的方法。图形说明具有其他说明方法所没有的直观性。

引用说明。引用有关的论述、文件资料来说明事物或问题的性状、特点、本质和规律。

（2）议论。

所谓议论，是作者对某件事情或某个问题进行分析、推理、评论，表明自己的立场、观点、意见的一种表达方式。应用文书的议论以正面议论为主，旗帜鲜明地表明观点。多与其他表达方式结合使用，如夹叙夹议。完整的议论由论点、论据、论证三要素构成。论点是统帅、核心、灵魂，论据是基础，论证是联系论点和论据的桥梁。应用文书常用的论证方法有：

例证法。即用事例或统计数据作论据，举例直接证明论点的议论方法。用作论据的事实要典型，且量要适度。列举的事实过少显得单薄，过多又会淹没、冲淡论点。例如：

米糠和麸皮含有大量维生素。这个问题，我国古代著名的医学家孙思邈早就注意到了，曾经用米糠和麸皮治疗那些患有维生素缺乏症的病人。现代科学也证明了这一点：经化学分析，米糠和麸皮中含有较多的维生素 C、B 和 E。

对比法。即将性质相反或有差异的两种或几种事物作比较，作出论断，证明论点的论证方法。例如：

我们党执政以后，特别是在新的历史条件下，能不能成功地解决党内监督问题，尤其是对高、中级干部的监督问题，是加强党的建设需要解决的一个重要问题。从党的建设实践看，这方面既有经验也有教训。哪个地方、部门什么时候党内监督工作抓得比较紧，民主集中制执行得比较好，个人专断、滥用职权和“有令不行、有禁不止”的情况就比较少，消极腐败现象也会受到抑制，出了问题一般也能得到及时解决。反之，监督工作薄弱，民主集中制受到破坏，权力被滥用而又得不到制止，往往就会出问题，甚至出大问题。

引证法。即引用经典作家的言论、党和政府的文件等证明论点的论证方法。例如：

列宁曾经说过：“忘记过去，就意味着背叛。”因此我们不能忘记先烈们为解放全中国的浴血奋战，不能忘记为探索社会主义建设规律所走过的曲折道路，不能忘记改革开放以来的奋斗历程。

因果法。即分析事物的前因后果，并以此证明论点的方法。可由因及果，也可由果溯因。例如：

我们系统内的大多数老企业，多年来负担很重，有的厂福利性开支竟占年收入的 20%；有些老厂，离退休人员工资占全厂年收入的 30% 以上，这些企业的亏损是体制造成的。有些企业没有市场意识，产品几年不变，质量低劣，大量库存积压，造成投资无法收回，从根本上说，这些企业的亏损也是体制造成的。因此，我们要走出困境，就必须深化体制改革。

喻证法。即通过打比方、讲道理来证明论点的方法。例如：

调查就像“十月怀胎”，解决问题就如“一朝分娩”。

归谬法。即将错误的观点进行合乎逻辑的推理，引出荒谬的结论，从而证明该观点错误的证明方法。例如：

阶级斗争不是推动历史的唯一动力，因为如果阶级斗争是推动历史的唯一动力，那么蒸汽机就一定是阶级斗争的产物，科学技术的进步也一定是阶级斗争的产物，而人类的发展史证明，并不是这样。

（3）叙述。

叙述是应用文书的基本表达方式。所谓叙述，是有次序地叙说、介绍人物的经历、言行或事物发展变化过程的表达方式。完整的叙述包括六要素：时间、地点、人物、事件、原因、结果。为议论提供事实依据，也要用到叙述。应用文书的叙述以顺叙为主，讲求平铺直叙，注重叙述事件的过程。一般采用概括叙述，极少是具体、详细的叙述。常与其他表达方式结合运用。如夹叙夹议、叙事论理、叙述说明等。叙述的方法有：

顺叙。顺叙是根据人物经历或事件发生、发展的自然时序进行的叙述。

倒叙。倒叙是把事件的结局或事件中最突出的片断提到前面来叙述，然后再以顺叙的方式进行的叙述。

插叙。插叙是在叙述主要事件的过程中，因为需要，暂时中断叙述主线，插入与中心事件有关的内容的叙述。

要注意叙述的人称。人称是指作者叙述的观察点、立足点。选用第一人称的叙述是主观性叙述，能给读者真实、亲切的感受；使用第二人称叙述，有亲临感，像在面对面交流；选用第三人称的叙述是客观性叙述，叙述面较广、较自由，可不受时空和经历限制。应用写作对人称使用有特定要求，如撰写总结、拟订计划必须采用第一人称，写市场调查报告则主要使用第三人称。而有些文种的写作须三种人称同时使用，如涉及第三单位的来函、去函、情况通报，就常出现“我们”、“你们”、“他们”。

问题思考

1. 你接触过哪些应用文？试分析它们和文艺文的区别。
2. 应用文的主旨有哪些表现方式？
3. 应用文的材料有哪些特点？
4. 应用文的篇章结构方式有哪些？
5. 应用文的语言有哪些基本特征？应用文说明和论证的主要方法有哪些？
6. 下面是周恩来总理修改的一份指令，它给我们哪些启示？

文中（ ）为删节内容，< >为增添内容，[ ] 为修改内容。

查我（们祖）国具有（极其珍贵）<历史文化>价值（的）[之] 文物图书，（在）过去（国民党匪帮）反动统治时（期）[代]，往往官（僚）商

(人)(互相)勾结,(偷)盗(贩)运出口,(以)[致]使我(们这些)<国>文化遗产蒙受莫大(的)损失。(现在,)[今]反动政权<业>已(经被)推翻,海(上)陆(上)运输[均]已(经)畅通(行使,)(没有阻碍了)。为了防止(这些珍贵)[此项]文物图书继续失散起见,特(别)制定(了一份)《禁止珍贵文物图书出口的暂行办法》,随(着这个命)令颁发(下去),希即转令所属(各有关)单位遵照办理为要。

写作训练

1. 下面前后两段例文都是为了说明"我县教育事业蓬勃发展"这个观点,试比较初稿和修改稿在使用材料方面的优劣。

[初稿]我县教育事业发展很快。不但办起了中小学,还办起了中专、技校,甚至大学;在校学生人数已占全县人口的四分之一,专职教师已逾两千。还聘请了不少有实践经验的兼职教师。全县乡级以上领导干部和科技人员中,百分之八十是新中国成立后的学校培养出来的。

[修改稿]我县教育事业蓬勃发展。新中国成立前,全县仅1所中学、十几所小学,现在已有小学635所、普通中学40所、职业中学4所、中专技校10所、高等学校4所;各级各类在校学生已达23万人,专职教师共2 300多人;适龄儿童入学率达99.6%,全县1986年已普及初等教育;幼儿教育、特殊教育、成人教育也都有较大发展。

2. 下面是发掘杭州雷峰塔地宫的一段报道。请将关于地宫打开过程的文字改为概括叙述。不必交代具体时间,不超过40个字。

上午9时整,考古队进入现场开始发掘。打开地宫并不容易,直到9时45分,考古人员才将压在地宫洞口的750千克的巨石移开,露出93厘米长宽、13厘米厚的大理石盖板。盖板上没有任何文字,但考古人员在紫红色的泥土中发现了10枚唐开元通宝铜钱。10时5分,盖板基本清理完毕。10时30分,盖板绘图完毕。11时整,盖板还没有打开,发掘现场发现越来越多的钱币。11时11分,最激动人心的时候到了,考古人员开始用撬杠撬开盖板。11时18分,考古人员翻开大理石盖板,地宫口终于打开了!

2 公文基础

内容提示

公文的基本概念与形成发展的过程
公文的特点、作用和分类
公文的基本格式
公文的行文方式与行文规则

2.1 公文概述

2.1.1 公文的概念

公文是公务文书的简称，是党和国家机关及其他社会团体处理公共事务并按照规定体式制作的书面材料。本书所称的公文是指党和国家在有关公文管理的法规中明确规定的公务文书，包含党的机关公文和行政公文两大类。

“行政机关的公文，是行政机关在行政管理过程中形成的具有法定效力和规范体式的文书，是依法行政和进行公务活动的重要工具。”[国务院《国家行政机关公文处理办法》（以下简称《办法》）发布于2000年8月24日，2001年1月1日起施行] 行政公文共有13种。

行政机关依照法律规定的权限管理行政区划内的具体行政事务，管理的事务最多，涉及面最广，处理的事务最具体、最复杂，因此，行政公文的发文量居于各类公文首位。

“党的机关公文，是党的机关实施领导、处理公务的具有特定效力和规范格式的文书，是传达贯彻党的路线、方针、政策，指导、部署和商洽工作，请示和答复问题，报告和交流情况的工具。”[中共中央办公厅《中国共产党机关公文处理条例》（以下简称《条例》）1996年印发]。党的机关公文共有14种。

“公文”这一概念，最早见于西晋陈寿所著《三国志》中，《魏书·赵俨传》中就有：“公文下郡，绵绢悉以还民，上下欢喜，郡内遂安。”而实际应用的公文则早很多，它是伴随着文字的产生和国家的形成而形成的。早在殷商时期的甲骨文中就有关于社会的政治、经济、军事等内容的记载，并且有较固定的格式和结构，可以说是我国最早的公文。

现存最早、最集中收录公文的书籍是《尚书》。书中所载“皆典、谟、训、诰、誓、命之文”，其中“典”、“诰”、“誓”等，均为帝王对臣民的训令、文告和法典类公文。《尚书》中记载的公文，不仅种类多，而且从体例和内容来看，也都与现代公文概念相近。

秦汉以来，随着中央集权制的加强，公文名目日趋繁复，分类也更加明确细致。如制、诏、诰、册、表、策、旨、谕、令、檄等相继出现，形式也开始相对固定。秦汉以来的公文形式一直沿用到清朝末年。中华民国建立之初，国民政府曾颁布一个公文程式条例，规定了公文的名称、种类、用法、使用范围，废除了历代封建王朝使用的公文。

新中国成立后，党和政府对公文十分重视。1951 年和1956 年，政务院和中共中央办公厅先后颁布了公文处理暂行办法，对党和政府机关文书工作作了明确的规定。改革开放以来，1981、1987 年和2000 年，为适应社会发展需要，国务院办公厅先后三次修改公文处理办法，为公文规范化、制度化、科学化奠定了坚实的基础。

2.1.2　公文的特点与作用

1. 公文的特点

公文与新闻类、文学类文体以及其他应用性文体有明显不同，其突出特点是：

（1）鲜明的政治色彩。

党的公文是实施党的领导，“传达贯彻党的路线、方针、政策”的工具；行政公文则是各级政府及其部门“依法行政和进行公务活动”的重要工具。因此，无论是党的公文还是行政公文，其内容都有鲜明的政治色彩，所体现的是党和国家的意志。从根本上说，公文就是为制定政策、传达政策、落实政策，为促进社会文明进步、巩固人民民主的国家政权、建设现代化强国服务的文书。

（2）作者的法定性。

所谓“法定”，是指公文这种文体不是哪一个人想写就可以随便写的，它的作者必须是根据有关法规成立的，能以自己的名义单独行使法定的职能、权力，并有能力承担一定的责任、履行自身义务的组织。这些组织包括党的各级机关和国家的各级行政机关。有些公文的作者虽然署名是某领导人，但并不意味着作者就是以个人的名义说话。因为领导人的职务是遵照一定的法律规定、履行一定的法定程序后被选举或任命的，当他代表所在的机关制作公文时，实际上是在行使自己法定的职权。

（3）格式的规范性。

公文是兼有记叙文、议论文和说明文的特点，但又不与之等同、不隶属于这三种文体的一种特殊文体。公文需要叙事，但是比记叙文中的叙事简明扼要。公文离不开说明，不过常常是点到为止，对一些细节并不解说得十分具体。公文也时有议论，却又很少见到大段的论辩，而且和议论文中议论的目的也不相同。

公文有自己特定的格式。中共中央办公厅和国务院办公厅都就公文的格式颁布过规定。国家技术监督局在 1999 年 12 月 27 日发布了标准编号为“GB/T9704—1999”的《国家行政机关公文格式》（以下简称《公文格式》），这是现行关于行政机关公文格式的国家标准。另外，公文对文面也有一些特殊要求，如纸的尺寸、标题的排列式样、页面的布置，以及落款、日期，等等。对此，行文时都必须遵守，不得标新立异。

（4）处理程序的规定性。

公文的制发和办理都必须经过法定的处理程序。一份向外发出的文件，必须经过草拟、核稿、签发、复核、缮印、用印、登记、分发等程序；收到的文件也必须经过签收、登记、传阅、拟办、批办、承办、催办、注办、立卷归档等程序。少一个程序，文件就可能失去特定效用。正因为如此，公文的形成和运转不可能是机关某一个组织机构的专门职能，而是牵涉到机关中的许多部门和负责人的一项综合性工作。

2. 公文的作用

公文在机关工作中发挥着重要作用。具体来讲，其作用主要表现在以下几个方面：

（1）领导与指导作用。

中国共产党是执政党，是我国各项事业的领导核心。实现党的领导的重要途径，是使党的主张经过法定程序变成国家意志，通过制定和发布各种文件把党的方针政策和领导意图传达贯彻下去。党的领导机关制发的公文虽然不是法规，却是法律法规赖以产生的重要指导思想和理论依据，具有领导和规范功能。因此，党的有关重大方针政策性文件也就具有很强的权威性和说服力。在政府机关，上级机关及其职能部门同样是通过制发相关公文，对下级机关及其职能部门的工作进行领导和指导。

公文是加强集中领导、维护政令统一、保证工作有序开展并取得良好成效的重要工具。它既是领导职能的具体体现，也是下级工作的方向和路标，是下级机关开展工作必须遵循的准则和指南。

（2）规范与准绳作用。

在公文中，有相当一部分是规范性公文，如章程、规定、办法等。这类公文虽不同于法律、法令、行政法规，但都是根据宪法和实际需要制定出来，并作为重要行为准则来使用的，是一定范围内人们的行为规范。比如《办法》，就是各级行政机关撰制和处理公文的规范。这类公文是宪法和法律在特定范围内的延伸和补充，在组织内部具有较强的约束作用。

（3）依据与凭证作用。

公文是机关、单位公务活动的真实记录。它印证了公文作者的合法身份，记录了各项管理活动的性质和状态。相当一批公文还将转化为机关工作的档案，被永久或长期保存，是若干年后编史修志的重要依据。此外，每一份公文都反映了制发者的意图，上级机关的公文对下级机关无疑是工作依据，下级机关据此执行落实；下级机关的公文对上级机关来说，也同样具有依据作用，比如工作情况的报告等，都是上级机关作出决策、指导工作时的参考依据。因此，公文具有重要的依据和凭证作用。

2.1.3 公文的分类

公文按照不同标准，可以有多种分类方法。

1. 按行文关系分类

（1）上行文。在垂直的领导系统中，下级机关向上级机关呈报的公文，就是上行文。上行文有报告、请示两种。每一种又都有逐级上行文和越级上行文。

（2）下行文。上级机关向下级机关发送的公文，就是下行文。下行文文种比较多，包括命令（令）、决定、决议、指示、意见、公报、公告、通告、通知、通报、批复、会议纪要等。有逐级下行文和多级下行文。

（3）平行文。它是指没有领导或指导关系的机关之间，即不相隶属机关或平级之间往来的公文。包括函和议案，有时通知也用作平行文。

有一些面向全社会、没有特定的主送机关和特定的行文方向的公文，如公告、通告、公报等，有时我们把它们另分一类，称作泛行文。

2. 按适用范围分类

《办法》规定，行政公文有 13 种：命令（令）、决定、公告、通告、通知、通报、议案、报告、请示、批复、意见、函、会议纪要。

《条例》规定，党的机关公文有 14 种：决议、决定、指示、通知、通报、公报、报告、请示、批复、条例、规定、意见、函、会议纪要。

3. 按性质作用分类

（1）指令性公文。它是党和国家领导机关发布的具有领导性、指挥性和对下级进行工作指导所使用的公文。这类公文有些有一定的约束力，主要用于阐明工作原则、方法和措施，提出具体的工作目标等。主要文种有命令（令）、指示、决定、决议、意见、批复。

（2）知照性公文。它是上级机关向下级机关或者人民群众、有关人员告知某些事项，传递某些信息或者应当遵守的事项所使用的公文。主要文种有通知、通报、公报、公告和通告以及某些带有通知性质的函。这类文种有些可以登报、广播和张贴，如公告和通告。

（3）报请性公文。它是下级机关向上级机关汇报工作、反映情况，提出意见或建议，答复询问，请求指示或批准时使用的公文。主要文种有报告、请示，以及一些带有请求批准事项的函和议案。

（4）法规性公文。它是对党的章程和国家的法律、政策的有关规定进行阐发或扩展，内容具有较强的法规性、权威性与约束力的公文。主要文种有条例和规定。

以上划分方法只是大致上对公文种类进行归类，有时一种公文可以归入两种或以上类别。

2.2 公文的格式

公文的格式，指的是公文的书面形式，或称公文的外观形式、表现形式。公文格式具有较强的规范性，这不仅增强公文的整体效果，而且也方便阅读、传递与处理，对提高公文效用具有十分重要的意义。

公文的格式包括公文的文面格式和用纸、印装规范。文面格式又由眉首、主体、版记三部分组成。

2.2.1 公文用纸与印装规范

1. 公文用纸及版面尺寸

《公文格式》规定：公文用纸一般使用纸张定量为60g/m～80g/m 的胶版印刷纸或复印纸。纸张白度为85%～90%，横向耐折度≥15 次，不透明度≥85%，pH 值为7.5～9.5。

公文用纸幅面尺寸采用国际标准 A4 型纸，其成品幅面尺寸为210mm×297mm。

公文页边与版心尺寸：公文用纸天头（上白边）为37mm±1mm。

公文用纸订口（左白边）为28mm±1mm。

版心尺寸为：156mm ± 225mm（不含页码）。

2. 排版规格与印制装订要求

排版规格（页面设置）：正文用 3 号仿宋体字，一般每面排 22 行，每行排 28 个字。

装订要求：公文应左侧装订，不掉页，不脱落，后背平整。

2.2.2 公文眉首格式

公文首页红色反线（宽度同版心，即 156mm）以上的各要素为公文的眉首格式。眉首格式包括：公文份数序号、秘密等级和保密期限、紧急程度、发文机关标识、发文字号、红色反线、签发人。

1. 公文份数序号

公文份数序号是指将同一文稿印制若干份时每份公文的顺序编号。编号的目的在于加强对保密文件的管理，即便于文件的登记、分发、回收时对号核点。“绝密”、“机密”级公文应当标明份数序号。普发性公文一般不用编份数序号。

标注公文份数序号时，一般用 7 位阿拉伯数码顶格标识在版心左上角第一行。数码不足规定的位数时，前面用“0”补齐。比如：公文份数序号为第 485 份，应写成“0000485”。另外，也有将份数序号用“NO：××××××1”或“编号××××××1”来标识的。

2. 秘密等级和保密期限

（1）秘密等级。

根据《办法》第三章第十条第一款的规定：涉及国家秘密的公文应当标明密级和保密期限。标明公文的秘密等级目的在于引起处理和保管公文单位的注意，确保国家秘密的安全。行政公文的秘密等级可以划分为绝密、机密、秘密三个等级。

（2）保密期限。

根据国家保密局 1990 年 9 月 19 日发布、1991 年 1 月 1 日起施行的《国家秘密保密期限的规定》第二条：“确定国家秘密事项的密级时，应当同时确定保密期限。”第三条中又指出：“国家秘密的保密期限，除有特殊规定外，绝密级事项不超过 30 年，机密级事项不超过 20 年，秘密级事项不超过 10 年。”保密期限届满即自动解密。

（3）秘密等级和保密期限的标识方法。

书面形式的密件，其国家秘密的标识为“★”，“★”前标密级，“★”后标保密期限。比如：秘密★1 年、机密★15 年、绝密★30 年。标识秘密等级，用 3 号黑体字，顶格标识在版心右上角第 1 行，两字之间空 1 字；期限不作标注的一般按保密20年认定。

在保密公文的制作与处理工作中，应该按照如下要求执行：① 保密公文应当在信封上标明秘密等级，属于绝密的公文还应当在封口处加盖密封章或贴密封签；② 用传真机传送秘密文件时，必须采用加密装置；③ 用计算机、电话传送秘密文件时，必须使用专线传送；④ 绝密公文不得用计算机、传真机传送；⑤ 标识文件保密级别时必须认真谨慎，不可随意提高或降低密级；⑥ 传送公文应当由机要秘书、机要室专门负责，由机要通信部门传递或指定专人传递。

3. 紧急程度

紧急程度是对公文送达和办理时限上的要求。《办法》第三章第十条第二款中指出：紧急公文应当根据紧急程度分别标明“特急”、“急件”。标识紧急程度，用3号黑体字顶格标识在版心右上角第1行，两字之间空1字；如需同时标识秘密等级与紧急程度，秘密等级顶格标识在版心右上角第1行，紧急程度顶格标识在版心右上角第2行。

有的公文将紧急程度写进标题，而不在眉首注明，如“关于××××××××问题的紧急通知”，这不符合规范，应当按照有紧急程度的文件处理。

4. 发文机关标识

发文机关标识又称版头，位于文头正中间，版头形式有以下几种：

（1）文件式。

由发文机关全称或规范化简称后加“文件”组成。比如“中华人民共和国国务院文件”或“国务院文件”、“中共广东省委文件”。这种版头严肃庄重，适用于正式公文。

（2）函件式。

只标识发文机关全称或规范化简称。比如“广东省人民政府”、“中共广东省委办公厅”。这种版头简便明了，主要用于函件。

（3）联合行文。

联合行文时主办机关名称在前，“文件”二字置于发文机关名称右侧，上下居中排布；如联合行文机关过多，必须保证公文首页显示正文。比如：

教育部
文化部　文件
财政部

发文机关标识位置：发文机关标识上边缘至版心上边缘为25mm。上报的公文，发文机关标识上边缘至版心上边缘为80mm。

发文机关标识推荐使用小标宋体字，用红色标识，平时所说的“红头文件”即指此。字的大小由发文机关根据醒目、美观原则酌定，但一般应小于

22mm × 15mm 。

5. 发文字号

发文字号是指发文机关编排的文件的代号。凡有发文机关标识的文件都有发文字号。

(1) 发文字号的组成。

发文字号由发文机关代字、年份和序号组成。比如：国务院于2010年11月21日发布的《国务院关于当前发展学前教育的若干意见》(国发〔2010〕41号)一文，其发文字号是“国发〔2010〕41号”，“国”是国务院的代字，“〔2010〕”是发文年份，“41号”是国务院2010年的发文顺序号，即表明这一文件是该年度国务院发出的第41号文件。

(2) 发文字号的标识。

发文字号位于发文机关标识下空2行，用3号仿宋体字，居中排布。年份、序号用阿拉伯字数标识，年份标全称，用六角括号“〔 〕”括入。序号不编虚位(即“1”不编为“001”)，不加“第”字。上行文需注明签发人姓名时，把发文字号放在左侧，签发人姓名放在右侧，二者左右对称。

函及一些议案、批复，一般在发文机关代字之后加“函”字。如国务院的发文字号写作“国函〔2010〕×号”；广东省政府办公厅的发文字号写作“粤办函〔2010〕×号”。

联合行文只标明主办机关发文字号。

代字一般应选用机关和部门名称中最有代表性的字，应当反映发文机关或部门的性质。其表现形式可用“×发”。比如“粤发”、“穗发”。发文机关和机关内各部门的代字由办公厅(室)、秘书部门统一编排，以免重复。比如“粤办〔2008〕×号”、“穗人字〔2010〕×号”、“粤高教人〔2009〕×号”。

(3) 发文字号的作用。

一是统计发文的数量，便于文件管理。二是在查找和引用文件时可作为文件的代号使用。

6. 红色反线(间隔横线)

红色反线位于发文字号之下，作用在于把眉首部分和主体部分隔开，长度即为版心的宽度，即156mm。

党的机关公文红色反线中间要加一颗红五星；行政公文反线仅为一条红色线。

7. 签发人

上行文应当注明签发人、姓名，以示负责，证实公文的效用。

（1）签发人的分责。

本机关制发的上行文，由主要负责人或者主持工作的负责人签发；带全局性的重要公文，由政府主要领导人签发；局部性、事务性公文，由政府分管领导或业务主管部门领导签发；联合行文要求联合行文机关负责人签发；办公室公文由办公室主任或秘书长签发。

（2）签发人的标注。

标识签发人姓名，平行排列于发文字号右侧。发文字号居左空1字，签发人的姓名居右空1字；“签发人”三字用3号仿宋体字，后标全角冒号，冒号后用3号楷体字标识签发人姓名。

如有多个签发人，主办单位签发人姓名应置于第1行，其他签发人姓名从第2行起在主办单位姓名之下按发文机关顺序依次顺排，下移红色反线，应使发文字号与最后一个签发人姓名处在同一行，并使红色反线与之的距离为4mm。

2.2.3 公文主体格式

红色反线以下至主题词以上的各要素为公文的主体格式。

主体格式包括：公文标题、主送机关、正文、附件、成文日期、印章。

1. 公文标题

（1）公文标题结构。

公文的标题就是公文的题目。公文标题由发文机关名称、事由、文种三部分组成。应当准确简要地概括公文的主要内容并标明公文种类和发文机关。公文标题中除法规、规章名称加书名号外，一般不用标点符号。

（2）公文标题形式。

公文标题有两种形式：

①完全式。比如：

中共中央	关于加强党的执政能力建设的	决定
（发文机关名称）	（事由）	（文种）

从语法角度看，公文标题应该是一个以公文文种名称为中心词的偏正结构，而不是一个完整的句子。标题中的事由是对公文主要内容的概括，一般都用介词“关于”和表达主要内容的短语组成介词结构，作为文种的定语。

②省略式。就是省略公文标题三项中的一两项的标题。比如：

关于澳门特别行政区政府刘××任职的通知

××市人民政府通告

通告

公文标题的省略是有条件的。若前有版头，后有印章，则省去发文机关不但不会引起误会，反而简洁。有些公文，正文很短，一看就明白，也就可以省略事由部分。

（3）公文标题的标注。

①公文标题位于红色反线下空2行，用2号小标宋体字。

②如果标题的字数偏多，需要分行排列，一行、两行或三行均可，但注意不要把各行上下对齐排成等长。

③不得将两个字以上的词拆开排在不同行的首尾，特别是不要将书名、人名、地名、数字及短语等分离，以免产生歧义。比如：

国务院办公厅转发发展改革委 农业部
关于加快转变东北地区农业发展
方式建设现代农业指导意见的通知
国办发〔2010〕59号

又如：

国务院办公厅关于贯彻落实全国
知识产权保护与执法工作电视电话
会议精神任务分工的通知
国办函〔2010〕169号

④法规、规章类公文标题可标注书名号，比如：

工业和信息化部 科学技术部关于
印发《赤泥综合利用指导意见》的通知
工信部联节〔2010〕401号

⑤“请示”这一文种，在任何情况下都不能省略事由。

⑥批转、转发性公文的标题。

下发本机关制定的行政法规、规章（包括条例、规定、办法等）等公文时，标题中用“发布”或“印发”。比如：“××省人民政府关于印发《安全生产事故调查处理及行政责任追究暂行规定》的通知”、“关于印发《对外使用国徽图案的办法》的通知”。用“发布”和“印发”也有一定区别，用“发布”严肃性强，而用“印发”则较为一般。

下发上级、同级和不相隶属机关的公文时，标题中用“转（印）发”。比如：“国务院办公厅转发教育部直属师范大学师范生免费教育实施办法（试行）的通知”（国办发〔2007〕34号）。

上级机关对于下级送来的公文，认为具有普遍意义时，在前面加上批示性意见，发给所属下级机关执行或参照执行时，标题中用“批转”。比如：“国务院批转公安部关于推进小城镇户籍管理制度改革意见的通知”（国发〔2001〕6号）。如果上级机关对于下级机关的来文，没有在前面加批示意见，一般可用“印发”或“转发”。

批转、转发性公文标题，可只将原标题中的事由交代清楚，而不必照抄原标题。对于标题中出现的几个“关于”及重复的文种，可在清楚表达文意的前提下，进行必要简化。比如：“××县人民政府转发国务院人事部关于为××同志恢复名誉的通知”，省略了中间过渡的机关，直转最上级原文，使标题简洁、醒目。

2. 主送机关

主送机关俗称抬头，是公文的主要受理机关。主送机关应当使用全称或者规范化简称、统称。

统称是对两个或两个以上名称的总称。一般有两种情况：一种是同类、同种机关的统称；另一种是相关类、种机关的统称。比如：公安局、检察院、法院同属司法机关，可统称为“公检法”；而文化、教育是相近的两个系统，常把这两个系统统称为“文教系统”。

主送机关的标注：

（1）主送机关位于标题下空1行，左侧顶格用3号仿宋体字标识，回行时仍顶格；最后一个主送机关名称后标全角冒号。

（2）上行文的主送机关一般只写一个，特别是请示，不能多头主送，如需同时报送另一个上级机关，则可以用抄送的形式。受双重领导的机关，如需向上级机关请示，则应根据请示的内容，一般主送其中负责答复和解决问题的上级机关，对另一个上级机关则采用抄送的方式，在版记中注明该上级机关。这样便于公文的办理，也避免造成责任不清或延误工作。

（3）下行文的主送机关一般有两种情况：一种是主送机关是明确的。主送机关可以是一个，也可以是多个或所有的下属机关。如果下行文的主送机关是一个受双重领导的机关，应当在版记中抄送另一个上级机关。针对所有下属机关的下行文，其主送机关一般用泛称，即统称、总称。如国务院普发的下行文，其主送机关可写成“各省、自治区、直辖市人民政府，国务院各部委、各直属机构”。另一种是凡收文对象无法限定或无须限定时，可省去主送机关。如直接面向公众发布并公开张贴的公告、通告等公文，以及起笔即列章、列条的公文，如条例等，可以不标主送机关。

3. 正文

正文是公文主体结构的核心部分，用来表述文件的具体内容，体现发文机关的意图。

一般包括开头（缘由、依据）、主体（事项）和结语三部分。

正文的开头宜开门见山、简明概括。一般承接标题事由，简要地说明发文的目的、根据、原因等。开头形式有以下三种：

（1）引据式开头。多用“根据……”或“鉴于……”。从行文的原因谈起，有的根据有关政策、法律或上级指示等；有的根据本单位、本地区发生的事情、存在的问题；有的引述其他单位来文等。

（2）目的式开头。多用“为了……”开头。

（3）综合式开头。从行文的根据和目的综合谈起，多用“为了……根据……”或“根据……为了……”。

正文的主体是公文最核心、最重要的部分，包括陈述情况、布置工作、说明做法、提出要求。正文的主体应根据具体情况而定，该详则详，该略则略，详略得当。

正文的结尾根据具体内容和行文对象来确定。有的公文事项讲完就收束，自然结尾；有的以总结、鼓励或号召作结语；大多数公文则使用习惯用语，如“特此通告”、“此复”、“特此函达，请函复”等。

公文正文位于主送机关名称下 1 行，用 3 号仿宋体字。

正文写作应注意以下问题：

首先是正文的内容要符合党的路线、方针、政策，符合国家的法律、法规及其他有关规定；反映的情况、问题、数据等必须真实可靠，提出的措施和办法要切实可行。

其次是内容涉及有关机关单位或部门职责权限的，要经过协调取得一致意见。

再次是写作思路要清晰，条理要清楚，叙事要简练，语言表达要符合规范，标点符号要使用准确。

4. 附件

附件是指那些用来说明的材料，如佐证的图标、统计数字、附录的规章条例等文字材料。公文如有附件，应在正文之后注明。

公文中的附件就其作用而言有两种：

一种是指与公文正件具有同等效力的附件。其作用在于进一步补充和完善公文的内容。在印发、发布、转发类公文中，附件是该公文实际的核心内容，起主要作用，而正件只起批转、转发、发布的作用。比如：用命令、决定发布的行政法规和规章，用通知转发的文件以及议案之后的具体方案等。其内容十分重要，是正文的组成部分。

另一种是指公文正件中已声明仅供参考而不具备现实执行效用的附件。其作用在于为收文者正确理解和执行公文正件提供参考数据。

公文附件，标注在正文下空1行左空2字，用3号仿宋体字标识“附件”，后标全角冒号和名称。附件序号使用阿拉伯数字，如：“附件：1. ×××××”；附件名称后不加标点符号。附件应与公文正文一起装订，并在附件左上角第1行顶格标识“附件”，有序号时标识序号；附件的序号和名称前后标识应一致。

5. 成文日期

公文必须注明成文日期。公文成文日期以负责人签发的日期为准；两个或以上机关联合行文，以最后一个签发机关负责人的签发日期为准；经会议讨论通过的公文，以会议讨论通过的日期为准；电报，以发出日期为准；法规性公文，以批准日期为准。法规性公文的发布日期与施行日期不一致时，一般应在文内注明生效或开始执行的日期，以免造成理解上的混乱。

成文日期的标注位置通常有两种情况：

一是文尾标注。公文大都在文尾标注。单一发文只有一个印章时，成文日期右空4个字；两个单位联合行文且有两个印章时，应将成文日期拉开，左右各空7个字（即居中排布）；3个或以上单位联合行文且有3个或以上印章时，在最后一排印章之下右空2个字标识成文日期。

二是题下标注。题下标注是那些经法定会议通过的公文，如章程、条例，以及开头即分章列条，或被发布的规定、办法等规章性公文，因无法在落款处盖章，或有些法定会议根本就没有印章，其成文日期应放在标题之下、正文之上，并加括号。比如“（××××年×月×日）”或“（××××年×月×日发布）”。如是会议通过的公文，应写明会议名称和通过日期。比如“（××××年×月×日中国共产党××省第六次代表大会第三次全体会议通过）”。

成文日期直接反映公文内容的时代背景，关系到公文的时效，因此发文日期应当完整地用汉字小写将年、月、日标全，不可用阿拉伯数字。唯有“零”可记作“〇”。如：“二〇一〇年六月十六日”。

6. 印章

印章是机关职权的一种标志，是由上级机关颁发，表示授予它法定的职权。机关撤销时，印章撤回制发机关封存或销毁。国务院于1999年10月31日颁布的《国务院关于行政机关和企业事业单位社会团体印章管理的规定》（国发〔1999〕25号），对国家印章的形状、尺寸、式样、字体和制发的办法等都作了非常明确、具体的规定。

公文一般都要加盖印章，并且要求端正清晰。印章用红色。加盖印章应上距正文2mm～4mm，端正、居中，下压成文时间。单一机关制发的公文在落款处不署发文机关名称，只标识成文日期。当印章下弧无文字时，采用下套方式，即仅以下弧压在成文日期上；当印章下弧有文字时，采用中套方式，即印章中心线压在成文日期上。联合行文加盖两个印章时，两个印章均压在成文时间上。印章间距不超过3mm。联合行文加盖3个或以上印章时，为防止出现空白印章，应将各发文机关名称（可用简称）排在发文时间和正文之间。主办机关印章在前，均居中排布；印章之间互不相交或相切；所有参与联合行文的单位都要署单位名称，印章压在单位名称上。在最后一排印章之下右空2字标识成文时间。当公文排版后所剩空白处不能容下印章位置时，应采取调整行距、字距的措施加以解决。

2.2.4 公文版记格式

公文版记即公文文尾。文尾部分由附注、主题词、抄送机关、印发机关和印发日期组成。

1. 附注

附注是对公文的发放范围、阅读（传达）对象、使用时应注意的事项等情况的说明。如“此件发至县、团级”、“此件传达至群众”、“此件可登报”等。公文如有附注，应当加括号标注。用3号仿宋体字，居左空2字标识在成文时间下1行。

2. 主题词

主题词也称关键词。主题词是经过规范化处理的、用来标引公文主题内容的词或词组。《办法》规定：公文应标注主题词，上行文按照上级机关的要求标注主题词。公文标注主题词有利于电脑存储和检索，提高机关的办事效率，有利于文书档案管理的规范化、系统化和科学化。

“主题词”三字用3号黑体字，居左顶格标识，后标全角冒号；词目用3号小标宋体字；词目之间空1字，不用标点。

标引主题词应当注意：

第一，使用主题词表。1997年12月，国务院办公厅秘书局修订发布的《国务院公文主题词表》中有15类共1 049个主题词，分为主表和附表两大部分。主表有13类共751个主题词，附表有2类共298个主题词。

第二，分三个层次。第一层是对主题词区域的分类。如“综合经济”、“民政、劳动人事”等。第二层是类别词，即对主题词的具体分类。如“综合经济”类中的“计划”、“经济管理”，“民政、劳动人事”类中的“民政”、“人事”、“工资”、“劳动”、“机构”。第三层是类属词，即类别词中的内容词。

主题词标引的方法和步骤是：

（1）审读文稿，分析主题，确定主题概念。先从公文标题中确定主题，再从小标题和正文内容中抽出公文标题中没有说明却是公文重要内容的概念。

（2）查阅主题词表。在主题分析的基础上，借助主题词表将自然语言转换成规范语言。

（3）将选择的主题词标引在规定的位置上，最后由文件审核人审定。

3. 抄送机关

抄送机关是指除主送机关外需要执行或知晓公文的其他机关。抄送时应当使用抄送机关的全称或规范化简称。

有些公文除了送给主送机关外，还需要送给其他与公文内容有关，需要知道或协助办理的有关机关。还有些公文是根据行文规则的规定，必须抄送其他机关，如上级机关向受双重领导的下级机关下文时，应同时抄送其另一个上级机关。

标注抄送机关和使用抄送应注意以下问题：

（1）本机关的重要下行文，应当抄送直接上级机关。

（2）向上级机关的请示，不能“先斩后奏”，应同时抄送平级或下级机关。

（3）处理好受双重领导机关的主送与抄送的关系。

（4）越级行文时，一般情况下，应当抄送被越过的直接上级机关。

（5）如一份公文同时既要抄送下级或平级机关，又要抄送上级机关，则抄送机关要分段书写，其顺序应依据机关的性质、级别、隶属关系依次排列，上级机关在前，平级或下级机关在后。

（6）抄送机关标注在主题词下 1 行，左右各空 1 字，用 3 号仿宋体字标“抄送”，后标全角冒号；抄送机关间用逗号隔开，回行时与冒号后的抄送机关对齐；在最后一个抄送机关后标句号。

4. 印发机关和印发日期

印发机关和印发日期是对公文制发情况的说明和记载，包括公文制发单位的名称和制发日期。

印发机关是指具体承办公文印制和发出的部门。通常是机关的秘书部门，如凡以国务院办公厅名义发文，其印发机关均为“国务院办公厅秘书局”。中下层机关多署“××省政府办公厅秘书处”、“××办公室”等。

印发日期是指接到定稿后起印的日期，以公文付印的日期为准，一般写成“××××年×月×日印发”，用阿拉伯数字标识。

印发机关和印发日期标注于抄送机关之下（无抄送机关则标在主题词之下），占 1 行位置；用 3 号仿宋体字。印发机关左空 1 字，印发日期右空 1 字。

5. 版记中的反线与位置

版记中各要素之下均加一条反线，宽度同版心。其作用一是为了明示各要素之间的区别，二是使版面规范、整齐、美观。

按《公文格式》规定：版记应置于公文的最后一面，版记的最后一个要素应置于最后一行，以保证公文的完整性。公文双面印制要求也是一样。

2.2.5 公文的特定格式

公文的特定格式主要有信函式和会议纪要式。

1. 信函式格式

信函式适用于处理日常事务的平行文。

信函式公文的格式要求：

（1）发文机关名称上边缘距上页边的距离为30mm，推荐用小标宋体字，字号由发文机关酌定；发文机关全称下4mm处为一条武文线（上粗下细），距下页边20mm处为一条文武线（下粗上细），两条线长170mm。每行居中排28个字。首页不显示页码。发文机关名称及双线均用红色。发文字号位于武文线下1行版心右边缘顶格。发文字号下空1行标公文标题。如需要标秘密等级或紧急程度，可置于武文线下1行版心左边缘顶格标识。

（2）信函式公文的发文机关标识只标发文机关名称，不缀“文件”二字。因此，发文机关名称用全称而不用简称。比如国务院信函式公文标为“中华人民共和国国务院”。

2. 会议纪要式格式

会议纪要式公文与常见的简报报头非常相似，因此，又叫简报式会议纪要。会议纪要式适用于由领导机关召开并由领导机关起草纪要的下行文。

会议纪要式公文的格式要求：

（1）会议纪要式的标识由发文机关名称 + 文种（会议纪要）组成。比如：《省委党校 ××行政学院合并协调工作会议纪要》。

（2）发文机关标识上边缘至版心上边缘为25mm，用红色小标宋体字，字号由发文机关酌定。

（3）会议纪要式公文正文之前没有主送机关，成文日期又不在正文之后，因此，一般不加盖印章。

2.3 公文行文规则

2.3.1 行文规则的意义

行文规则是机关行文时必须遵循的规矩和准则，是统一规范的要求。行文时如果各行其是，就会出现混乱。因此，遵守行文规则，是维护正常的行文关系、保证机关工作正常开展的重要条件。

2.3.2 行文规则的主要内容

《办法》中对行文规则有明确规定，内容概括起来主要有以下几个方面：

1. 行文根据的规则

按照《办法》规定，各级行政机关的行文关系，应当根据各自的隶属关系和职权范围确定。行文关系是发文机关与主送机关之间的组织关系在行文上的体现。行文时，要确定好这种关系：一是明确隶属，二是明确职权范围。

隶属关系主要有：

（1）领导关系。领导与被领导的关系。比如：省府—市府—区府；省府—省厅，市府—市局。上对下可以命令、指示、批复，下对上应该请示和报告工作。

（2）指导关系。政府业务主管部门上下之间的关系，如省教育厅—市教育局—区教育局。上对下行指导性公文，下对上请示和报告工作。

（3）协作关系。不相隶属机关（含平级机关）之间，各有自己的上级，不存在领导或指导关系，是互相协作的关系。如市教育局、团市委、市作协之间，市教育局、卫生局、财政局之间。这种关系行文一般用函。

（4）统管关系。地方政府与辖区内的上级机关以及其他机关派出机构的关系。如广州市政府同广州市海关、同上海市驻广州办事处的关系。相互行文一般用函。

关于职权范围强调两点：一是党政分开。党和政各有自己的职权范围，因此，必须分别行文。党建工作和党的职权范围的工作以党委名义行文。政府职权范围的工作，由政府或政府主管部门行文。二是各司其职。如政府与政府主管部门，政府管大事、抓全盘；政府主管部门管专线、管业务。部门与部门之间也应在各自的职权范围内行文，不可随便越界。

2. 越级行文的规则

各级机关都有各自的职权范围，为了充分发挥各级机关的职能作用，《办法》第十四条中特别把“一般不得越级请示和报告”作为专门一条提出，按这个原则，一般情况下，应按隶属关系和职权范围逐级行文。在特殊情况下，有时需要越级行文，但应当注意两点：一是越级请示，应当同时抄送所越过的上级机关；二是越级行文必须是有行文的必要，如果过多越级行文，不但达不到行文的目的，而且还容易破坏正常的行文秩序和其他的工作程序。

3. 政府与部门及部门与部门之间行文的规则

《办法》第十五条规定：“政府各部门依据部门职权可以互相行文和向下一级政府的相关业务部门行文；除以函的形式商洽工作、询问和答复问题、审批事项外，一般不得向下一级政府正式行文。”该条款中又另规定“部门内设机构除办公厅（室）外不得对外正式行文”。

对该条内容，我们作以下理解：

（1）政府各部门间可以互相行文。

（2）政府各部门在自己权限范围内作出的规定，同级政府的有关部门应贯彻执行，发挥政府各部门的职能作用。

（3）上级政府各部门在自己的业务范围内可以向下一级政府的有关业务部门发文，如通报情况、布置工作、下达任务等；下级政府部门在业务方面需要请示或报告事项，可向上一级主管部门请示或报告。

（4）政府各部门不能向下一级政府正式行文（以函的形式商洽工作、询问和答复问题、审批事项除外）。如市政府规划局不能向区政府行正式公文。

（5）政府各部门内设机构不得对外正式行文。部门内设机构因其职权范围所限，难以独立承担义务与责任，所以行文并无权威性。因此，内设机构不得对外正式行文。在实际工作中，部门内设机构因其职能活动需要对外正式行文的，应经领导机关同意并指定该内设机构拟稿，以领导机关名义制发公文。不能以内设机构名义擅自对外制发正式公文。

4. 联合行文的规则

在实际工作中，有些工作涉及面较广，一个机关单独行文难以达到目的，需要两个或两个以上的机关共同行文才能解决问题，这时就需要联合行文。联合行文能够避免同一类事项多头发文，精简文件，还可以协调各方，防止互相矛盾、彼此扯皮。

联合行文必须是同一级机关。《办法》第十六条规定：同级政府、同级政府各部门、上级政府部门与下一级政府可以联合行文；政府与同级党委和军队机关可以联合行文；政府部门与相应的党组织和军队机关可以联合行文；政府部门与同级人民团体和具有行政职能的事业单位也可以联合行文。比如：

国家安全监管总局 国家煤矿安监局
国家发展改革委 国家能源局
关于推进小型煤矿机械化的指导意见
安监总煤行〔2010〕178号

又如：

教育部 、财政部 、人民银行、银监会
关于进一步完善国家助学贷款工作的若干通知
（二〇〇四年六月八日）

再如：

中共中央、国务院关于进一步加强人才工作的决定
（中发〔2003〕16号）

另外，《办法》第十七条中规定：“属于部门职权范围内的事务，应当由部门自行行文或联合行文。联合行文应当明确主办部门。须经政府审批的事项，经政府同意也可以由部门行文，文中应当注明政府同意。”比如“经××政府同意”、“按××规定”，或在文中有“国务院常务会议已表示同意”这样的语句。

5. 协商一致的原则

为维护公文的权威性和政令的一致性，凡下行文中内容涉及其他机关，特别是其他部门的职权范围时，行文前必须由主办机关或部门负责与有关机关或部门就有关问题协商一致，否则不得按照自己的意见向下行文。

《办法》第十九条规定：“部门之间对有关问题未经协商一致，不得各自向下行文。如擅自行文，上级机关应当责令纠正或撤销。”这条规定是杜绝政出多门的有效措施。只有经过协调并取得一致，实现政令统一，公文才能在实际工作中有效执行。

协商中如果确实难以取得一致意见，应由主办机关或部门如实列出各方理由，提出建议性意见，上报共同的上级机关，以便上级机关进行协调。

6. 分清主送和抄送

主要的行文对象就是主送机关。行文应当根据公文的内容及发文、收文机关的隶属关系及职权范围确定主送机关。上行文一般不能多头主送，只有一个主送机关。

（1）请示一般只写一个主送机关。

（2）除上级机关负责人直接交办的事项外，不得以机关名义向上级机关负责人个人报送请示、意见、报告。

（3）受双重领导的机关向上级机关行文，应当写明主送机关和抄送机关，

不得同时主送。

主送机关以外需要执行或知晓公文的其他机关为抄送机关。有些单位与行文内容有关，也需要了解行文内容，这就要将有关行文的内容抄送给这些单位。公文抄送，如果抄送范围得当，有助于提高公文的效用。

应当抄送的情况有以下几种：

（1）除主送机关外，需要执行或知晓公文的其他机关，应列为抄送机关。

（2）向下级机关或者本系统的重要行文，应当同时抄送其直接上级机关。

（3）接受抄送公文的机关不必再向其他机关转抄、转送。

（4）与公文办理无关的单位不予抄送。

7. 报刊上公开发布的公文与正式公文同等有效

为减少发文，对带有普遍性又不涉及党和国家机密的公文，可以在报刊上发布。有的还可以机关公报的形式公开发表。经过上级批准在报刊上公开发表的公文，应当视为正式公文，有关部门必须遵照执行。如果不另行文，发布时还应在报刊上注明“不另行文”的字样。收文机关应将其剪下作为正式公文保存。

问题思考

1. 中国共产党机关公文和国务院行政公文的异同有哪些？
2. 公文的分类依据哪些标准，应怎样分类？
3. 公文的眉首、正文、版记有哪些内容？
4. 什么是行文关系，如何确定行文关系？
5. 主送与抄送的区别是什么？

写作训练

1. 以下公文标题属于生造文种，请予以改正。

①×××同志在全省地市县委书记会议上的讲话

②关于加强思想政治工作的措施

③关于×××等同志上访问题的答复

④当前要抓好的几项工作

⑤关于加强机关建设的几个问题

⑥×××× 年党委工作重点

2. 以下公文标题或冗赘繁杂，或简而不明，请予以改写。

①关于成立工资改革领导小组和有关事宜的通知

②关于印发××××年《××任务目标责任制奖惩办法》等四个文件的

通知

③转发××部财务司《关于转发中国农业银行“印发〈关于进一步做好支持农业社会化服务体系建设工作意见〉的通知”的通知》

④农业部关于贯彻执行《中央转发国家教委〈关于当前高等学校工作中几个问题的意见〉的通知的意见》

⑤关于转发××市纪委一个经验的通知

⑥转发“印发《关于国有建设单位使用基本建设基金拨款等会计问题的规定》的通知”的函

3. 多项选择。

①下面说法中，不正确的是（　　）

A. 公文的结构就是指公文的组织构造

B. 公文形成的具体时间通常以会议通过的时间或印发时间为准

C. 发文就是指本机关制成发往外部的文件

D. 公文是一种特殊的应用文

②公文是一种特殊的文体，这种特殊性表现在（　　）

A. 采用白话文形式　　B. 具有真实性、合法性

C. 具有规范性、相对确定性　　D. 用议论、说明、叙述多种方式表达

③下面哪种情况可以联合行文（　　）

A. 同级政府之间　　B. 政府及其部门与同级党委之间

C. 上级政府部门与下一级政府之间　　D. 政府部门与同级人民团体之间

④下列哪些情况可以采用越级行文的方法（　　）

A. 情况特别紧急

B. 需要检举、控告直接上级机关

C. 某市政府拟在园林场内建一较大规模的植物园，为此向上级致文请求批准

D. 林业部致文某县林业局调查该县发生森林火灾的起因

⑤维护公文高度严密性是指（　　）

A. 公文的保密性　　B. 公文结构与语言的严密性

C. 公文行文程序的严密　　D. 施行方法的严密

⑥遵守行文规则是为了（　　）

A. 确保公文迅速、准确传递　　B. 避免行文紊乱

C. 确定行文关系　　D. 控制发文数量

⑦联合行文时确定成文时间的标准是（　　）

A. 以第一个签发机关负责人签发的日期为准

B. 以文件发出的日期为准
C. 以最后一个签发机关负责人签发的日期为准
D. 以文件撰写日期为准

3　指令性公文与法规性公文

内容提示

命令（令）、决定、决议、指示、意见、批复的写作特点和写作规范

条例、规定的写作特点和写作规范

3.1　指令性公文

指令性公文是党和国家领导机关发布的具有领导性、指挥性和对下级进行工作指导所使用的公文。这类公文有些有一定的约束力，主要用于阐明工作原则、方法和措施，提出具体的工作目标等。文种有命令（令）、决定、决议、指示、意见和批复。

3.1.1　命令（令）

1. 概念及特点

命令（令）是立法机关、行政机关、军事机关及其领导人依照有关法律公布法规和规章，宣布施行重大强制性措施，任免、奖惩有关人员的文种。根据《中华人民共和国宪法》和《中华人民共和国地方各级人民代表大会和各级人民政府组织法》规定，国家主席、全国人大常委会委员长、国务院总理、国务院、国务院各部委以及县级以上各级人民代表大会、人民政府，可以依照法律规定权限发布命令（令）。此外，在抢险救灾等紧急情况下成立的指挥机构，也可以在本身权限范围内发布命令（令）。除此以外，任何机关或个人不得滥用命令（令）。

命令与令的实质是一样的，在实际运用中略有区别。一般以机关名义发布的多用命令，而以领导者个人名义发布的多用令；发布重大强制性措施多用命令，而发布法律法规、任免奖惩有关人员则多用令，如任免令、发布令等。

命令（令）具有以下特点：

(1) 权威性。命令（令）须依法制作，在制发主体和内容上都受到严格限

制，必须以有关法律规定为依据。因此，在13种行政公文中，命令（令）最具权威性。那些重大行政措施的命令（令）和发布行政法规的命令（令），都具有法律的效力和法规的约束作用。

（2）强制性。俗话说“军令如山”、“令行禁止”，命令（令）一旦发布，其内容就具有了不可移易性、不可变通性，不管理解还是没有理解，都要不折不扣地执行，没有商量的余地，任何单位或个人必须无条件地执行；违抗命令（令），延误执行，都将受到严肃处理甚至严厉惩罚。

（3）严肃性。命令（令）是具有权力象征的公文，反映一定立法机关、行政机关、军事机关的意志，涉及法律、法规以及施行重大措施等内容，这样严肃的内容决定了命令（令）的语言必须肯定、语气必须坚定、结构必须严谨、风格必须庄重。如“从速”、“责成”、“严格执行”、“坚决制止”、“务必依法严惩”等，都是命令（令）的常用语言。

2. 写作要求与例文

命令（令）通常由标题、令号、正文、落款、成文时间几部分组成。

（1）标题。

命令（令）的标题有三种写法：第一种是由发布机关 + 事由 + 文种组成，如“国务院关于在我国统一实行法定计量单位的命令”。第二种是由发布机关（或领导人职务）+ 文种组成，如“中华人民共和国国务院令”、“中华人民共和国主席令”。第三种是由事由 + 文种组成，如“向全国进军的命令”。

（2）令号。

令号是命令（令）的编号，与其他文种文号不同的是，它不是按年编顺序，而是从发文机关成立之日开始编流水号，如果是以领导人名义发布的命令（令），则从其任职开始编流水号，一直到任期满为止，下任另行编号。标示字体与正文大小相同。

（3）正文。

命令（令）的正文，不论长短，一般都包含三个层次：缘由、事项、结语。

由于命令（令）种类繁多，在正文写作方面存在一些差异：

颁布令，或称公布令，用来颁发重要法律、法令及其他法规性事件而采用的文种。这种命令一般篇幅短小，主要写明经什么机关或会议，在什么时间通过或批准了何种法令性文件，并说明开始生效与执行的日期。

行政令，又称行政法令，是用于对重大或紧急事项而作出的强制性行政规定的命令。目的是为了便于国家或地方的有关权力机关对某些特定事项作出强制性的约束或采取必要的行政措施。其正文一般先写发令原因，然后充分说明发布该命令的目的和意义；接着简洁、具体或分条列项地写出所发命令的有关事项，亦即具体规定措施、要求；最后写明对受令的要求和执行的办法、措施等。

任免令，即国家行政机关颁发的人事决定方面的文件，在任命或免除政府官员职务时使用。其正文主要写明作出任免决定的会议及机关名称、被任免者姓名及任免职务。

奖惩令，即用于表彰有重大贡献或有突出功绩的人员、集体的命令，以及批评惩戒有关人员的命令。奖惩令的内容较为丰富，写法多样。一般包括以下内容：先概述出奖惩对象的事迹或存在的错误，亦即奖惩的原因；接着根据事迹或错误提出奖惩的内容，亦即授予什么荣誉称号、提职、提级、物质奖励或对被惩戒者给予何种处罚的具体决定；然后发出向有关人员学习的号召或指出从错误中得到的教训等。

特赦令，由国家元首、国家最高权力机关发布，主要内容是对已被判刑的特定罪犯赦免其刑罚的全部或一部分。正文须写明特赦根据、特赦内容和特赦日期等。

戒严令，是国家遇到战争或特殊情况时，在全国或者某一地区采取的非常措施。正文写明戒严的缘由、依据、日期、要求等。

通缉令，是公安机关通报缉拿在逃罪犯所制作的公文。正文写明通缉令的事由并简要说明案情，被通缉对象的基本情况和姓名、性别、年龄、籍贯、民族、身高、衣着、口音、体貌特征以及要求事项等。

（4）落款、成文时间。

在正文后右下方写明发文单位全称或者领导人姓名、职务、成文时间。成文时间的年、月、日要齐全。

【例文】

关于追授孔晓岩同志
全国公安系统二级英雄模范称号的命令

公奖字〔2008〕2号

陕西省延安市公安局交警支队高速公路大队民警孔晓岩同志，在抗雪救灾第一线执行任务时，被一辆违章车辆撞倒，经全力抢救无效，于2008年2月2日不幸壮烈牺牲，年仅33岁。

今年1月中旬以来，陕西北部连降大雪，给道路交通和人民群众的生命财产安全造成了严重威胁。孔晓岩与交警支队的同志们，日夜奋战在抗雪救灾第一线，为保障道路畅通和人民群众出行安全作出了突出贡献。他不畏艰险、冲锋在前，及时疏通路段、排除险情；他时刻牢记全心全意为人民服务的宗旨，主动热情为群众提供服务，用实际行动向人民群众传送了党和政府的温暖；他坚守岗位、舍家忘我，连续奋战十几天没有休息，没有回过一次家。孔晓岩同志是在此次抗雪救灾斗争中公安战线涌现出来的又一名先进楷模，是全国公安机关和全体公安民警学习的榜样。

为表彰先进，弘扬正气，特命令：追授孔晓岩同志“全国公安系统二级英雄模范”称号，颁发奖章和证书，奖励人民币3万元。

此令

公安部部长 孟建柱

二○○八年二月四日

（来源：王凯．最新法定行政公文写作与范例解析．北京：中国纺织出版社，2008）

［评析］

这是一则嘉奖令，是宣布奖励事项时使用的一种公文。文中包括了嘉奖的原因、嘉奖的决定和发出向嘉奖对象学习的号召三部分内容。

【释疑】

命令的层次一般由导语和事项两个部分组成。在导语中，有的采用原因目的式，即叙述发布命令的原因、达到的目的；有的采用根据目的式，即依据什么、为达到什么目的而发布命令。交代清楚这些内容，然后用一句提示性语句引起下文，如“现发布命令如下”、“现决定”、“现命令你们”等。命令的事项应全部列出。命令的语言不能含糊其辞，必须直接、准确，要直叙其意。

【病文诊所】

×××人民政府对××市话剧团的嘉奖令

×发〔2004〕241号

各区县人民政府、市府各委办局、市各直属单位：

××市话剧团创作的话剧《平头百姓》，经过精心加工打造，实现了思想性、艺术性、观赏性的统一，赢得了广大人民群众的欢迎和喜爱，得到了各界领导和专家的高度评价。在第七届中国艺术节上，一举夺得了第十一届文华奖大奖和中国艺术节大奖。实现了我市这一国家级最高奖项上零的突破，为我市赢得了荣誉。

经研究，决定对市话剧团进行表扬。希望受表扬的单位，发扬成绩，再接再厉，再创佳绩。全市和有关单位要向他们学习，发扬团结拼搏、勇于争先的精神，认真实施创新文化工程，把我市文化工作推上一个新台阶，为建设“文化××”作出新的贡献。

特此嘉奖

二零零四年十一月一日

［评析］

这是一篇嘉奖有关单位及人员的命令。内容基本完整，层次也比较清晰。但依然存在病误：

（1）标题中应增加关联词“关于”。

（2）“全市和有关单位要向他们学习”中，“全市”和“有关单位”并列欠妥；“全市”后缺少主语。

（3）“发扬团结拼搏、勇于争先的精神”中，“勇于争先”应改为“奋勇争先”。

（4）“特此嘉奖”属多余，应删去。

（5）“二零零四年”应为“二〇〇四年”。

3.1.2 决定

1. 概念及特点

决定是各级党政机关、社会团体和企事业单位对某些重要事项和重大行动作出安排及决策的公文。《条例》规定：决定用于对重要事项作出决策和安排。《办法》规定：决定适用于对重要事项或者重大行动作出安排，奖惩有关单位及个人，变更或者撤销下级机关不适当的决定事项。

决定的使用范围比较广泛，上至党和国家的重大决策和战略部署，下至基层单位的奖惩事宜，均可使用这一文种。但无论是基层单位还是上级单位使用这一文种，文中所涉及的内容均为相对重要的事宜。例如，《国务院关于加快培育和发展战略性新兴产业的决定》、《国务院关于2009年度国家科学技术奖励的决定》、《北京市人民政府关于实施北京市突发事件总体应急预案的决定》等。

决定具有以下特点：

（1）决定具有普发性和下行性。普发性是指决定的内容是周知性的，要求所有决定内容涉及范围之内的人员都知道，都要贯彻执行。从这个意义上看，决定的普发性是很重要的。普发文的发文形式是由上级机关、组织直接发至基层机关或组织，或者登报发文等。

（2）决定具有法规作用和行政约束力。这主要表现在它的领导性、指挥性和强制性上，与命令（令）相比，决定没有如此严格，但与其他文种相比，决定的强制性与约束力还是很强的。事情一经决定，就必须遵守或遵照执行，不得违反或找借口不执行。

需要指出的是，不是所有机关与组织的决定都具有法规作用，只有依法授有制定法规权力的机关作出的决定才具有法规作用，而其他机关与组织作出的决定只对所属单位具有行政约束力。

（3）决定具有相对的稳定性。决定一经作出，在一定时期内不能改变，这是决定的法规性作用要求的。在现阶段，我国法制建设还不完善，在很多领域还有空白，有的虽然立法，但缺乏实施细则，需要机关或组织予以补充，这就要求决定应相对稳定。

2. 写作要求与例文

（1）标题。

决定的标题由制发机关＋事由＋文种三部分组成。比如“中共中央国务院关于卫生政策与发展的决定”、“广东省人民政府、教育部关于共同推进广东教育现代化试验的决定”。

（2）正文。

决定的正文一般由决定依据、决定事项和执行要求三部分组成。

决定依据。一般要求写出发布决定的原因、目的和根据。有两种写法：一种是概括介绍作决定所面临的形势和任务；一种是从道理上阐述开展某项工作的重要意义和依据。

决定事项。这是决定的主体部分，写出对重大问题或重大行动所作出的决定的具体内容。包括决定的具体事项、实施原则、方法步骤等。若是事件处理、人员表彰或处分的决定，还必须写明事实和组织处理意见。决定事项要求层次分明、条理清楚，每个层次可以用序号、小标题来标明。

执行要求。这是决定正文部分的延伸，内容包括提出希望或发出号召、落实决定的措施及具体执行的要求等。

事实上，决定正文的具体写法多种多样，差别甚大。有的决定仅有一句话，如《全国人民代表大会常务委员会关于教师节的决定》；有的决定却是鸿篇巨制，洋洋万言，如《中共中央关于加强党的建设几个重大问题的决定》等。

根据决定内容的不同，可以将决定归纳为以下四种类型：

（1）表扬性决定。这类决定的正文内容一般由五个部分组成：表彰对象的基本情况、表彰的原因和目的、决定的事项、提出希望、发出号召。这类决定的写作比较简单，有的将这几个内容结合在一起来写，有的将这几个内容分几个自然段来表述。

（2）处罚性决定。这类决定的正文内容通常由五个方面组成：被处分者及犯错误的基本事实，错误的性质及危害程度的分析，给予处罚的依据，具体的处理意见，提出要求和应吸取的教训等。处罚性决定与表扬性决定相比，更要求写得客观翔实，不出大的偏差。

（3）决策性决定。这类决定多由高级领导机关作出，理论性、政策性和指导性都很强。一般正文篇幅长、容量大，通常都以一段简短的文字开头领总，然后把主要内容分成若干个方面，以序号或小标题的形式逐段展开。

（4）事务性决定。这类决定的正文写法比较简单，第一段叙述决定的理由，第二段用序号列出决定的事项或内容，每一条款的内容都比较单一。如增设与撤销机构的决定即属此类。

【例文】

关于表彰第三届广东省人民满意的公务员
和人民满意的公务员集体的决定

粤府〔2010〕41号

各地级以上市人民政府，各县（市、区）人民政府，省政府各部门、各直属机构：

近年来，全省广大公务员在省委、省政府的正确领导下，以邓小平理论和“三个代表”重要思想为指导，深入贯彻落实科学发展观，牢记全心全意为人民服务的宗旨，依法行政，爱岗敬业，求真务实，开拓创新，为促进我省经济社会发展作出了重要贡献。

为表彰先进，鼓舞士气，激发干劲，努力建设一支政治坚定、业务精湛、作风过硬、人民满意的公务员队伍，省人民政府决定，授予何小军等48位同志广东省“人民满意的公务员”荣誉称号（享受省级劳动模范和先进工作者待遇）；追授江俊杰同志广东省“人民满意的公务员”荣誉称号；授予广州市医疗保险服务管理局等26个单位广东省“人民满意的公务员集体”荣誉称号。

受表彰的个人和集体要珍惜荣誉，谦虚谨慎，发扬成绩，再立新功。全省广大公务员和公务员集体，要认真学习受表彰公务员个人和集体无限忠诚的政治品质、无私奉献的高尚情操、与时俱进的进取精神、清正廉洁的职业操守、艰苦奋斗的优良作风，时刻牢记全心全意为人民服务的宗旨，廉洁奉公，乐于奉献，扎实工作，锐意进取，为实现我省经济社会又好又快发展，当好推动科学发展、促进社会和谐的排头兵而努力奋斗！

附件：（略）

广东省人民政府

二〇一〇年三月二十九日

（来源：广东政府网）

［评析］

这是一则表彰性决定。其决定的依据和决定事项及执行要求等基本内容都有机地反映在公文中。文章简短而精练，用语准确而鲜明。

【释疑】

掌握决定的四种写作类型，了解决定区别于其他文种的特征，有利于提高制作、审定决定的能力。同时，在语言的使用上，应有字斟句酌的精神，做到准确、全面、严格、慎重，使决定这一公文形式更充分地发挥作用。

撰写决定是一件严肃认真的事情，首先要把握其必要性。决定必须是针对重要事项或重大行动，而且确有必要才可作出的。因此，一定要着眼全局，慎重考虑，不可轻易选择，草率从事。其次，一定要注意其施行性。决定不仅仅是表述对某一事项或问题应如何认识，它的重点还在于突出如何去做，因此，对事项或行动的要求一定要具体明确，以便受文者在贯彻执行中能把握要领。

3.1.3 决议

1. 概念及特点

决议是党政机关、社会团体经过会议讨论通过并要求贯彻执行的决策性公文。

与决定相比，决议具有以下特点：

第一，决议的使用范围具有限定性。只有针对一些重要事项的决策性会议才使用决议，一般性会议不使用决议，机关单位的日常工作也不以决议行文。决定则不受此限制。

第二，决议的内容比较广泛，更具原则性、指导性；而决定的内容相对集中、单一，多针对现实的重大事项，更具施行性、处置性和较强的约束力。

第三，决议的语言风格更具论说性、平和性；而决定的语言风格更具叙述性、说明性和坚定性。

2. 写作要求与例文

决议一般由标题、标注和正文三个部分构成。

（1）标题。

决议的标题有两种形式：一种是完整式，即由会议名称或机关名称 + 事由 + 文种组成，如“中国共产党中央委员会关于建国以来党的若干历史问题的决议”。第二种是省略式，即省略会议名称或发文机关名称，由事由 + 文种组成，如“关于政府工作报告的决议”。这两种标题中，第一种使用较多、较普遍。

（2）标注。

在标题下括号中说明此决议于什么时间什么会议通过，如《中国共产党中央委员会关于建国以来党的若干历史问题的决议》即在标题下标明“（一九八一年六月二十七日中国共产党第十一届中央委员会第六次全体会议一致通过）”，如果是机关通过的，标注中不一定说明会议名称，而是直接标明何时通过即可，如《五届人大常务委员会关于建立国家计划生育委员会的决议》（一九八一年三月六日通过）。

（3）正文。

根据会议决议内容的不同，正文的写作方法也略有差别。

重大问题的决议。这类决议关系到党和国家的重大问题，一般由党和国家最高权力机关的会议讨论形成。写作重点是对有关重大问题或重大事件的回顾，实事求是地进行分析和评价成绩、缺点或功过是非，从理论的高度得出结论，作出符合实际的决议。因此，这类决议的正文内容构成包括摆事实、作分析、得结论三个部分。《中国共产党中央委员会关于建国以来党的若干历史问题的决议》就是这类决议的典范之作。

审议文件的决议。这类决议是对审议事项或文件表示赞同、认可而作出的。通常有两种写法：一是内容单一的决议，写作比较简单，只需说明批准的依据和内容就可以了。二是内容比较丰富的决议，篇幅较长，一般采用三段式：①导语。概述会议审议某个文件（如工作报告、预算报告等）的情况。②决议事项。对讨论的事项作出评价，并表明态度，使之具有权威性和约束力。③结语。提出希望或发出号召，用“会议希望”或“会议号召”作结。

议定事项的决议。这类决议主要是针对某一事件或某项具体工作而作出的。行文比较简短，只需直截了当地写明在什么时间、什么会上议定了什么事项就行，无须更多分析、议论。

【例文】

中华人民共和国第五届全国人民代表大会
第五次会议关于中华人民共和国国歌的决议

（一九八二年十二月四日第五届全国人民代表大会第五次会议通过）

第五届全国人民代表大会第五次会议决定：恢复《义勇军进行曲》为中华人民共和国国歌，撤销本届全国人民代表大会第一次会议一九七八年三月五日通过的关于中华人民共和国国歌的决议。

［评析］

这项决议，全文只有一百字左右，但它同样体现了决议的一般特点：标题由会议、事由和文种构成，格式规范。标题之下，注明了通过该决议的时间。正文的一句话有两个层次，一是恢复《义勇军进行曲》为中华人民共和国国歌，二是撤销新的中华人民共和国国歌。这项决议，事项单纯，正文内容单一，写作难度不大，只写明什么会议作出了什么决定即可。全文简洁，写作规范，是一篇优秀的决议。

【释疑】

在写作中，决议与决定极易混同。什么时候用决议，什么时候用决定，在写作之前要考虑好。从大量决议和决定的文件中，可以看出二者在用法上的不同之处，一般有以下三种：

第一，通过的方式有区别。决议必须由集体作出，而且必须由会议通过才能形成；而决定可以由集体通过，也可由领导机关发出。在这一点上，决议的形成比决定要严格一些。

第二，在使用范围上不同。决议的使用范围小，决定的使用范围大。

第三，在详略程度上有区别。一般说来，决议比决定更科学、更有原则，而决定则要求越详尽、越具体越好。

【病文诊所】

××市第六届人民代表大会常务委员会审议市人民政府
关于《开发利用农村能源、改善农村生态条件》的报告的决议

（××××年×月×日通过）

××市第六届人民代表大会常务委员会第十八次会议审议批准市人民政府关于办理《开发利用农村能源、改善农村生态条件》议案的报告。

会议认为：开发利用农村能源，保护和改善农村生态环境，是建设现代化新村镇的战略任务。要遵照中共中央、国务院关于《××市建设总体规划方案》的批复，不断提高认识，加强领导，加强科学研究，积极采取可行的措施，贯彻“因地制宜、多能互补、综合利用、讲究实效”的农村能源方针，密切结合农村产业结构的改革、村镇环境建设和乡镇企业的发展，有计划、有步骤地加速开发农村能源，防止新的污染，为建设生态健全的新农村而努力。

[评析]

这份决议从整个篇章结构来看，基本要素虽齐全，但存在明显不足之处：

第一，标题不确切。没有体现市人大常委会和市人民政府之间的法定关系。市人大常委会是市人民代表大会的常设机构，是该市行使最高权力的常设机构。市政府是该市最高权力的执行机关、行政机关，它是由人民代表大会产生并对其负责、受其监督的，二者不是平行关系。可以改为“××市……委员会批准……议案报告的决议”，这样就体现了市政府与市人大常委会的正确关系，也符合宪法的规定。

第二，内容过于简单。主要表现在所述内容说明力不强。比如，批准该议案的重要性只说它是战略任务，缺乏说明的依据，不能回答为什么是战略任务。如改为“会议认为，开发利用农村能源，保护和改善农村生态环境是长期的任务，是关系到子孙后代的大事，从现在起就不可忽视它。因此，它是建设现代化新村镇的战略任务”，说明的依据就比较充分。文中后面的内容也存在同样的问题。

第三，语言表达不准确。比如“密切结合农村产业结构的改革”这句话，产业结构不是改革的问题，而是调整的问题，可以改为“农村产业结构的调整”。另有“加速开发农村能源”等句子，都缺乏严谨性和准确性。

3.1.4 指示

1. 概念及特点

指示是党政领导机关对下级机关布置工作、阐明工作活动的指导原则和要求时使用的公文。

指示的主要特点是：

第一，指示是下行文。因此，只有上级机关、组织或领导人对下级机关、组织或人员使用。

第二，指示在布置工作、阐明指导原则和要求时，多是针对重大问题，提出具有方向性和政策性的原则指导正文，至于具体的要求、办法、措施则很少提及。

第三，指示的使用受到严格的限制，一般是省部级以上党政机关使用，而中下级机关使用的机会较少。有关法律规定，县级以上人民政府及所属各工作部门在自己的职权范围内可以下达指示，但毕竟很少，即使需要，也往往以“指示性通知”代替。

第四，指示具有依据性。它是下级机关、组织或人员行动的依据，下级机关、组织或人员必须按指示要求认真贯彻执行，不能打折扣，更不能置之不理。

2. 写作要求与例文

指示的结构包括标题、成文日期、主送机关、正文、落款等。

（1）标题。

指示的标题大多是完全式的，即由发文机关名称 + 事由 + 文种组成，如“中共中央国务院关于防御特大洪水的紧急指示”。也有的是采用省略式标题，即由事由 + 文种组成。

（2）成文日期。

指示的成文日期多数标示在标题下方括号中，如《中共中央关于坚持“少宣传个人”的几个问题的指示》即在标题下标明“（一九八〇年七月三十日）”。

（3）主送机关。

指示的主送机关视具体情况而定，如果是涉及全局范围问题的，发至所有直接下级机关的指示，可略去此项；如果是涉及局部范围问题，发至一部分下级机关的，就需写明主送机关，写法同其他公文。

（4）正文。

指示的正文一般由指示缘由和指示意见两部分构成。

指示缘由即说明制发这件指示的原因、目的和意义。一般是先叙述实际情况，再从原则上高度阐明意义。提出观点，把摆事实和作分析结合在一起，说明制发这件指示的原因、目的和意义。指示的缘由部分虽然是指示的前言，但很重要，它既是晓之以理的关键所在，又是全文的铺垫，因此一定要着力写好。

指示意见是正文的主体。一般包括布置任务、明确原则、说明要求等内容。布置任务要具体、明确；原则要言简意赅、合情合理；要求要清楚、具体，切实可行，要抓住关键、突出重点，不可面面俱到，不可含糊不清。如《中共中央关于坚持“少宣传个人”的几个问题的指示》就从五个方面，分别对建立纪念堂（馆、亭、碑）、革命斗争史、报纸宣传等的原则、要求作了清楚、明确的说明，使人能把握要领，有助于贯彻、落实。对指示意见的表述一般采用分条列述的方式，大篇幅文章也可采用部分组合的方式。

（5）落款。

指示的落款可根据具体情况而定，如果标题是完全式的，正文后即可省略此项；如果在标题中未交代发文机关名称，正文后就要签署发文机关名称或规范化简称。指示不管有无落款，都应加盖机关印章。

【例文】

中共中央关于各级领导干部要亲自动手起草重要文件，
不要一切由秘书代劳的指示

（××××年五月七日）

党的十一届三中全会以来，为了加强和改善党的领导，中央已采取或正在采取一系列重要措施……各级领导干部亲自动手起草重要文件，不要一切由秘书代劳就是其中重要的一项。

领导干部必须亲自动手准备自己的重要讲话、报告，亲自指导、主持自己领导范围内的重要文件的起草，否则他对自己所领导的主要工作就不能担负政治责任。这是一个重大原则问题，中央和毛泽东同志从三十年代起曾经作过多次指示。

有鉴于此，中央规定：今后，领导者（指各级党委的第一书记、分工负责某一方面工作的书记、国家机关部长、省长、市长，其他各部门、各单位类推）个人的重要讲话、报告一律要亲自动手起草。所谓亲自动手，主要指领导者必须开动脑筋，提出文件的基本思想，包括主要的观点、意见、办法。

各级领导干部亲自动手起草重要文件，这不是技术性的问题，而是领导工作中的原则性问题。现在重申这一原则，是在新的历史条件下提高党的各级领导干部的认识能力和领导能力，改善和加强党对社会主义现代化建设各项事业领导的一项重要措施。

今后，在中央作出原则性的指示以后，中央或国家机关的主管部门，应对负责执行的单位作出准确的解释，并提出相应的实施意见和办法。各地区在接到中央或上级部门的这些指示以后，要从当地的实际情况出发，提出本地区执行这些指示的意见和办法。只有这样，而不是照抄照转，我们党和国家机器的各个环节才能正常地、协调地运转起来，充分发挥各自应有的作用。

领导干部的讲话、报告，作为精神产品，应是他们的大脑这个加工厂制作出来的。它的原材料或半成品归根到底来自广大群众的实践……总之，领导得自己动手起草重要文件、准备讲话的过程，是一种不能假手别人的艰苦的创造性劳动……也只有在这样的情况下，才能真正地担负起领导的责任，做好工作。

中央殷切希望各级领导干部，振奋精神、刻苦学习，努力增强自己的认识能力和领导能力，以适应日益发展的现代化经济建设、政治建设、文化建设、军事建设的需要和日益增多的国际交往的需要。中央相信，经过长期反复的努力，在我们的领导干部队伍中，一定会有更多的同志成为“文武双全”的、适应现代化建设需要的优秀领导人才。

［评析］

这是针对“领导干部要亲自动手起草重要文件”这一具体问题向各级领导干部发出的一项指示。

该文全篇分为三个部分：

第一部分交代了发文的缘由和背景，强调了该批示的重要性和目的，并联系工作中的实际情况，从正反两个方面进行了分析和说理，指出了“一切由秘书代劳”的做法的弊端和危害，从而肯定了发出该指示的必要性和重要性。

第二部分阐述了指示的具体内容，主要有：领导者亲自动手起草重要文件的原则和具体要求；亲自动手起草重要文件的现实意义；各级领导干部贯彻执行该指示的重要职责；提高领导水平和文件质量的必由之路。

第三部分是向各级领导干部提出殷切希望和具体要求。

这篇指示高屋建瓴、切中时弊，抓住干部队伍中普遍存在的问题，及时发出针对性强的指示，这对加强干部队伍的建设、提高文件质量具有长久的指导意义。

3.1.5　意见

1. 概念及特点

意见是一种适用于对重要问题提出见解和处理办法的公文文种。

意见具有以下特点：

（1）行文的多向性。意见既可作下行文，也可作上行文和平行文。作为下行文，可以对工作作出部署、安排，阐明指导方针，提出具体要求；作为上行文，可以对某一重要问题提出看法、建议，呈报上级批准或批转执行；作为平行文，可以向有关单位或不相隶属机关提出咨询，阐明主张或征求意见。

（2）应用的广泛性。各级领导机关均可根据工作需要制发意见，用以布置工作，阐明工作活动的指导原则、目的和要求。

（3）内容的针对性。意见所表述的见解、看法，所提出的处理办法，都是根据实际工作中出现的和需要解决的具有倾向性的重要问题，加以分析研究而形成的；没有实际存在的问题，就不会形成对这些问题的见解和处理这些问题的办法。因此，意见产生的出发点和陈述的具体意见都是有的放矢的，都要对症下药、有针对性。

（4）明确的指导性。意见是对一定的工作事项或有关问题表示发文机关的见解和处理办法，其目的是指导受文者认识并解决这些问题，对受文者应当怎么做起到示意性和导向性作用。

2. 写作要求与例文

（1）标题。

意见的标题有完全式和省略式两种。完全式的标题由发文机关名称+事由+文种组成。如“中共中央国务院关于促进城镇健康发展的若干意见”。省略式的标题由事由+文种组成，如“关于深化企业改革搞好国有大中型企业的意见”。

（2）主送机关。

主送机关由意见所涉及的内容范围所确定，如果是全局性的，则所有直接下级机关都应列为主送机关；如果是针对局部范围的，则有关的直接下级机关为主送机关。其标示方式也有两种，如果是直发的，则在标题下顶格标出；如果是转发的，则在批示文件的标题下标出。意见作为附件，就不再标示出主送机关。

（3）正文。

意见的正文一般由缘由和意见两部分组成。

缘由部分往往是通过概述面临的实际情况和问题来说明制定意见的原因和依据。在表述这一部分内容时要简洁、明确，抓住要害，突出存在的问题，而不应当面面俱到，罗列事实。

意见部分是说明解决问题的见解、办法和具体要求的。对这部分的表述要求是具体、明确、切实、可行。一般是根据总体思想分项表述，每项围绕一个中心，用观点句领起，然后具体说明，做到既清楚又明确。

【例文1】

农业部、监察部、财政部、国家计委
国务院法制局关于当前减轻农民
负担的情况和今后工作的意见

党中央、国务院：

根据中央经济工作会议和中央农村工作会议精神，现就当前减轻农民负担的情况和今后工作的意见报告如下：

一、减轻农民负担工作取得了一定成效

近年来，针对一些地方农民负担过重的问题，党中央、国务院采取了一系列重大措施，各地区、各部门为减轻农民负担做了大量的工作。实践证明，党中央、国务院关于减轻农民负担的一系列重大决策是正确的。经过各方面的艰苦努力，减轻农民负担工作取得了一定的成效，摸索出了一些有益的做法和经验。（略）

二、减轻农民负担工作的形势依然严峻

最近一段时间，一些地方的农民负担又出现了“反弹”，有的相当严重。有些地方农民实际负担超出了国务院规定的范围和限额，超过了当地经济发展水平和农民的承受能力。农民负担过重的问题还没有从根本上解决。（略）

三、坚持不懈地做好减轻农民负担工作

针对上述问题，当前和今后一个时期减轻农民负担工作，要按照“深化改革、发展经济、规范管理、群众监督”的要求，坚定不移地贯彻执行国务院宣布的“约法三章”，重点解决好提留统筹费超过规定比例和农村“三乱”问题。为此需采取以下措施：

（略）

（此件经党中央国务院同意，××××年3月9日以“中办发〔××××〕6号”文转发全国各级党政机关及农村的村委会）

［评析］

这是一篇向上级机关呈报情况、请求批转的建议性意见，在写作上有三个特点：

第一，针对性强。意见中反映的农民负担的情况，是当前农村中值得重视的一个带有普遍性的问题，也是广大农民群众关注的焦点。它影响到农民种田的积极性和我国农业的进一步发展，选择这一课题，提出建设性意见，具有较强的实践性和针对性。

第二，结构严谨。正文一开头仅用两行文字交代了制文目的和背景，紧接着围绕主旨，采用总分条文式结构写了三个部分：第一个部分概述前一时期减轻农民负担的成效（五点）；第二部分分析当前存在的问题（五点）；第三部分提出今后的工作意见（十条）。全文结构严谨，层次分明，一气呵成。

第三，政策性强。文章以“中央经济工作会议和中央农村工作会议精神”为指导，正确评价了减轻农民负担工作的成绩和问题。在此基础上，有针对性地提出了进一步减轻农民负担的十条措施。政策明确具体，指导性、操作性很强。该文是一篇很好的典范之作。

【例文2】

国务院办公厅关于加强孤儿保障工作的意见

国办发〔2010〕54号

各省、自治区、直辖市人民政府，国务院各部委、各直属机构：

党和政府历来关心孤儿的健康成长。新中国成立以来，我国孤儿福利事业取得了长足进展，孤儿生活状况得到了明显改善，但总体看，孤儿保障体系还不够健全，保障水平有待提高。为建立与我国经济社会发展水平相适应的孤儿保障制度，使孤儿生活得更加幸福、更有尊严，经国务院同意，现提出以下意见：

一、拓展安置渠道，妥善安置孤儿

孤儿是指失去父母、查找不到生父母的未满18周岁的未成年人，由地方县级以上民政部门依据有关规定和条件认定。地方各级政府要按照有利于孤儿身心健康成长的原则，采取多种方式，拓展孤儿安置渠道，妥善安置孤儿。

（一）亲属抚养。（略）

（二）机构养育。（略）

（三）家庭寄养。（略）

（四）依法收养。（略）

二、建立健全孤儿保障体系，维护孤儿基本权益

（一）建立孤儿基本生活保障制度。（略）

（二）提高孤儿医疗康复保障水平。（略）

（三）落实孤儿教育保障政策。（略）

（四）扶持孤儿成年后就业。（略）

（五）加强孤儿住房保障和服务。（略）

三、加强儿童福利机构建设，提高专业保障水平

（一）完善儿童福利机构设施。（略）

（二）加强儿童福利机构工作队伍建设。（略）

（三）发挥儿童福利机构的作用。（略）

四、健全工作机制，促进孤儿福利事业健康发展

（一）加强组织领导。（略）

（二）保障孤儿合法权益。（略）

（三）加强宣传引导。（略）

国务院办公厅

二〇一〇年十一月十六日

（来源：中国政府网）

［评析］

这是一篇指导性意见。缘由部分通过概述面临的实际情况和问题来说明制定意见的原因、理由和依据；表述简洁、明确，突出了存在的问题。这篇意见的重点是在“落实”，因此，具体的措施占用了较大篇幅。

【释疑】

撰写意见，首先要掌握政策。意见是将党和国家的方针政策以及法规在本地区、本系统分解、延伸与具体化，具有很强的原则性。因此，意见的制定者必须认真学习并深刻领会有关政策法规。必要时，还需在意见中标注所依据的上级文件的标题与发文字号，以便读者了解意见制发的依据。其次，意见是根据实际情况、为解决问题而提出的，针对性很强。要使意见有的放矢、切实可行，就必须吃透情况、抓准问题，否则，就难以提出切实可行的意见。再次，意见应当既中肯又有一定灵活性，这样受文者才能有章可循，从实际出发灵活运用，充分调动受文者的积极性和创造性。最后，要注意行文的条理性和逻辑性。要按照问题的重要程度有主次地逐项展开内容，这样才能保证意见的结构井然有序，逻辑严密，便于受文者把握重点，易于落实。

【病文诊所】

××市人民政府对加强行政监察工作的意见

×政发〔2004〕第41号

各县区人民政府、市政府各部门、市属各企业、各大中专院校：

为深入贯彻落实党的十六届四中全会精神，加强政府机关执政能力建设，推进依法行政和廉政勤政，现就进一步加强行政监察工作提出如下意见：

（略）

特此建议，请照办。

二〇〇四年十一月五日

［评析］

这篇意见存在以下病误：

（1）标题中的关联词“对”应改用“关于”。

（2）发文号应删去“第”字。

（3）结束语意思混淆，本文为“意见”，在此变成了“建议”；既然是“建议”，则不能要求“照办”。根据意见的行文格式和本文内容，此结束语应删除。

3.1.6 批复

1. 概念及特点

批复是用于答复下级机关的请示事项的公文。批复和请示紧密地联系在一起，有请示必然就有批复。

批复的特点：

（1）被动性。批复以请示为行文前提，没有请示，就没有批复的存在。

（2）权威性。批复发自领导机关，反映更大范围的利益和要求，代表不同级别的上级的权力和意见，对请示的下级单位有约束力。特别是那些关于重要事项或问题的批复，具有明显的指示意义。

（3）针对性。凡是批复，必须针对下级机关请示而发，因此，内容单一，针对性强。

（4）专用性。批复只有在上级机关答复下级机关时才使用，其他机关或主管部门答复问题时，只能用“函”。

（5）鲜明性。上级机关对下级机关的请示事项，同意不同意，批准不批准，全部同意、批准，还是只有一部分同意、批准，表态要鲜明，表述要准确、清晰，不能含糊其辞、似是而非。

2. 写作要求与例文

（1）标题。

批复的标题有三种形式：第一种是完全式标题，即由发文机关＋事由＋文种组成，如“国务院关于同意将广西壮族自治区北海市列为国家历史文化名城的批复”、“国务院关于深圳市城市总体规划的批复”。第二种是省略式，即由事由＋文种组成，如“关于成立婺源风景名胜区人民政府的批复”。第三种由发文机关＋原件标题＋文种组成，如“中共中央《关于进一步开展学习宣传张海迪活动的报告》的批复”。

（2）主送机关。

批复必须有主送机关，不能省略，而且必须是来文请求批准事项或解答问题的机关。一般情况下，一件批复只写一个主送机关。

（3）正文。

批复的正文一般包括三个部分：

第一部分是说明批复依据，一般的写法是引述下级机关来文的标题、发文字号、发文日期或内容要点，用“收悉”作结，然后用“现批复如下”引起下文。

第二部分是批复意见。这是对请示事项表明态度，给予答复的主体部分，因此，一定要态度明确，表述具体。如果答复意见是“同意”、“可行”，则首先要针对请示事项表明同意的态度，然后就请示事项的相关事宜及具体处理原则、办法提出明确意见。如果是不同意请求事项和请示要求的批复，也要首先表明不同意或不可行的明确态度，然后对为什么不同意或不可行的理由作出阐述，讲清道理。这部分的结构方式，视答复所涉及的问题而定。如果比较单一，用一段文字则可；如果较多，则可分为多段，每段一项。

第三部分是要求。这部分主要是对批复事项如何去做提出希望和要求，给受文机关指明方向。它可以作为批复意见中的并列一项，也可作为结尾段。

【例文】

国务院关于同意建立融资性担保业务
监管部际联席会议制度的批复

国函〔2009〕50号

银监会：

你会《关于建立融资性担保业务监管部际联席会议有关问题的请示》(银监字〔2009〕82号）收悉。现批复如下：

同意建立由银监会牵头的融资性担保业务监管部际联席会议制度。联席会议不刻制印章，不正式行文，请按照国务院有关文件精神，认真组织开展工作。

附件：融资性担保业务监管部际联席会议制度

国务院

二〇〇九年四月二十二日

［评析］

这是一份同意来文请求并另加指示的批复。在写作上有以下特点：

第一，开门见山。批复以“你会《关于建立融资性担保业务监管部际联席会议有关问题的请示》（银监字〔2009〕82号）收悉”为起始语，直入正题，无空话，不拖沓，简明扼要。

第二，意见明确。“同意建立由银监会牵头的融资性担保业务监管部际联席会议制度。”

第三，要求合理。“联席会议不刻制印章，不正式行文，请按照国务院有关文件精神，认真组织开展工作”。

【释疑】

第一，要弄清楚批示和批复的关系。批示具有批复和批转的作用，但又与批复有区别。批复的对象是请示机关，批复的内容是对所请示机关请示的问题的书面答复。它除了发送请示机关以外，其他单位不再发送。批示除了发送到直接请示问题的机关以外，还可以发送给与此有关的其他应遵照办理的有关机关或单位。

第二，要了解拟写批复意见的三种情况。①同意下级的请示意见。在弄清请示事项之后，针对来文提出的问题和要求，简要给予答复。如果是“基本同意”、“原则同意”，那么就把原因简明扼要地答复清楚。②不同意下级的请示意见。对于不同意下级请示问题的批复，要注意把不同意的原因讲清楚，以便请示单位对工作作出新的安排。③解答下级提出的疑难问题。有些请示是在工作中或执行上级文件中遇到了疑难问题，一时拿不定主意，请求上级解答。答复机关先要细致阅读来文所提问题，而后运用有关方针政策，有针对性地给予回答。总的来说，批复一定要针对下级机关的请示事项和请示要求，给予实事求是、切合实际的答复意见，不能脱离请示要求而言不及义。

第三，措词要严谨，篇幅要短小。批复是指令性公文，表述的意见是下级机关开展工作、办理事项的依据，因此措词一定要准确、严谨，切忌语义不清、词不达义，造成误解。批复是答复请示的，请示中提出什么请示事项和请示要求，就应直截了当地给予答复，不能漫无边际地议论，也不应讲过多的道理，只要表明态度，作出明确的答复就可以了。所以篇幅要尽量短小。

【病文诊所】

××地区财政局
关于毛毡纳税问题的批复

（×）地财税字第×号

××县财政局：

（××）税政字第×号请示悉。关于生产责任人以购进杂毛掺一半麻刀制成的毛毡出售问题，应按生产毛制品的企业以百分之十五的税率征税。

如果按此规定纳税有困难，可由生产责任人申请，逐级上报，由地区财政局给予一定时期的减免税照顾。

××地区财政局（印章）

××××年四月五日

（来源：栾照钧．公文病误矫正指南．北京：中国时代经济出版社，2003）

［评析］

本批复存在以下不符合规范的地方：

（1）标题中的事由表述不清楚。根据内容，可将事由改为“关于生产制售毛毡如何纳税问题”。

（2）文号中“地”不具备普遍的代表性或唯一性，容易引起误解；“第”字应删去。

（3）首句以“（××）税政字第×号”开头，省去了交代事由的来龙去脉，虽然直截了当，却让人有些不明就里，而且这种写法也不合规范，应加上“你局……收悉”。

（4）“应按生产毛制品的企业以百分之十五的税率征税”，有语病。

（5）“如果按此规定纳税有困难”，这种提法欠妥，前边刚刚确定按15%征税，这里又有变化，显得前边的意见不够严肃，有失上级批复的权威性。

（6）“由生产责任人申请，逐级上报，由地区财政局给予一定时期的减免税照顾”的提法不够严谨，会让人以为只要逐级上报就能得到区财政局的“减免税照顾”。

3.2 法规性公文

法规性公文是对党的章程、国家的法律政策的有关规定的阐发或扩展，内容具有较强的法规性、权威性与约束力。主要的文种有条例和规定。

3.2.1 条例

1. 概念及特点

条例是《条例》中规定的机关公文主要文种之一，是“用于党的中央组织制定规范组织的工作、活动和党员行为的规章制度”。1987年4月21日国务院办公厅公布的《行政法规制定程序暂行条例》第三条规定：“行政法规的名称为条例、规定和办法”，“对某一方面的行政工作作比较全面、系统的规定，称‘条例’”。因此，我们把“条例”列入了公文的范畴。《条例》和《行政法规制定程序暂行条例》对概念的解析不尽相同，这种不一致主要是其适用范围上的差别，实质意思没有不同。它们互为补充，就更能反映“条例”这种文种的实际面貌。

“条例”是党的最高领导机关、国家最高行政机关、国家和地方立法机关用来对机关、团体的组织、职权、工作、活动及其成员的行为，对某一重大事项的办理作出比较全面、系统、原则的规定的法规性文种。“条”是从正面规定“应该怎么做”和“不应该怎么做”的条文。“例”是从反面规定如果违背了正面即“条”的规定应该怎样处理的条文。“有条有例”的条文主要在条例的分则部分。其先后顺序一般是“条”在前，“例”在后，以“条”为主。“条”中的“应该”与“不应该”可以糅合在某一条里说明，也可以将“不应该做”的事项单独分条列出。“例”则在分则部分的最后分条列出，或在相关的某章后面分条列出，或集中在分则的最后一章分条列出。但也有“条”和“例”结合在一起，一条一条地列出的。下面例文中的分则部分共有十五条，前十二条规定身份证的格式、文种与承办机关、申办手续及发放、收回、检查等事项，是“条”；后三条规定违反上述规定应怎么处理，是“例”。这是很典型的“有条有例”的写法。“有条有例”，有正有反，互相参照，有利于读者了解“应该怎么做”和“不应该那么做”，以便遵照执行。

条例的特点：

（1）制发机关的法定性。由于条例有很强的法规性，因此，对其制作、发布机关有明确的限制。按《条例》、《中国共产党党内法规制定程序暂行条例》和《行政法规制定程序暂行条例》的有关规定，条例的制发限于党中央组织及其授权的中央部门，以及国家最高行政机关、国家或地方立法机关。其他的机关、单位、团体不能制发。如需制定法规文件，只可用规定或办法等。

（2）内容的法规性。条例是对党的章程、国家的法律政策的有关规定的阐发或扩展，涉及党务及国家的政治、经济、军事、科技、文化等各个领域的重要或比较重要的事项，具有很强的法规性和约束力。因此，一经发布，在其所涉及的领域内，要求有关单位、人员必须执行，不得违反；否则就要受到相应的惩处。

2. 写作要求与例文

条例由标题、生效标识、正文三部分组成。

（1）标题。

条例的标题写法有独到之处。一是标题中不出现制发机关，只显示范围和内容；二是一般不用公文常用的“关于……的”介词结构；三是条例一般有效期较长，为谨慎推出，常用“暂行”以示成熟程度。根据这些特点，形成了三种标题写法：一是由范围 + 事由 + 文种构成，如“中华人民共和国种子管理条例”、“广东省计划生育条例”等，比较大型的条例均采用这种写法；二是由事由+文种构成，如“矿山安全监督条例”、“水土保持工作条例”；三是由事由+成熟程度（暂行）+条例构成，如“广东省物价管理暂行条例”。

（2）生效标识。

条例的生效标识写在标题的正下方，用括注式标出。有三种形式：

①署发布或批准日期。由实际的发布（或批准）日期+发布机关名称+“发布”（或“批准”）组成，如：

中华人民共和国科学技术进步奖励条例

（一九八四年九月二十日国务院发布　一九九三年六月十八日国务院修订）

②署通过（或批准）日期和发布日期，如：

行政法规制定程序暂行条例

（一九八七年四月二十一日国务院批准

一九八七年四月二十一日国务院办公厅公布）

③在第二种的基础上，再加上一个实施日期，如下面例文的标题。

（3）正文。

条例的正文由缘由、规范和说明三部分构成。

【例文】

中华人民共和国居民身份证条例

（一九八五年九月六日第六届全国人民代表大会常务委员会第十二次会议通过　一九八五年九月六日中华人民共和国主席令第二十九号公布　一九八五年九月六日起施行）

第一条　为了证明居民身份，便利公民进行社会活动，维护社会秩序，保障公民的合法权益，制定本条例。

第二条　居住在中华人民共和国境内的年满十六周岁的中国公民当依照本条例的规定，申请领取中华人民共和国居民身份证。

正在服役的人民解放军军人、人民武装警察，不领取居民身份证，由中华人民共和国军事委员会和中国人民武装警察部队总部颁发军人和武装警察身份证件。

第三条　居民身份证登记项目包括姓名、性别、民族、出生日期、住址。

居民身份证登记项目使用全国通用的文字填写。

民族自治地方的自治机关根据本地区的实际情况，可以决定同时使用本民族的文字或者选用一种当地通用的民族文字。

第四条　居民身份证的有效期限分为十年、二十年、长期三种。十六周岁至二十五周岁的，发给有效期十年的居民身份证；二十六周岁至四十五周岁的，发给有效期二十年的居民身份证；四十六周岁以上的，发给长期有效的居民身份证。

第五条　居民身份证由公安机关统一印制、颁发和管理。

第六条　公民应当向常住户口所在地的户口登记机关申请领取居民身份证，并按照规定履行申请领取手续。

第七条　华侨回国定居的，在办理户口登记手续时，申请领取居民身份证。

第八条　居民身份证有效期满或者登记内容有变更、更正或者证件严重损坏不能辨认时，应当按照规定申请换领新证；丢失证件的，应当申报补领。

第九条　公民被征集服现役的，在办理注销户口手续时，交回居民身份证；退出现役后，发还居民身份证或者再申请领取居民身份证。

第十条　被判拘役、有期徒刑以上刑罚的人和被劳动教养的人以及被羁押的人，不发给居民身份证；已领取居民身份证的，由执行机关按照规定收缴其居民身份证，释放或者解除劳动教养后，由本人申请领取居民身份证或者将原居民身份证发还本人。

第十一条　公民出境按照规定需要注销户口的，在办理注销户口手续时，交回居民身份证。

第十二条　公民死亡的，由公安机关收回居民身份证。

第十三条　公安机关在执行任务时，有权查验居民身份证，被查验的公民不得拒绝。

执行任务的公安人员在查验居民身份证时，应当出示自己的工作证件。

第十四条　公民在办理涉及政治、经济、社会生活等权益的事务时，可以出示居民身份证，证明其身份。有关单位不得扣留或者要求以身份证作为抵押。

第十五条　有下列行为之一的，按照《中华人民共和国治安管理处罚条例》有关规定给予处罚。

（一）拒绝公安机关查验居民身份证的；

（二）转让、出售居民身份证的；

（三）使用他人居民身份证的；

（四）故意毁坏他人居民身份证的。

第十六条　伪造、变造居民身份证的或者窃取居民身份证情节严重的，依照《中华人民共和国刑法》第一百六十七条的规定处罚。

第十七条　公安机关工作人员在执行条例时，徇私舞弊、侵害公民合法权利和利益的，应当给予纪律处分；情节严重构成犯罪的，应当依法追究刑事责任。

第十八条　拘留在中华人民共和国境内的外国和无国籍人，不适用本条例。

第十九条　本条例的实施细则，由公安部制定，报国务院批准后施行。

第二十条 本条例自公布之日起施行。

[评析]

条例的缘由部分又称“总则”，要写出制发条例的目的、意义和依据，明确有关组织或有关事项的性质、任务和开展活动的原则、要求。例文的第一、二条属于这部分，说明了制发该条例的目的、意义和使用范围，这部分是全文的纲，应写得简明、扼要，有根有据。

条例的规范部分又称“分则”。例文的第三至十七条即属于这部分，是条例实质性规定内容，是要求执行的根据，因此，要写得明确、严谨、周全。如果是确定机关、单位的职责权限的条例，这部分就要对有关的机构或人员的性质、职能、权利义务、组织方式、活动原则等作出规定；如果是实施法律条款的条例，这部分则要围绕有关的法律条款，将实施意见具体、明确地写出；如果是事项管理工作条例，这部分就要从实际出发，把有关的管理原则、管理责任、管理内容以及要求、方法等一一指明。例文第三至十七条对身份证的格式、文种与承办机关、申办手续及发放、收回、检查、处罚等事项就说得清清楚楚。这部分内容比较多，因此写作时要注意周密、严谨、准确、明晰。

条例的说明部分又称“附则”，是全文最后的部分。这部分要写清楚本条例与其他法规的关系，本条例的解释权、生效时间和解释有关词语。例文第十八至二十条属于这部分，说明了本条例的不适用范围、实施细则的制定权、批准权和本条例的施行日期。写作这部分时，要注意和“总则”照应。

写作条例的正文要注意布局合理、表达清楚、严密周全。为此，常使用分条列项的方法，把要表达的内容进一步分成章、条、款、项，然后遵循“先原则后措施、先主要后次要、先普遍后特殊、先直接后间接、先正面后反面”的原则，逐章逐条逐款逐项进行排列，说明清楚。

3.2.2 规定

1. 概念

规定是对特定范围内的工作和事务制定带有约束性措施的应用文体，是中国共产党机关公文种类之一。规定是规范性公文中使用范围最广、使用频率最高的文种。它是领导机关对特定范围内的工作和事务制定相应措施，要求所属部门和下级机关贯彻执行的法规性公文。

规定的内容比较具体细致，可操作性较强，形式比较灵活，适用范围广泛。通常为加强管理而制定，具有较强的约束力。但与条例相比，规定的制发机关却比较宽泛，不仅中央机关能用，而且党的各部门，各省、自治区、直辖市党委都可以制定规定。国务院的各部门和地方人民政府也都可以使用规定下发规范性文件。

2. 类型

根据行文目的和规范内容，规定大致可以分为以下四种类型：

（1）政策性规定。这类规定主要用以规定一些政策规范，依据有关法律法规条文，制定有关的准则和政策，作为开展某项活动、工作的主要依据，其依据性与政策性较强。如《国务院关于鼓励台湾同胞投资的规定》、《广东省国家建设征用土地拆除城镇华侨房屋的规定》，前一种为国家的行政法规，后一种为地方性法规，两者的政策性和约束力都较强。

（2）管理性规定。这类规定主要用于制定某方面工作的管理规则，在一定范围内提出管理要求和禁止事项，达到加强某些工作管理、规范活动和行为及限制某些不规范、不合理、不正常行为的目的。如《关于实行专业技术职务聘任制度的规定》、《关于国家行政机关和企业、事业单位印章的规定》、《关于严格禁止在旅游业务中私自收受回扣和收取小费的规定》，这类规定都具有较强的管理性。

（3）实施性规定。规定也可以作为实施法规的文种使用，其用法近似"实施办法"。如《关于贯彻〈中华人民共和国药品管理法〉的有关暂行规定》，这是在《中华人民共和国药品管理法》的实施办法尚未发布之前，先规定贯彻实施的有关事项。又如《专利代理暂行规定》，是为实施《中华人民共和国专利法》中涉及的专利代理问题而制定的。这类规定是和实施原件配套使用的，其功能和实施办法、实施细则相同。

（4）补充性规定。有些法规性文件内容不够具体，贯彻执行起来有一定困难，或者在贯彻执行过程中会出现一些问题或新的情况，就用规定补充，如《关于高级专家退休问题的补充规定》是对《高级专家离退休若干问题的暂行规定》中某些条款的补充。

3. 文体结构与写法

规定的文体结构包括首部和正文两部分。

（1）首部。

首部包括标题、制发时间和依据等项目。

标题。一般有两种构成形式：一种是由发文单位 + 事由 + 文种构成，如"国务院关于鼓励华侨和香港澳门同胞投资的规定"；另一种是由事由 + 文种构成，如"关于承包经营中外合资企业的规定"。

制发时间和依据。用括号在标题之下注明规定发布及签发的时间和依据，如《人民警察警徽使用管理规定》标题下就有"（二〇〇〇年二月二十八日公安部部长办公会议通过）"。有的规定是随命令、令等文种同时发布的。

（2）正文。

规定的正文内容由总则、分则和附则组成。总则交代制定规定的缘由、依据、指导思想、适用原则和范围等。分则即规范项目，包括规定的实质性内容和要求具体执行的依据。附则说明有关执行要求等。不同适用范围的规定，其内容构成及具体写法也不尽相同。

正文的表述形式一般采用两种格式：条款式和章断条连式。条款式即用条文的形式表述，全文分作若干条。也可采用序言分条式，即序言之后用“一、二、三……”列出规定事项。有的规定内容较复杂，则可以采用章断条连式，即每条自前而后连为一体。

4. 写作要求与例文

（1）规定的内容必须合理、切实、全面、具体。所谓“合理”是指正确体现党和国家的方针政策，与法律、法规相一致。所谓“切实”是指符合客观实际情况。所谓“全面”是指凡能牵涉到的问题都应进行阐述，内容完善，具有相对稳定性和可操作性。所谓“具体”是指对有关内容事项的规定要具体，处理事情或解决问题的细节也应十分明确，对某一方面的社会行为提供标准和方向，带有普遍性、明确性和可操作性。

（2）要有“规”有“定”。“规”是原则性规范要求；“定”是具体约束措施。原则在前，具体约束在后，虚实结合。安排顺序是先主后次，或按内容的内在联系分类排列。

（3）规定必须使用规范的语言，主要运用肯定语气行文。语言要凝练、准确、严密、肯定，避免产生歧义。常用“应该”、“应当”、“不应”、“不该”、“不得”、“方可”等词语，以表示应该怎样做和不应该怎样做，界限十分清楚。

【例文】

广东省电力建设若干规定

（二〇〇六年三月一日）

第一条　为保障和促进我省电力建设的顺利进行，适应经济社会发展需要，根据《中华人民共和国电力法》等法律法规，制定本规定。

第二条　本省行政区域内的电力规划与建设，适用本规定。

第三条　电力发展规划应当根据本省国民经济和社会发展的需要制定，并纳入本省国民经济和社会发展计划。

电力发展规划应当贯彻节约用地和环保原则，符合国家及电力行业标准和技术规程、规范，并与本省电力负荷的增长幅度相适应。

第四条　电力设施的新建、扩建、改建等建设项目（以下简称电力建设项目）应当符合本省电力发展规划；电力建设项目使用土地应当符合本省土地利用总体规划和城市总体规划。编制土地利用总体规划应当按照本省电力发展规划，统筹安排电力建设用地。

任何公民、法人或者其他组织不得随意占用符合电力发展规划的电力建设项目使用的土地，不得随意改变其使用性质。

第五条　纳入相关规划和计划的电力建设项目、电力建设企业、电力生产企业或者电网经营企业等（以下简称电力企业）在项目建设施工前一年，应当将电力建设项目使用土地和架空线路方案征求相关地级以上市人民政府的意见，同时将该项目使用土地和架空线路方案抄送相关县（市、区）人民政府。地级以上市人民政府应当在收到征求意见之日起30日内书面回复。

电力企业应当依照基本建设程序办理电力建设项目的报批手续。国土、规划、林业等相关行政主管部门应当在法定期限内办理许可手续。

第六条　电力建设项目需要使用土地的，依照土地管理法律法规的规定办理。

第七条　电力建设项目征地拆迁补偿，按照《广东省交通基础设施建设征地拆迁补偿实施办法》确定的区域和标准执行。

第八条　征地拆迁工作由市、县人民政府负责组织实施。

对征地中权属有争议的土地，所在地县级以上人民政府应当在6个月内调处争议，确定权属；跨行政区域的，由上一级人民政府调处确定，将征地折迁补偿款支付给权属单位或者个人。

对征地补偿标准有争议的，由县级以上人民政府组织协调。协调不成的，由批准征用土地的人民政府裁决。

第九条　架空电力线路的杆、塔基础占用土地的面积，按照以下规定计算：

（一）塔以其基础外露部分外侧向外延伸1米所形成的四边形计算；

（二）拉线杆、塔的主坑和拉线坑，按每坑2~3平方米计算；

（三）用以保护杆、塔基础的围堰或者挡土墙，以其实际占用面积计算。

第十条　架空电力线路的杆、塔基础用地，在初步设计审批后，由设计单位按照地级以上市行政区划对沿线的杆、塔基础用地红线图及其占地面积登记造册，由电力企业向沿线所在地地级以上市国土资源行政主管部门备案，不办理土地使用权证。需要拆迁补偿的，按本规定第七条、第八条、第九条规定执行。

架空电力线路的杆、塔基础使用林地的，由电力企业依法向县级以上林业行政主管部门申办使用林地审核手续和林木采伐审批手续。

第十一条　架空电力线路保护区不实行征地，不办理土地使用权证。

因架空电力线路建设及安全运行需要，电力企业需要在架空电力线路保护区内砍伐原有的种植物或者清拆合法的建筑物（构筑物）的，按本规定的第七条、第八条、第九条规定执行。

（略）

第十八条　各地级以上市人民政府可根据本规定，制定电力建设征地拆迁补偿实施细则。

第十九条　本规定自2006年3月1日起施行。

［评析］

例文能统筹安排，先讲电力发展规划的制定，然后对电力设施的新建、扩建、改建等建设项目作出规定，并列出了具体的约束措施。先写原则性的、主要的规范要求，后写次要的规范和具体的约束措施。

例文中规定的事项具体、明确。如第四条规定，“电力建设项目使用土地应当符合本省土地利用总体规划和城市总体规划。编制土地利用总体规划应当按照本省电力发展规划，统筹安排电力建设用地”，“任何公民、法人或者其他组织不得随意占用符合电力发展规划的电力建设项目使用的土地，不得随意改变其使用性质”，从正反两个方面分别作出规定，十分明确、具体。

【释疑】

（1）规定与条例异同比较。

规定与条例都是法规性文种，都同样具有执行的强制性作用。但是，规定是对特定的范围内的工作和事务制定的带有约束性措施的应用文体。条例是由领导机关制定和批准，规定某些事项或机关、团体的组织、职权等带有规章制度性质的公文文种。规定带有法规性，党和国家权力机关、行政机关以及社会团体、企业都可依据法律政策和工作权限在特定范围内制定。规定的适用范围有一定的局限，如党内的“规定”，就只是对特定范围内的工作和事务制定具有约束力的行为规范，行政法规的“规定”也是针对某一方面的行政工作作出部分规定，显然比条例的范围要小得多。条例主要用以规范某一方面的工作或调整某一方面的工作关系，在内容上与规定相比表现得比较系统和完整。条例的格式相对固定，其突出的特点是条文式，有条有例，采用章条的结构方法。

（2）规定的正确使用。

规定的使用比较广泛，但在具体使用中还是有一定的限制。按照国家行政法规制定的有关规定，凡对某一行政方面的工作作出部分规定，可以用“规定”文种；对某一行政工作作比较全面、系统的规定，不宜用“规定”文种；

对某一行政工作作具体详细的规定，也不宜用“规定”文种，选用文种时应加以注意。

由于规定用途广泛，在具体运用中，有时出现不应用规定行文的情况，比如有些临时性、阶段性问题，可以用通知行文。有些局部性、业务性强的，应用规则、制度一类文种行文。总之，要正确使用规定，避免滥用错用。

问题思考

1. 对“命令是一种古老的文体”这种说法你怎样理解？
2. 决定和决议的异同有哪些？
3. 指令性决定与宣告性决定的区别有哪些？
4. 指示和意见的区别有哪些？
5. 意见的正文有哪几部分？
6. 条例与规定的区别有哪些？

写作训练

1. 请指出下面公文的错误。

×市公安综字〔2008〕8号

关于同意联合开展非法传销专项行动的批复

×市工商局：

贵局8月10日报来《关于联合开展整治非法传销专项行动的请示》收悉。经我局局长办公会议研究（具体内容略）。

特此批复。

×市公安局（章）

2008年8月10日

2. 请按决定的写作规范和格式，以团支部的名义写一份在年级内开展向某先进人物学习的活动的决定。

3. 写一篇《关于在大学生中开展课外科研活动的意见》。

4. 请对下面令的格式和特点作一解说。

中华人民共和国国务院令

第546号

1951年8月8日政务院公布的《城市房地产税暂行条例》自2009年1月1日起废止。自2009年1月1日起，外商投资企业、外国企业和组织以及外籍个人，依照《中华人民共和国房产税暂行条例》缴纳房产税。

1987年2月6日国务院批准，1987年2月24日交通部、财政部发布的《长江干线航道养护费征收办法》自2009年1月1日起废止。

1992年5月15日国务院批准，1992年8月4日交通部、财政部、国家物价局发布的《内河航道养护费征收和使用办法》自2009年1月1日起废止。

总理 温家宝

二〇〇八年十二月三十一日

4　知照性公文与报请性公文

内容提示

通知、通报、公报、公告、通告、函、会议纪要的写作特点与写作规范

议案、报告、请示的写作特点与写作规范

4.1　知照性公文

知照性公文又称告知性公文。这类公文，或用于公布重要决定和重大事件，或宣布重要事项和法定事项，或公布社会各有关方面应当遵守和周知的事项，或传达要求下级周知和办理的事项，或商洽、询问和答复问题。一句话，这类公文都具有通知性、关照性的特点。

根据《条例》和《办法》的规定，知照性公文主要有通知、通报、公报、公告、通告、函和会议纪要。

4.1.1　通知

1. 概念及特点

通知在公文中是使用范围最广、使用频率最高的一个文种。《条例》规定："通知用于发布党内法规、任免干部、传达上级机关的指示、转发上级机关和不相隶属机关的公文、批转下级机关的公文、发布要求下级机关办理和有关单位共同执行或周知的事项。"《办法》规定："通知适用于批转下级的公文，转发上级机关和不相隶属机关的公文，传达要求下级机关办理和需要有关单位周知或者执行的事项，任免人员。"

通知是一种下行文，只要存在上下级关系，就需要制发通知。通知具有较多功能，经常被广泛、灵活使用，因此，通知就具有了作者广泛、用途多样、使用频繁和写作灵活等特点。

2. 写作要求与例文

通知一般由标题和正文两部分构成，视内容不同，写作的要求也不一样。

（1）标题。

根据通知内容的作用不同，通知的标题亦有相应变化。

①发布性通知的标题。

发布性通知的标题多用完全式，即发文机关 + 事项 + 文种，较少使用省略式。如“国务院办公厅关于批准柳州市城市总体规划的通知”、“国务院办公厅关于印发 2010 年食品安全整顿工作安排的通知”。

所发公文如果是法规和规章，应使用原标题，并加书名号。如“中共中央办公厅关于印发《中国共产党机关公文处理条例》的通知”、“国务院办公厅关于印发《省级政府耕地保护责任目标考核办法》的通知”。

②转发、批转性通知的标题。

转发、批转性通知的标题，有完全式和省略式两种。如“国务院办公厅转发发展改革委员会等部门关于鼓励发展节能环保型小排量汽车意见的通知”、“转发国务院关于落实科学发展观加强环境保护决定的通知”、“批转省卫生厅关于切实加强血液管理工作意见的通知”。上面转发、批转的公文均非法规、规章，被转公文名称不必加书名号。如果所转公文是法规、规章，则其标题应加书名号。

转发、批转性通知的标题，写作时应注意以下几点：一是应将所转法规、规章名称加书名号并直接嵌入通知标题。二是所转公文若非法规、规章，其标题可简化，如发文机关可用简称，联合发文只留主办机关加“等部门（单位）”的字样。也可省去“关于”、“的”等词。所转公文若是通知，可省“的通知”三字，尽可能避免“通知的通知”字样出现。三是如所转公文上级机关已转发过，可越级转发。

③规定性通知的标题。

规定性通知虽非法规、规章，但具有一定的权威性和约束力。为体现其严肃性，一般用完全式标题，如“国务院关于严格执行我国核出口政策有关问题的通知”、“国务院关于进一步加强在境外发行股票和上市管理的通知”等。

④传达布置工作的通知。

传达布置工作的通知的标题完全式或省略式均较常用，如“关于省长副省长分工的通知”、“国务院关于编制 2009 年中央预算和地方预算的通知”。

⑤任免通知的标题。

任免通知是一种专用的事项性通知，其标题一般由任免机关名称、被任免人员姓名、被任免职务、文种等内容构成。如“国务院关于香港特区政府王××等 3 人职务任免的通知”、“北京市人民政府关于黄××、陈××同志职务任免的通知”。

（2）正文。

发布性通知的正文比较简单，写明发文标题、批准（同意）机关及批准（同意）的依据、执行要求即可。如《中共中央办公厅关于印发〈中国共产党机关公文处理条例〉的通知》的正文：“《中国共产党机关公文处理条例》已经中央批准，现印发给你们，请认真贯彻执行。”

批转性通知的正文，写明批转机关、所批文件名称、执行要求即可。如“省人民政府同意省卫生厅《关于切实加强血液管理工作的意见》，现批转给你们，请认真贯彻执行”。有些批转公文不需政府批转，可由办公厅（室）转发，并写明“经政府同意”。如粤府办〔2006〕11 号文正文：“省林业局《关于进一步加强我省木材经营加工管理工作的意见》业经省人民政府同意，现转发给你们，请认真贯彻执行。执行过程中遇到问题，请向省林业局反映。”

转发性通知的正文应写明所转公文的标题和发文文号、所转公文的重要性、贯彻执行要求等。如粤府办〔2006〕7 号文正文：“现将《国务院办公厅转发建设部等部门关于优先发展城市公共交通意见的通知》（国办发〔2005〕46 号）转发给你们，经省人民政府同意，结合我省实际提出如下意见，请一并贯彻执行……”

规定性通知的正文一般包括通知缘由、规定事项和执行要求三部分。如《国务院关于调整证券交易印花税中央与地方分享比例的通知》的正文是这样写的：“改革开放以来，我国证券市场有了很大发展，证券交易规模不断扩大，证券交易印花税也有了较大幅度的增长。为进一步规范证券交易市场，妥善处理中央与地方的分配比例，增强中央宏观调控能力，国务院决定”，这是通知缘由；“自 1997 年 1 月 1 日起，将证券交易印花税分享比例由现行的中央与地方各 50%，调整为中央 80%、地方 20%”，这是规定事项；“有关地区和部门要从全局出发，继续做好证券交易印花税的征收工作，进一步促进我国证券市场的健康发展”，这是执行要求。

传达布置工作通知的正文，与规定性通知正文的写法大体相同，由通知缘由、传达布置工作、工作要求与希望三部分组成。例如：《国务院关于深化农村义务教育经费保障机制改革的通知》，通知缘由是这样写的：“为贯彻党的十六大和十六届三中、五中全会精神，落实科学发展观，强化政府对农村义务教育的保障责任，普及和巩固九年义务教育，促进社会主义新农村建设，国务院决定”。“现就有关事项通知如下：一、充分认识深化农村义务教育经费保障机制改革的重大意义…… 二、深化农村义务教育经费保障机制改革的主要内容…… 三、农村义务教育经费保障机制改革的实施步骤…… 四、加强领导，确保落实……”，这是传达通知事项。其中第四项就是工作要求。

任免通知的正文包括任免依据和任免事项。任免通知只要写明“谁”，“根据什么”和被任免人员的姓名、职务即可。

【例文】

关于香港特区政府王永平等3人职务任免的通知

国人字〔2006〕6号

香港特别行政区政府：

依照《中华人民共和国香港特别行政区基本法》的有关规定，根据香港特别行政区行政长官曾荫权的提名和建议，国务院2006年1月24日决定：任命王永平为工商及科技局局长、俞宗怡为公务员事务局局长；免去曾俊华的工商及科技局局长职务、王永平的公务员事务局局长职务。

国务院

二〇〇六年一月二十四日

（来源：中国政府网）

［评析］

这篇通知的任免依据是“依照《中华人民共和国香港特别行政区基本法》的有关规定，根据香港特别行政区行政长官曾荫权的提名和建议，国务院2006年1月24日决定”，任免事项是“任命王永平为工商及科技局局长、俞宗怡为公务员事务局局长；免去曾俊华的工商及科技局局长职务、王永平的公务员事务局局长职务”。

一个通知若既有任命事项又有免职事项，应该将任命事项放在前面，免职事项放在后面。

【释疑】

根据《条例》和《办法》的规定：发布党内法规用通知，发布行政法规一般用命令（令）；党内说“任免干部”，行政机关说“任免人员”，“人员”比“干部”范围更加宽泛；《条例》规定，通知的一项职能是“传达上级机关的指示”，《办法》则没有此项规定；关于要求下级机关办理和需要有关单位执行或者周知的事项，《条例》用“发布”，《办法》用“传达”，用词虽不同，但通知的职能并无大的区别。

【病文诊所】

××县水电局关于召开局系统××××年上半年生产会议的通知

×局办发〔××××〕字第18号

局属各单位：

为了及时总结我局系统半年来的生产情况，更好地完成和超额完成下半年的生产任务，经××××年7月15日第19次局务会议研究决定，定于七月二十六日召开局系统上半年生产会议。现将会议有关事项通知于下：

（一）参加会议人员：各单位主要负责人。

（二）会议时间：七月二十六日一天。

（三）会议地点：局本部会议室。

（四）准备下列内容的材料：

①今年1—6月份生产进度数字及存在的主要问题。

②下半年生产进度安排意见及完成任务的各项具体措施。

③安全生产情况及存在的主要问题和解决办法。

④职工思想状况及需要解决的主要问题。

局办公室

××××年7月16日

［评析］

这是一篇比较简单的会议通知，在基层机关中使用较多。本文存在的病误有以下几处：

（1）标题中的发文机关和落款名称不符，应前后一致。

（2）文号中的“字”、“第”不符合规定，应改正。

（3）正文第一句话因果关系颠倒，“及时总结我局系统半年来的生产情况”是办法、是手段，“超额完成下半年的生产任务”才是目的，所以应将整个句子顺序调整过来。

（4）正文中的“更好地完成和超额完成下半年的生产任务”，概念不清，把“完成”和“超额完成”并列，不当。

（5）正文中时间的表述不一致，文中时间表述应使用阿拉伯数字，而文尾发文时间则应使用汉字小写。

（6）“决定”和“定于”意思重复，应予修改。

（7）文中“七月二十六日”出现两次，容易造成混乱，应删去一个。

（8）对准备材料的内容要求过于烦琐，重点不突出。可以将同样的问题归为一类，比如“存在问题”、“解决办法或措施”等。

（9）落款应用全称。

4.1.2 通报

1. 概念及特点

通报也是一种使用频率较高的公文文种。

《条例》规定：“通报用于表彰先进、批评错误、传达重要精神、交流重要情况。”《办法》规定：“通报适用于表彰先进，批评错误，传达重要精神或情况。”通报具有知照性、教育性、时效性的特点。

2. 写作要求与例文

通报一般由标题、主送机关、正文、落款和日期等部分组成。

通报的标题有几种写法：一是发文机关 + 事由 + 文种，如“国务院办公厅关于无锡市政府在清理固定资产投资项目中所犯错误的通报”。二是事由 + 文种，如“关于表彰我省通信业发展突出贡献单位的通报”。三是发文机关 + 文种，这种写法比较少。

通报的正文写法比较灵活，根据内容的不同，其写作有以下几种情况：

表彰先进、批评错误的通报。正文一般由通报单位或个人、通报事项（先进事迹或错误事实）、事项分析、表彰内容或批评处理意见、号召学习或提供借鉴等内容组成。如例文的正文，首先概括介绍表彰事迹，接着具体介绍全省电话用户总数突破 1 亿户，成为全国首个电话用户超 1 亿户的省份，由此引出省政府决定对在通信业发展中作出突出贡献的广东省电信有限公司等单位予以通报表彰，最后要求被表彰单位再接再厉，作出新的贡献。若表彰的单位较多，如果全部列出，不但占用篇幅，而且容易冲淡主题，因此，可以附件的形式列出名单附于正文之后。如《关于表彰广东省 2010 年重点项目建设工作先进集体的通报》就是这种写法。

传达重要精神或情况的通报。正文的写法比较简单，因为内容比较单一，所以写清要传达的精神或情况即可。

【例文】

关于表彰我省通信业发展突出贡献单位的通报

×府〔××××〕14 号

各地级以上市人民政府，各县（市、区）人民政府，省政府各部门、各机构：

改革开放以来，在信息部的关心和支持下，我省通信业坚持以发展为主线，以改革为动力，以服务为宗旨，走出了一条具有广东特色的发展道路，综合通信能力明显增强，服务水平不断提高，各项重要业务指标均位居全国前列。

截至××××年×月××日，全省电话用户总数突破1亿户，其中固定电话用户3 478.3万户，移动电话用户6 522.3万户，成为全国首个电话用户超亿户的省份。电信运营企业锐意改革，开拓创新，不断提高电信服务质量，努力为广大人民群众提供优质高效服务，有力推动了我省信息化水平的不断提高，为全省信息化建设和经济社会发展作出了重要贡献。经商信息产业部同意，省人民政府决定，对在我省通信业发展中作出突出贡献的广东省电信有限公司广东移动通信有限责任公司和中国联通有限公司广东分公司予以通报表彰。

受表彰的单位要再接再厉，不断提升企业核心竞争力，继续为我省通信业发展、信息化建设作出新的贡献。

×××人民政府

××××年×月××日

[评析]

本篇通报由表彰缘由、表彰决定和希望号召三部分组成。“我省通信业坚持以发展为主线，以改革为动力，以服务为宗旨，走出了一条具有广东特色的发展道路，综合通信能力明显增强，服务水平不断提高，各项重要业务指标均位居全国前列”是表彰的缘由，介绍事迹客观准确、简明扼要。“经商信息产业部同意，省人民政府决定，对在我省通信业发展中作出突出贡献的广东省电信有限公司广东移动通信有限责任公司和中国联通有限公司广东分公司予以通报表彰”是表彰决定，表彰人以及给予何种表彰写得清楚明了。“受表彰的单位要再接再厉，不断提升企业核心竞争力，继续为我省通信业发展、信息化建设作出新的贡献”是希望号召，希望受表彰单位继续努力，再作贡献。这部分内容既是表扬性通报的出发点，也是其落脚点，希望受表彰单位再接再厉，发扬成绩，号召其他人向他们学习，形成良好氛围，争取达到预期效果。

【释疑】

通报与通告具有相近之处。通报是上级把有关的人和事告知下级的公文。通报的运用范围很广，各级党政机关和单位都可以使用。它的作用是表扬先进、批评错误，将典型经验、恶性事故以及重要情况传达给下级各单位知晓。其目的是交流经验，吸取教训，教育干部群众，推动工作的进一步开展。

通告则是用于公布社会各有关方面应当遵守或者周知的事项公文，通告的发布者通常是国家机关中的职能部门，也可以是单位、群众团体。通告可以作下行文，也可以作平行文。

两种文体既有广泛告知的相同性，又有适用范围、告知事项的不同性。

【病文诊所】

××镇政府关于表彰张文祥同志先进事迹的通报

镇工商所所长张文祥同志的先进事迹近来一直被我镇广大干部群众广为传颂。他的先进事迹如下：

镇政府组织委员反映：张文祥同志担任所长职务三年半，一向工作积极认真，对自己要求很严格，全所四位工作人员，先后共拒收钱物156次，共计人民币六万三千多元，张本人连续三年被评为镇先进工作者，去年被评为县优秀党员。

该镇税所干部反映：张所长积极协助镇税所做好税收工作，对偷税漏税的企业和个体户反复进行宣传教育，对教育后仍不依法交税的，则经县工商局批准后，吊销营业执照，近两年就吊销执照八次，协助追交税款58 670元。

××镇居民李×反映：张文祥所长经常到商店和个体摊档检查伪劣商品。今年六月七日，我在北门糖烟酒商店买了一条高档香烟，回家拆开后，才发现是冒牌货，当即回去要求退换，但该点就是不给换，后找到张所长，他亲自陪我一起去，责成商店退换，还没收了余下的5条冒牌烟，并责成商店两天内写出检讨，交工商局。

该所干部刘×等反映：张所长带头抵制各种歪风。就以今年四月五日的事来说吧，上午九时左右，他发现两个香烟走私贩子带着50条走私烟，当即把人和烟都扣留下来。两个烟贩先是喊打喊杀，继而拿出一沓人民币约一千元，对所长说："高抬贵手，方便！方便！"张所长说："到工商所去接受处理吧！"烟贩子威胁说："敬酒不喝，多加小心！"张所长不顾个人安危，在群众协助下，最后给走私分子应得的处罚。

[评析]

这篇通报存在以下不合规范的地方：

（1）内容缺漏，结构不完整，事实堆积，缺少分析，未能揭示事迹所表现的精神价值。

（2）事实叙述过于烦琐，未加概括整理，条理不清晰。

（3）结构不完整，未将通告的另一目的表现出来，即缺少号召干部群众向张文祥学习的内容。

（4）语言过于口语化，不符合公文的语言要求。

（5）缺少成文日期。

4.1.3 公报

1. 概念

《条例》规定："公报用于公开发布重要决定或者重大事件。"公报有四种类型：一是会议公报；二是联合公报；三是重要情况公报；四是集中公开发布重要文件、事件和情况的公报。

2. 写作要求与例文

（1）标题。

会议公报的标题一般由会议名称 + 文种组成，不必写明事由。如"中国共产党第十一届中央委员会第三次全体会议公报"。

联合公报标题有两种写法：一种是由公报各方所代表的国家、政党或者其他组织名称 + 事由 + 文种组成。如"中俄总理第十次定期会晤联合公报"（二○○五年十一月三日）。另一种是由国家、政党或组织名称 + 文种组成。如"中华人民共和国和西班牙王国联合公报"（二○○五年十一月十五日）。

重要情况公报的标题则由事由 + 文种两部分组成，如"第一次全国经济普查主要数据公报"（第 1 号）。

集中公开发布重要文件、事件和情况的公报，标题由机关名称 + 文种两部分组成。如"中华人民共和国全国人民代表大会常务委员会公报"。

（2）正文。

会议公报正文的写法一般是：分层次段落，不标条款序码和小标题。其内容分为三部分：首先写会议情况，包括会议名称、时间、地点、主持人、出席人、列席人、会议日程、与会活动情况等。接着写会议主要内容，包括中心议题、一般议题，讨论通过什么决定、决议，制定了什么方针政策，提出了什么目标、任务，解决了什么问题，产生了什么组织机构、领导班子等。最后写会议提出的要求、希望、号召等。

联合公报正文的写法没有固定格式。但因联合公报具有国际条约的性质，是严肃而重要的外交文件，对签署公报各方均有法律约束力，所以，联合公报的写作要求特别严格。它要求结构完整、条理清楚、语言精确，绝无含糊不清之处。

重要情况公报正文的写法灵活多样，没有固定格式，只要能把情况写清楚、明白、准确即可。如《第一次全国经济普查主要数据公报》（第 1 号）正文："一、单位基本情况；二、就业人员；三、企业实收资本；四、普查数据质量情况。"

【例文】

中国共产党中央纪律检查委员会第六次全体会议公报

（二○○六年一月六日中国共产党中央纪律检查委员会第六次全体会议通过）

中国共产党中央纪律检查委员会第六次全体会议，于2006年1月5日至6日在北京举行。出席会议的中央纪委委员110人，列席299人。

中央纪委常务委员会主持了会议。这次全会以邓小平理论和“三个代表”重要思想为指导，深入贯彻党的十六大和十六届三中、四中、五中全会精神，全面落实科学发展观，总结2005年工作，研究部署2006年党风廉政建设和反腐败工作任务。全会审议通过了中央纪委书记吴官正代表中央纪委常委会所作的《全面履行党章赋予的职责，进一步加大防治力度，不断开创党风廉政建设和反腐败工作新局面》的报告。

中国共产党中央委员会总书记胡锦涛出席全会第二次大会并发表了重要讲话。吴邦国、温家宝、贾庆林、曾庆红、黄菊、吴官正、李长春、罗干等党和国家领导人出席会议。有关方面的负责同志参加了会议。

全会认真学习了胡锦涛同志的重要讲话，一致认为，讲话从加强党的执政能力建设和先进性建设的战略高度，深刻阐述了新的历史条件下学习贯彻党章的重要性和必要性，明确指出要始终把学习党章、遵守党章、维护党章作为全党的一项重大任务抓紧抓好，通过学习贯彻党章来推进反腐倡廉工作。胡锦涛通知的重要讲话，对于全面加强党的建设，维护党的纪律，不断把党风廉政和反腐斗争引向深入，具有十分重要的指导意义。全党同志一定要认真学习领会，坚决贯彻执行。

全会认为，在党中央、国务院坚强有力的领导下，经过全党全国人民的共同努力，2005年党风廉政建设和反腐败工作在过去的基础上又取得了新的成效，呈现出良好发展态势。全会提出，2006年，要坚持反腐倡廉战略方针，以改革和制度建设为重点，继续推进惩治和预防腐败体系建设，抓紧落实《建立具体教育、制度、监督并重的惩治和预防腐败体系实施纲要》具体意见和2007年前工作要点，进一步加大防治力度，逐步铲除腐败现象滋生蔓延的土壤和条件，推动党风廉政建设和反腐败工作深入开展。

第一，维护党的纪律，为全面贯彻落实科学发展观、构建社会主义和谐社会提供有力保证。（略）

第二，纠正损害群众利益的不正之风。严肃查处学校乱收费和挤占、挪用、截留教育经费行为。（略）

第三，运用先进性教育活动中创造的好做法好经验，深入开展反腐倡廉教育，特别是加强对领导干部的权力观和政绩观教育，促使党员干部做到为民、务实、清廉。（略）

第四，以查办发生在领导机关和领导干部中违反党纪的案件为重点，严肃查办领导干部滥用权力、贪污贿赂，利用人事权、司法权、审批权谋取私利的案件，以及国有资产严重流失的案件。查办金融、工程承包、土地管理、矿产开发和政府采购等领域的案件。注意查办严重侵害群众利益的案件，尤其是发生在安全生产、食品药品安全、环境保护和社会稳定等方面的失职渎职案件。对腐败分子要坚决惩处，决不姑息。加强反腐败国际合作。

第五，深入推进从源头上预防腐败工作。（略）

第六，加强对权力运行的制约和监督。深入推进巡视工作，加大对金融机构的巡视力度，逐步开展对大型国有企业的巡视工作，省（区、市）的巡视范围要继续向县（市、区）延伸。（略）

全会要求，各级纪委要认真学习江泽民反腐倡廉重要思想和胡锦涛同志关于反腐倡廉一系列重要指示，在党委的领导下，全面履行党章赋予的职责，认真完成三项主要任务和五项经常性工作，切实维护党的纪律。按照中央的要求和人民的期望，不断改进工作和作风，自觉接受党和人民群众的监督。深入开展保持共产党员先进性教育活动，做党的忠诚卫士，当群众的贴心人。

全会号召，让我们紧密团结在以胡锦涛同志为总书记的党中央周围，高举邓小平理论和“三个代表”重要思想伟大旗帜，全面贯彻落实科学发展观，努力构建社会主义和谐社会，开拓进取，扎实工作，不断开创党风廉政建设和反腐败工作新局面。

（原载 2006 年 1 月 8 日《人民日报》）

[评析]

这篇公报的正文包括 13 个自然段。第一、二、三自然段分别介绍了会议名称、召开时间、地点、出席人员、主持会议、出席会议的国家领导人等情况。第四段至第十一段写会议的中心议题，总结 2005 年党风廉政建设和反腐败工作的成绩与经验，提出了 2006 年要坚持反腐倡廉战略方针，以改革和制度建设为重点，抓好六个方面的工作：第一，“维护党的纪律，为全面贯彻落实科学发展观、构建社会主义和谐社会提供有力保证”；第二，“纠正损害群众利益的不正之风”；第三，“运用先进性教育活动中创造的好做法好经验，深入开展反腐倡廉教育”；第四，“以查办发生在领导机关和领导干部中违反党纪的案件为重点”；第五，“深入推进从源头上预防腐败工作”；第六，“加强对权力运行的制约和监督”。公报第十二、十三段写全会的要求和号召。

【释疑】

公告和公报很相似，都是向国内外公开发布重要事项或重大事件。但二者又有区别：一是公报主要用于执政党的重要会议和国际重要会议，公告则不适用于这两种情况；二是公报所发布的事项、事件一般比公告宣布的事项、事件更重大、更具有约束力；三是公报必须经会议通过或经会谈各方达成一致，公告则不必经过此程序。

4.1.4 公告、通告

1. 概念

公告是国家机关向国内外宣布重要事项或法定事项时使用的公文文种。使用公告这一文种来宣布重大事项或法定事项的机关通常都是级别较高乃至最高的国家机关及其职能部门；公告所发布的事项，必须是对国内外有重大影响、国内外人士都普遍关注、便于海外人士通过一定途径了解的重要事项和法定事项。为了达到国内外在同一时间周知的目的，公告一般利用报纸、广播、电视等来发布。

通告是发文机关公布社会各方面应当遵守或者周知的事项时使用的公文文种。制发主体必须具有所通告事务的决定权和执行权，通常应是各级政府及其职能部门。通告发布的事务必须“一文一事”，即在一个通告中决定与安排一项社会事务。通告一般要求相关人员在知晓的前提下遵照执行。

《办法》规定：“公告适用于向国内外宣布重要事项或者法定事项”，“通告适用于公布社会各方面应当遵守或者周知的事项”。

2. 写作要求与例文

（1）标题。

公告、通告可使用完全式标题。如“中华人民共和国全国人民代表大会关于召开第×届第×次全体会议公告”、“最高人民法院、最高人民检察院关于不再追诉去台人员在中华人民共和国成立之前的犯罪行为的公告”等。

公告与通告，特别是通告，大量使用省略式标题：有的是由发文机关名称+文种组成，如“中华人民共和国全国人民代表大会公告”、“新华社公告”等；有的由事由+文种组成，如“关于我国国内生产总值历史数据修订结果的公告”、“关于加强对流花地区管理的通告”、“注销通告”、“协查通告”等；有的仅以文种名称为标题，如美国总统尼克松访华公告就是以“公告”为标题的。

（2）正文。

公告、通告的正文，一般由缘由或依据、告知事项、要求或者其他形式的结束语组成。

公告和通告正文一般比较简单，能说明事情就可以。例如《注销通告》的正文："江门市俊锋数控机床制品有限公司停止经营。请有关债权债务人自本通告见报之日起45日内前来办理有关手续。特此通告。"

【例文】

关于我国国内生产总值历史数据修订结果的公告

（二〇〇六年一月九日）

国家统计局

第一次全国经济普查圆满完成了各项任务。2005年12月20日，国际统计局局长李德水在国务院新闻办举行的新闻发布会上宣布，我国第一次全国经济普查不仅进一步摸清了我国第二、第三产业的"家底"，初步建立了我国第二、第三产业基本单位名录库及其数据库系统，而且查实了GDP总量和三大产业的比重。根据经济普查资料初步测算，我国2004年GDP现价总量为159 878亿元，比年快报核算数增多2.3亿元，增加了16.8%。其中，第一产业因不在这次普查范围之内，仍采用年报核算数，其增加值为20 956亿元，占GDP的比重为13.1%，比2004年快报核算数所占比重的15.2%降低2.1个百分点；第二产业增加值为73 904亿元，比年快报核算数增加1 517亿元，占GDP的比重由52.9%降为46.2%，降低6.7个百分点；第三产业增加值为65 018亿元，比年快报核算数增加21 297亿元，占GDP的比重由31.9%上升到40.7%，提高8.8个百分点。在GDP总量多出的2.3万亿元中，第三产业增加2.13亿元，占93%。

为保持GDP数据的历史可比性，按照国际惯例，国家统计局对2004年以前一定年度GDP历史数据进行了修订，现公告如下：

一、关于我国国内生产总值历史数据修订的说明

（一）修订的时期（略）

（二）修订的方法（略）

二、关于我国国内生产总值历史数据修订的结果

（略）

（来源：国家统计局网）

［评析］

本公告第一自然段讲发布该公告的原因和依据。接着分两部分写公告事项：一是"关于我国国内生产总值历史数据修订的说明"；二是"关于我国国内生

产总值历史数据修订的结果”，包括国内生产总值的现价总量、构成以及增长速度。该公告没有结束语。

【释疑】

(1) 公告与通告的区别。

①发文机关不同。公告主要由国家机关向国内外宣布重要事项或法定事项时使用；通告则是各级机关、团体、企事业单位均可使用。

②告知对象不同。公告告知对象是国内外一切需知机构和有关人士，范围非常广泛；通告的告知对象是社会各方面的单位和个人，范围相对较窄。

③内容不同。公告公布的是重要事项或法定事项，范围非常广泛；通告公布的一般是具体的业务性事项。

(2) 公告滥用。

目前在实践中存在公告被误用、滥用的现象。有的该用“通告”的而误用“公告”，甚至应该使用“广告”、“启示”、“声明”、“海报”的，却误用了“公告”。广告是介绍、推销商品的，启示是向公众告知某项具体事宜的，海报是向公众专门报道文娱、体育消息的，这些都不属于国家规定的法定公文，其内容都不是重要事项或者法定事项，作者也不是国家机关，对象也非国内外一切需知机构和有关人士这样广泛，都不能用“公告”。

【病文诊所1】

××镇××市场管理小组公告

为了保证商品质量繁荣市场，保障交通财产生命不受损失及行人往来安全畅通，经报镇人民政府，每天早上七时至下午五时，一切机动车辆及手扶拖拉机、自行车等，无正当理由均不得进入本市场内，违者将吊销驾驶证等处罚，决不讲人情，多谢合作。

××××年六月八日

[评析]

这篇通报存在以下不符合规范的地方：

(1) 根据该文的发文机关和公文内容，标题应改为“通告”。因为作者的层次较低，公布事项仅是局部的交通管制问题，告知对象范围也较小。

(2) 语句多有不通之处：第一句应删去“保证商品质量”；第三句应删去“经报镇人民政府”中的“报”，并在后边加上“同意”二字；第七句“违者将”后加上“面临”二字；最后两句“决不讲人情，多谢合作”与主题无关，也太口语化，应删去，改为“特此通告”。

【病文诊所2】

公　告

京秦电气化铁路工程已经全部完工，于12月1日正式送电，将于12月中旬全线开通。京秦铁路始于丰台西站，途经小宝台、大红门、双桥、通县进入河北境内。因该线电压高达二万七千五百伏，为防止沿线居民及过往行人发生触电危险，请注意以下事项：

1. 行人所带长杆等物件，需与接触网保持2米以上的距离。

2. 通过电气化铁路平交路口的汽车等机动车辆的货物装载高度，从地面算起，不得超过4.2米。装载2米的货物上严禁坐人。严禁货物高度超过道口两侧界限门规定的高度。

3. 严禁向接触网搭挂绳索等物。禁止通过任何物体，如棒条、导线、水流等与接触网的各导线及项链部件相接触。

4. 发现接触网断落时，行人要远离该线10米以外。

5. 教育儿童不要在电气化铁路上玩耍，不要在铁路上放牧牲畜，发现故障后及时向铁路部门报告。

北京铁路局

××××年12月10日

（来源：栾照钧．公文病误矫正指南．北京：中国时代经济出版社，2003）

［评析］

本文分为两部分，一是写作的起因和目的；二是告知应遵守的事项。本文不合规范的地方有：

（1）文种运用上严重错误。因公布事项是局部的，所以应将“公告”改为“通告”。

（2）第一自然段“于……正式送电”，应在“于”之前加个“已”字，以表示“送电”是过去时。“因……，为防止……”有语病，应删去“因”字。

（3）“请注意以下事项”非规范用语，可改为“特告知如下”。

（4）文中第2、3款内容，概念不清，表意不明。第4、5款层次混乱，应予调整。

（5）遣词用字不够严谨，层次不够清晰。

4.1.5 函

1. 概念

函是平行机关或部门以及不相隶属单位之间联系、商洽、询问事项，乃至提出请求的公文。函对发文机关的资格没有过多要求，高层机关、基层单位、党政机关、事业单位等均可发函。函的内容格式比较灵活，且不限于平行行文，所以运用得十分广泛。

《条例》规定："函用于机关之间商洽工作、询问和答复问题，向无隶属关系的有关主管部门请求批准等。"《办法》规定："函适用于不同隶属机关之间商洽工作、询问和答复问题，请求批准和答复审批事项。"

商洽工作的函可称为商洽函，询问问题的函可称为询问函，答复询问的函可称为答复函或复函，请有关主管部门批准的函可称为请批函，这些都应是法定公文"函"。通常使用的便函不包括在公文"函"的文种内。

2. 写作要求与例文

（1）标题。

函的标题通常有完全式和省略式两种。完全式标题一般用于比较重要、比较严肃的内容，如"国务院办公厅关于同意三阜海关更名为开平海关的复函"、"国务院办公厅关于同意成立广州2010年亚洲残疾人运动会组委会的复函"等。通常情况下，函多使用事由和文种组成的省略式标题，如"关于要求将广州市经济技术开发区协作办公室驻海口办事处更名的函"、"关于调查电教教材编制情况及今后设想的函"、"关于电教教材编制情况的复函"等。

（2）正文。

函的正文一般由缘由、事项、结束语三部分组成。缘由写发函的原因、依据等。事项写商洽、询问、答复或请求批准的具体事项。结束语一般使用"特此函告"、"请复函"、"特此复函"、"此复"等程式化的语句。

请求协助函需写明请求协助缘由。如《关于商请省外事办协助安排省领导会见并宴请越共中央考察团的函》：请求协助的缘由是越共中央考察团来访，事项是省领导会见并宴请，结束语是"请协助办理手续为盼"。

《国务院办公厅关于同意三阜海关更名为开平海关的复函》是签复审批事项的函，国务院接到广东省政府《关于将三阜海关更名为开平海关的请示》之后，本应用"批复"给广东省政府行文，但因事情较简单，经国务院有关领导同意后，由国务院办公厅给广东省政府行文答复请示。由于国务院办公厅与广东省政府没有隶属关系，故只能用"复函"行文。

【例文】

国务院办公厅关于同意成立广州2010年亚洲残疾人运动会组委会的复函

国办函〔2009〕80号

广东省人民政府、体育总局、中国残疾人联合会：

你们报来的《关于成立广州2010年亚洲残疾人运动会组织委员会的请示》（粤府〔2009〕75号）收悉。经国务院领导同志批准，现函复如下：

一、同意成立广州2010年亚洲残疾人运动会组织委员会（以下简称组委会）。组委会名誉主席由全国政协副主席、中国残联名誉主席邓朴方担任，组委会主席由体育总局局长刘鹏担任，执行主席由广东省省长黄华华、中国残联理事长王新宪担任。

二、组委会内设机构由组委会根据工作需要自行确定。

国务院办公厅

二〇〇九年八月二十一日

（来源：中国政府网）

［评析］

该函的复函缘由是收到了广东省人民政府等单位的请示；复函的依据是“经国务院领导同志批准”；事项是“同意成立广州2010年亚洲残疾人运动会组织委员会”。该函文种适当、结构完整、语言简洁、意思明白、语气平等，是比较规范的公文。

【释疑】

请批函与请示的异同：

请批函与请示的相同之处在于都是请求批准的公文；不同之处是：请示是请求“上级机关”批准，请批函则是向“没有隶属关系的有关主管部门”请求批准。关于成立广州2010年亚洲残疾人运动会组委会的事情，广东省人民政府只能向国务院用“请示”行文请求批准，而国务院也应该用“批复”批准该请示。例文里是国务院办公厅给广东省人民政府回复此事，由于国务院办公厅与广东省人民政府没有隶属关系，要以国务院办公厅的名义答复请求批准，所以只能用“复函”行文。注意复函中一定要写明经国务院有关领导同意。未经国务院有关领导同意，国务院办公厅无权答复广东省人民政府的请示。

【病文诊所】

××日报社公函
询字第×号
事由：联系本报青年记者学习事宜

××大学教务处负责同志：

为了提高我社青年记者的业务能力，我们决定从现有记者中抽出十五名青年记者，到贵校中文系新闻进修班脱产进修一年。从××××年8月20日开始，到××××年8月结束。有关进修费用按上级有关规定缴纳。如果同意，希尽快函告我们。

此致

敬礼

××日报社人事处
××××年6月30日

［评析］

此文有以下不符合规范的地方：一是函是规定文种，无须注明“公”、“私”；二是文尾不必加“此致”、“敬礼”字样；三是落款与文头不一致；四是成文时间没有使用小写汉字表示。

4.1.6 会议纪要

1. 概念

《条例》规定：“会议纪要用于记载会议主要精神和会议事项。”《办法》规定：“会议纪要适用于记载和传达会议情况和决定事项。”

会议纪要是简明扼要地记载和传达会议主要情况、精神和议定事项的公文，是本单位、本地区、本系统开展工作的依据，对友邻机关、单位可起到互通情报的作用。

2. 写作要求与例文

（1）标题。

会议纪要的标题一般由会议名称和文种组成，如“省委党校、广东行政学院合并协调工作会议纪要”、“八荣八耻理论座谈会纪要”等。

（2）正文。

会议纪要的正文一般包括会议基本情况、会议主要精神和议定事项、结尾三部分。会议基本情况包括会议召集单位，会议主持人，开会的时间、地点，参加会议的单位、人员、人数，会议主要议题，成果收获等。

【例文】

省委党校、广东行政学院合并协调工作会议纪要

6月13日下午，省委副书记、组织部长、省委党校校长刘凤仪同志在省委会议室主持召开会议，研究协调省委党校、广东行政学院合并的有关事宜。省纪委、省委组织部、省人事厅、省委党校、华南师范大学、广东行政学院的负责同志参加了会议。

会议听取并讨论了省委党校提出的《关于广东行政学院合并到省委党校的实施方案》(稿)。与会同志一致表示要从全局出发，积极执行省委关于省委党校、广东行政学院合并的决定。会议同意刘凤仪同志对合并工作提出的如下原则要求和部署。

一、要充分认识两校合并的必要性和重要性，统一思想认识。(略)

二、建立精简、统一、高效的领导班子和工作机构。(略)

三、对广东行政学院进行清产合资。(略)

四、妥善处理好过渡期各项问题。(略)

会议强调，两校合并过程中，省委党校和广东行政学院双方都要严格执行省机编〔2000〕3号、4号文件的各项规定，尤其不能借机分钱分物，转移资产，突击提干。一定要立足于现有资源，从大局出发，通力合作，以高度负责的态度，认真地把这项工作做好。

[评析]

本文开头部分介绍了会议的基本情况：开会时间为6月13日下午，会议地点是省委会议室，主持人是省委副书记、组织部长、省委党校校长刘凤仪，会议议题是研究协调省委党校、广东行政学院合并的有关事宜，参加会议的人员有省纪委、省委组织部、省人事厅、省委党校、华南师范大学、广东行政学院的负责同志。

接着介绍会议主要精神和议定事项：听取并讨论了省委党校提出的《关于广东行政学院合并到省委党校的实施方案》(稿)；与会人员一致表示，积极执行省委关于省委党校、广东行政学院合并的决定；同意刘凤仪同志对合并工作提出的原则意见和对合并工作的部署。

最后强调，两校合并过程中，要严格执行省机编〔2000〕3号、4号文件的规定，认真做好这项工作。

【释疑】

会议纪要是在会议记录及其他会议材料的基础上写成的，其与会议记录都应是会议的真实反映。但二者又有明显不同，主要体现在：

(1) 会议纪要突出了会议成果，概括了会议主要精神。其并非记载会议的全部情况和全面精神，议而不决的事项、与会议主要精神关系不大的讨论发言以及会议的详细议程和过程等，均不必写入会议纪要。而会议记录却不同，它必须尽可能地记录会议所有情况和全部议题、议程，不可随便错记、漏记会议任何内容，也不可主观地认为重要的就记，次要的就不记。

(2) 会议纪要是法定公文，而会议记录是会议的原始材料；会议纪要一般都要行文或经过媒体发表，而会议记录一般是不公开的内部资料。

(3) 会议纪要是公文，因此其内容具有选择性，结构具有完整性和逻辑性，语言上必须符合公文语言规范、明白、准确、简洁、平实、庄重、得体的特点。而会议记录则完全不必有这些讲究，只要记清楚、记全面即可。

(4) 会议纪要虽然是在会议记录和其他会议材料基础上形成，然而，执笔人要写好会议纪要，仅靠这些材料是不够的，还应做到：第一，了解领导召开会议的意图、会议的宗旨、会议的主题、要解决的主要问题以及会议的议定事项和未议定事项等。第二，必须了解会议的全过程，从会议的准备、召开到总结，从大会发言到小组讨论，都要尽可能参与；从会议记录、录音、录像到会议简报等，都要搜集到手，全面了解会议情况。第三，要认真阅读、分析材料，经过思考、归纳，提炼出要写的内容，然后按照轻重、主次、点面的顺序开始写作。只有如此，才能写出好的会议纪要。

4.2 报请性公文

报请性公文又叫陈述呈请性文件。其一般特点是：公文的强制执行效用仅表现为对受文者阅处公文的行为有强制性影响，但不能强制对方执行公文的内容；行文需满足诸多条件限制；语言平和。报请性公文有议案、报告和请示。

4.2.1 议案

1. 概念与作用

议案是各级人民政府按照法律程序向同级人民代表大会或人民代表大会常务委员会提请审议事项时使用的公文名称。其中，“提请审议事项”，“提”是提交，“请”是请求，“审”是审议，“议”是商议。提请是行政机关的行为，审议是权力机关的行为，“事项”应是重要而决定权不在国家行政机关的事项。

议案公文文种的使用加强了国家权力机关公文的权威性，是国家行政机关行使职权的工具。

《办法》对议案的定义是比较狭窄的，制发主体仅限于各级政府。在公文的实际运用中，议案的使用范围要大于上述限定。《中华人民共和国全国人民代表大会组织法》第九条规定："全国人民代表大会主席团、全国人大常委会、全国人大各专门委员会、国务院、中央军事委员会、最高人民法院、最高人民检察院，可以向全国人民代表大会提出属于全国人民代表大会职权范围内的议案。一个代表团或者30名以上的代表，可以向全国人民代表大会提出属于全国人民代表大会职权范围内的议案。"《地方组织法》第十四条规定："地方各级人民代表大会举行会议的时候，主席团、常务委员会、本级人民政府和代表(有三人以上附议)，都可以提出议案。"这些显然超出了国务院办公厅的职权范围，在《办法》中不可能给予表达。而《办法》中对议案所下的定义，仅限于各级政府向同级人大及其常委会提出的议案。

因此，政府向人大提出的议案、非政府机关向人大提出的议案、人大代表联名向人大提出的议案，都属于议案这一文种。

议案具有以下作用：

议案作为人民政府向人民代表大会提出重大事项议事案的公文，是政府向本级人民代表大会提请审议事项的合法凭证和法定形式，也是人民代表大会依法审议议案的有效依据。人民政府通过议案这一形式向本级人民代表大会提出有关本地区政治、经济、文化、教育、科技和社会等各方面的设想、意见和建议，为人民代表大会和常务委员会的立法、决策提供了议事基础与参考依据，有助于人民代表大会与常务委员会职权的充分发挥和工作的开展。

议案由具备议案提出资格的机关向人民代表大会提出较系统、成熟的建议，并提供有关资料和说明。议案有效地提高了工作效率，并充分显示了建议提出和审议通过的严肃性和庄重性。议案经人民代表大会或人民代表大会常务委员会通过，即产生法律效力。

2. 特点

（1）发文机关的法定性。

议案是国家行政机关与国家权力机关之间联系工作常用的例行公文。按国务院办公厅的规定，只有各级政府才能向同级人民代表大会提出议案。即使参照全国人大组织法和地方组织法的规定，对议案作广义的理解，有权提出议案的仍然是少数的法定机构。国务院各部委、各直属机构、地方各级人民政府所属各职能部门，党群机关、企事业单位、社会团体等都无权提出议案。各级人民政府的职能部门需要向本级人民代表大会提出议事原案的，必须向直属政府报告拟提议案的有关情况，经政府讨论通过后，以政府的名义提出议案。因此，议案这种文体在基层使用很少。

（2）文件内容的特定性。

宪法和人民代表大会组织法规定，议案的内容必须是属于人民代表大会或人民代表大会常务委员会职权范围之内的事项。它是各级人民政府无权决定，须提请国家权力机构人民代表大会审议、确定的事项；各级人民政府只能向同级国家权力机关提请审议。如果是超出人大职权范围的议案，就不会被其接受。

行政机关的议案一般是关于国家主权、权力和利益、重要法律法规、国家机关主要领导人的任免等事项，如用于提请审议签订国家条约、审定颁布法律法规、审议变动行政区划、审议需人大及其常委会批准的职务任免等。这些都是很严肃、庄重的事项，因此其政策性、法规性很强。

（3）议定事项的可行性。

适合提交人大会议审议的事项，要有可行性。议案中提出的方案、办法、措施，必须是切实可行的，才有可能获得通过。因此，议定事项应该具有针对性、必要性、务实性和建议性，实事求是、脚踏实地，符合人民群众的意愿和要求。议案需经严格的法律程序，具有较强的约束力。议案一经国家权力机关审议表决通过，就代表了人大的意志，具有了法定权威，有关部门或人员必须依照执行。

（4）提交议案的时限性。

各级人民政府提请审议的议案，必须在各级人民代表大会或其人大常委会举行会议期间提出，议案的提出有法定的时限，超过截止时间不能再提出。因为只有在这段时间内，受理议案的机构才能依法登记、立案、审议并决定是否列入会议议程。闭会期间不能提出议案。

3. 种类

按议案的内容划分，有以下几类：

（1）立法性议案。立法性议案是指用于提请审议法律和法规的议案，简称法案。人民代表大会是国家的权力机构，也是立法机关。但只有省级以上人民代表大会以及全国人民代表大会授权的地方人民代表大会才有立法权，党的机关、国家行政机关、企业事业单位都没有立法权。因此，许多法律法规（草案）首先由政府提出，提请全国人民代表大会或全国人民代表大会常务委员会审议通过后，予以确立。提请审议法律案的，如《国务院关于提请审议〈中华人民共和国著作权法（草案）〉的议案》。提请审议地方性法规案的，如《湖南省人民政府关于提请审议〈湖南省洞庭湖区水利管理条例（草案）〉的议案》等。

（2）政治性议案。指用于提请审议办理重大政治事项和重大问题的方案或意见的议案。包括外交方面的重大原则问题，民族问题，国家主权问题，民主、法制问题等。如《国务院关于提请审议批准〈中华人民共和国和摩尔瓦多共和国领事条约〉的议案》、《国务院关于提请审议批准〈中华人民共和国和保加利亚共和国关于民事司法协助的协定〉的议案》等。

（3）重大事项议案。指关于本行政区域内政治、经济、文化、教育、科技、卫生、体育等领域中的重大事项和关于财政预算决算、城乡发展规划、重大工程上马等重要事项的决策性议案，需要提请人民代表大会审议批准。如《国务院关于提请审议兴建长江三峡工程的议案》、《河北省人民政府关于提请审议〈河北省商标监督处罚条例修正案（草案）〉的议案》等。

（4）任免性议案。指行政机关向权力机关提请任命、免去或撤销行政机关工作人员职务，请求人民代表大会审议批准的议案。例如《国务院关于提请审议×××等二十一位同志职务任免的议案》。

（5）建议性议案。以行政部门的身份向权力机关提出建议，也可以使用议案。这种议案与建议报告相似，供人民代表大会审议和采纳。如《关于尽早制定我省普及九年制义务教育实施条例的议案》。

4. 结构体式

《全国人民代表大会和地方各级人民代表大会代表法》第九条规定，代表们提出的“议案应当有案由、案据和方案”。这一规定同样适用于人民政府议案的写作。从结构体式上看，议案一般由标题、主送机关、正文、落款、成文日期、附件等几部分组成。

（1）标题。

标题就是案由，要简明扼要地写明提请审议的事项与问题。议案的标题采用常规公文标题模式，一般有两种写法：一是发文机关+事由+文种，如“××市人民政府关于提请审议《××市乡镇企业条例》的议案”；二是省略发文机关，即事由+文种，如“关于综合治理食品卫生的议案”等。

议案标题一般不采用有版头的公文版面行文，而是按照专用的议案稿纸的格式要求逐项填写，因此标题常省略发文机关。其标题的一般结构形式如“关于提请审议（批准）的议案”。其中，“提请”不能用“提交”等词代替，要体现尊重的词义色彩。

（2）主送机关。

正文左上方写主送机关名称，即对议案进行审议的机关。议案的主送机关只能是同级人民代表大会及其常务委员会，不能有其他并列机关。要采用全称或规范化简称，不得随意简化。如“全国人民代表大会”、“第十届全国人民代表大会第一次会议”、“市人大常委会”等。

(3) 正文。

即议案的主体和核心部分。包括案据、方案和结语三部分。

案据。即提出议案的根据。应简要写明提请此议案的根据、背景、意义、目的、作用和具体做法，以及解决有关问题的迫切性和必要性。由于内容不同，不同议案的篇幅长短会有很大差异。条约议案可说明双方签订条约的代表、时间、地点以及可行性；任免人员议案则不写缘由。

方案。即对提请审议的事项或问题提出解决的途径和方法。要写明方案的形成过程及全套方案的内容事项，包括提出建议的问题、办法、措施及科学论证。不同的类别在写作上有不同的特色。如果是提请审议已制定的法律法规，解决问题的方案就在法律法规之中的，只需写明提请审议的法律法规的名称即可，不必重复其条文内容，但要把法律或法规的文本作为附件，如《××市人民政府关于提请审议〈私人建房土地使用管理办法（草案）〉的议案》。如果是任免性议案，要写明将被任免的人的姓名和拟担任的职务。如果是提请审议重大决策事项的，要把决策的内容一一列出，供大会审阅。如果是建议采取行政手段解决某方面问题的，要把实施这一行政手段的方案详细列出，以便于审议。不能只指出问题，而没有解决问题的方案。如果内容较多，可以分段写或以序数分条列项写。

结语。议案的结尾部分主要用于提出审议请求。通常以带有请求语气的惯用语结束全文，言简意赅。如“这个草案业经市政府同意，现提请审议”、“请审议批准”等。

(4) 落款。

签署议案提出单位的全称，负责人的职衔、姓名和签署日期。议案的签署与别的行政公文有所不同。其他行政公文一般用发文机关名称，议案则要以政府机关行政负责人或人民政府的名义签署。如国务院提交给全国人大的议案，要由总理签署；各省、市、自治区提交给同级人民代表大会的议案，要由省长、市长或自治区主席签署。姓名前要标明职务，以示庄重和负责，同时加盖相应公章，它是议案公文生效的凭证。

(5) 成文日期。

即在落款的下面写明制发此议案的年、月、日。日期格式与一般行政公文相同，以行政首长签发日期为准。

(6) 附件。

有的议案，如法律法规的议案，必须附有法律条文、法规条文。有的议案必须附有相关的事实材料、说明文字、图表等。附件附在正文之后，能更好地说明问题，有利于审议。

5. 写作要求与例文

（1）严格履行法定程序。议案的提出必须严格遵照宪法和有关规定，要由具备议案提出权的机关按照规定的格式，向国家或地方权力机关提出属于国家或地方权力机关职权范围内事项的议案。列入会议议程的议案，提出议案的机关应当提供有关资料并向会议提出关于议案的说明。说明材料一般包括撰拟议案的目的、缘由、可行性、事项内容和有关问题等。

（2）提请事项集中。为了便于办理和大会审议，一件议案以提请审议一个事项为原则，要求高度单项化，做到一事一案，不能一事多案或多事一案。一份议案如果有几个事项，不但因每个事项的起因、依据等有差异容易造成文字表达的混乱，而且对人大在审议通过有关事项时的会议主题、程序安排等方面会带来不必要的麻烦。因而既不利于大会秘书处分类立案，也不利于大会集中审议与处理。

（3）方案要明确具体。写议案是为了解决问题，推动工作前进。议案是一种合理化建议。撰写时要目的明确，依据可靠，理由充分，措施方案切实可行。如果议案成熟度高，为审议和决定提供了有效依据，就容易获得通过。说空话与大话的议案将会是一个失败的议案。

（4）文字表述准确庄重。议案涉及的政策性、政治性很强，写作议案时，必须熟悉国家的法律、法规，并以它们为写作的依据。行文要简明扼要，主题概括，论证清楚，逻辑性强。避免过多的铺叙和议论；应选用庄重、规范的书面语言，不要使用口头语或过多的修饰语，文字谦和庄重，忌用命令语气。

【例文1】

关于加快建设县经济开发区污水处理厂的议案
固镇县第十届人民代表大会第二次会议代表议案
第7号

案由：关于加快建设县经济开发区污水处理厂的议案

领衔代表：×××

附议代表：××× ××× ××× ××× ×××

议案内容：

近年来，在县委县政府的正确领导下，全县经济呈现了快速发展，工业经济增长较快，经济开发区设施不断完善，2007年园区新增入驻企业20家。

在发展加快的同时，工业的污染排放问题愈显突出，园区环保处理设施跟不上，一些企业大量排放未达标的污水，流入怀洪新河，造成水质严重下降和水产养殖户鱼类大批死亡，养殖户损失惨重。渔民因污水问题多次聚众上访，要求给予经济补偿，也影响了社会的稳定。

为解决怀洪新河水质污染问题，建议县政府利用招商引资和积极向上争取项目，尽快实施县经济开发区污水处理厂建设项目。

二〇〇八年八月十七日

【例文2】

关于推进我市城乡基础设施建设的议案

编号：议34号

代表姓名：××× ××× ××× ××× ×××

内容（或事由）：

扬州位于上海经济圈和南京都市区之际，经济发展潜力巨大。然城乡经济发展的前提是基础设施的不断完善。(略)

为了优化我市城乡基础设施建设，加快农村基础设施的发展，促进我市农村乃至全市经济发展，特提出建议如下：

一、高效推进城乡基础设施统筹规划（略）

二、建立健全城乡基础设施一体化统筹规划政策法规体系（略）

三、加快征地制度改革，建立征地保障新机制（略）

四、规范和完善农村集体建设用地使用制度（略）

五、中心镇建设方面（略）

六、资金投入方面（略）

七、统筹开展城乡基础设施建设的环境保护工作（略）

八、完善农村环境监测和监管能力建设（略）

二〇一〇年五月八日

4.2.2 报告

1. 概念与作用

《办法》对报告的表述是：适用于向上级机关汇报工作、反映情况，答复上级机关的询问。《条例》对报告的表述与《办法》大致相同：用于向上级机关汇报工作、反映情况、提出建议，答复上级机关的询问。

报告这一文种涉及的类别很多，如会议报告、检查报告、情况报告、工作报告、计划报告、处理报告等。但作为党政机关公文的报告，和一些专业部门从事业务工作时所使用的标题中也带有“报告”二字的行业文书，如“审计报告”、“评估报告”、“立案报告”、“调查报告”等，不是相同的概念。这些文书不属于党政公文的范畴，注意不要混淆。

报告的作用：

报告是行政机关和党的机关都广泛采用的重要上行文。这种公文只能用于下级机关向有隶属关系的上级机关进行报告。“汇报工作”是对某项工作某一阶段情况的陈述，汇报工作情况、经验教训以及存在问题等；“反映情况”是对出现的情况和问题的陈述，向上级机关提供信息；“提出建议”是为改进和加强某项工作而陈述建议，希望得到上级采纳；“答复上级机关的询问”是就上级机关所提出的问题陈述有关情况。由此可见，报告不仅是上级机关制定方针政策、指导工作的重要依据，也是下级机关及时取得上级对工作的支持、指导的重要途径。上下沟通与联系的作用十分明显。

2. 特点和类型

报告的特点：

（1）单向性。报告是下级机关向上级机关或业务主管部门汇报工作、反映情况时使用的单方向上行文，不需要上级机关给予批复。报告以汇报工作、下情上达为主要任务。在这方面，报告和请示有较大的不同：请示具有双向性特点，必须有批复与之相对应，报告则是单向性行文，不需要任何相对应的文件，不要求上级批示答复。但是，报告一经上级机关批转，成为批转的文件，下级便要遵守执行，具有约束力和强制性。

（2）陈述性。报告在汇报工作、反映情况时，所表达的内容和使用的语言都是陈述性的。即下级把已经发生、已经过去、正在发生、正在进行的工作、情况等有条理地告诉上级，使下情上达。反映情况时，也要把时间、地点、人物、事件、原因、结果叙述清楚，向上级机关提供准确的现实性信息。即便是提出建议的报告，也要在汇报情况的基础上，才能深入一步提出建议来。

（3）广泛性。报告这种文种，不仅党政军机关可以使用，社会团体、企事业单位也可使用。报告的内容涉及各个方面，适用范围宽。比如，为了便于上级机关全面了解下级机关的情况，指导工作，下级机关可定期向上级机关作报告汇报工作；工作中发生或发现重大情况或重要问题，下级机关可写报告让上级知道并听取上级机关的指示；上级机关指示办理的某项工作、某个事项处理完毕后，下级机关可作出报告；上级机关查询事情，下级机关可写报告答复；向上级机关报送文件、物件时，下级机关随之写报告；下级机关认为应让上级机关知道一些备存、备查的问题或事项，可向上级机关作出报告。

（4）事后性。报告一般在事情发生过程中间或之后撰写。在机关工作中，有“事前请示，事后报告”的说法。多数报告都是在开展了一段时间的工作之后，或是在某种情况发生之后向上级作出汇报，让上级机关掌握基本情况并及时进行指导，作出科学决策。

报告的类型：

（1）按内容分。

工作报告。用于向上级汇报工作进程、介绍工作经验、反映工作问题。如《安徽省人民政府关于抗灾自救工作情况的报告》。

情况报告。用于向上级反映情况，特别是汇报一些重要情况、特殊情况、突发情况和新情况，为上级机关进行决策提供依据。如《关于×××工程施工造成管道煤气泄漏事故的报告》。作为下级机关，有责任做到“下情上达”，保证上级机关耳聪目明，对下面的情况始终了如指掌。如果隐情不报，则是一种失职的表现。

答复报告。这是根据上级机关或领导人的查询、提问作出答复的报告。例如《关于××同志晋级情况的报告》。这种报告内容针对性最强，上级询问什么就答复什么，不能答非所问。一定要慎重对待上级机关的询问，如果不了解真实情况，要经过深入的调查研究后再作答复。

报送报告。这是向上级报送文件、物件时使用的报告，正文通常非常简略，只需写明“现将××××上报，请指正（请查收）”即可。真正有意义的内容都在所报送的文件里。

（2）按要求分。

呈报式报告。用于直接呈报给上级机关而不需要上级批转的报告。目的是让上级了解情况，为制定有关方针政策提供依据。工作报告、情况报告、答复报告均属此类。

呈转式报告。用于呈报给上级机关，要求上级批准并转发给有关单位执行或参照执行。这类报告一经上级机关用“通知”批转，就有了法定效力。故其正文结尾常有“以上报告如无不妥，请批转有关部门执行”等字样。

（3）按性质分。

综合性报告。这是将全面工作或一个阶段中许多方面的工作综合起来写成的报告。它在内容上具有综合性、广泛性的特点，写作难度较大、要求较高。这类报告常常是本年度的工作总结和下年度工作计划相结合的产物。大到国务院提供给人民代表大会的政府工作报告，小到某单位向上级提供的年度、季度、月份工作报告，都属于这种类型。

专题性报告。这是针对某项工作、某一问题、某一事件或某一活动写成的报告，专题报告的涉及面窄，内容上具有单一性、专项性。多是建议报告或答复报告，一事一报，迅速及时。

（4）按写作时限分。

定期报告，也称例行报告，是根据工作需要，定期向上级所写的工作报告。如日报、周报、旬报、月报、季报和年度报告。它有严格的期限规定，必须按时上交。

不定期报告，也称临时报告，指无严格期限规定的反映临时情况的报告。有的呈报式报告可写成不定期报告。

3. 结构与写法

报告的基本结构一般由标题、主送机关、正文、署名和成文日期组成。

（1）标题。

一般采用标准式标题，由发文机关 + 事由 + 文种构成，也可省略发文机关。综合性或专题性报告标题可以加上时间词语。如果报告的事情紧急，可在文种前加上“紧急”二字。如“2010 年 × ×（单位）工作情况综合报告”、“农业部关于促进乡镇企业持续健康发展的报告”、“关于 × ×地区遭受严重洪灾的紧急报告”等。

（2）主送机关。

所有报告必须有主送机关，即发文机关的直属上级机关。主送机关尽量要少，一般不能多头主送。报告应报送自己的直接上级机关，一般情况下不能越级行文。作为党的机关公文的报告，要按《条例》第十二条的规定执行：“向上级机关行文，应当主送一个机关；如需其他相关的上级机关阅知，可以抄送。”

（3）正文。

不同种类的报告，其正文写法不尽相同。但多数报告的正文由报告缘由、报告事项和报告结尾组成。

报告缘由。即报告的正文开头，一般简要交代报告的起因、缘由，或说明报告的目的、主旨和意义。它承接标题中的事由，落笔入题，开宗明义。常用说明式或概括式。一般用“现将有关情况报告如下”承启下文。答复报告开头要先引述来函文号及询问的问题，然后过渡到下文，答复上级的询问。

报告事项。即报告主体内容，也是正文的核心。一般写主要情况，措施与结果，成效与存在问题；也可以写经验教训，意见或建议，计划或内容。如果同一问题的事项较多，可以分条列项写，或分若干部分写，要求围绕主旨展开陈述。

报告结尾。结束语应另起一行，空两个字写。一般用惯用尾语，如“特此报告”、“专此报告”、“以上报告，如有不当，请指正”、“以上意见如无不妥，请批转各地区、各部门执行”等。

（4）署名和成文日期。

先写发文单位全称，再写成文日期。分别标注在正文的右下方。如果标题中有发文单位名称，这里可以不再署名。

报告的具体写法：

不同类型的报告，内容上各有不同的侧重点。

（1）工作报告。

通常包括综合报告和专题报告两个类别。正文内容一般以成绩、做法、经验、体会、计划、安排为主，在叙述基本情况的同时，有所分析、归纳，找出规律性认识。这类报告篇幅相对较长，应恰当安排其层次结构。可标出序数，分条列项陈述，也可列小标题分部分或分问题写。其结构可为：

情况简述。简要交代时间、地点、背景、条件或各项工作的开展情况。开头可用概述式、结论式、说明式等。

成绩做法。这是主体，简要叙述工作的过程、措施和结果。成绩常常通过数字、比较、事实来表现。安排形式有条陈式、小标题式、阶段式和贯通式。

经验教训。要有观点、看法和总结出的规律，又要有具体的典型事例以及理论分析，以便指导今后的工作。

今后计划。对今后的工作作出安排。

（2）情况报告。

情况报告常用于向上级汇报下列事项：严重的灾害、事故、案情、敌情；重要的社情、民情，如社会生活中的新动态和上级某项有关国计民生的新政策、新规定的贯彻执行情况及群众的反映等；督促办理或检查某项工作的情况，如财务、税收、物价、质量、安全、卫生等工作的检查结果；举办重大活动、召开重要会议的基本情况，各级各类代表会议的选举结果等；对某项工作造成失误和问题的检讨与反思；其他重要的、特殊的、突出的新情况。

情况报告一般以“情况—原因—教训—措施”的结构来写。先叙述清楚情况，再分析情况产生的原因，然后总结经验教训，最后写出采取的措施或处理办法。措施要得当，办法要有可操作性，要求要具体可行。

写情况报告要力求做到：①内容集中、单一，突出重点，抓住事物本质，实事求是地反映情况；②把情况和问题讲清楚，把事情的经过、原委、结果、性质写明白；③提出处理意见和建议，要写得具体、明确、简要，尤其要注意提出意见和建议的角度，不能在报告中夹带请示事项；④理顺文章的思路和结构，无论是纵式结构还是横式结构，都要脉络清楚、层次分明；⑤写作要及时，以便让上级机关和有关领导尽快了解重大、特殊、突发的新情况。

（3）答复报告。

用于答复上级查询事项。一般写答复的意见或处理结果，是依据上级要求回答的问题进行写作，所以内容要体现针对性，突出专一性、时效性，有问必答，答其所问，以示负责。表述要明确、具体，语言要准确、得体。答复的依据是指上级要求回答的问题，要写得十分简要，有时一两句话即可。

（4）报送报告。

这类报告正文极为简单，有的甚至只有三言两语，把报送物件、材料的名称、数量说明就行。

4. 写作要求与例文

（1）情况要属实。报告的性质和作用决定了写作报告必须遵循实事求是的原则。无论是汇报工作还是反映情况，都要以客观事实为依据，做到真实准确，不能有丝毫的虚假。写进报告中的材料不能夸大或贬低，能用数字说明的问题，应尽量用较精确的数字表述。

（2）条理要清晰。撰写报告讲究陈述的有序性。要做到有条有理、有主有次、重点突出、详略得当、层次井然、逻辑严密。

（3）内容要新颖。报告的内容要力求反映新情况、新经验、新问题，要抓紧时机，迅速及时地调查研究，使内容具有信息价值，避免老调重弹。对于常规性工作，要按制度向上级递交报告，对一些重大情况、重大事故等，要主动向上级递交报告。

（4）语气要谦恭。报告属于上行文，语气要谦虚，提出的意见要谨慎。以叙述为主，叙议结合。

（5）不得夹带请示事项。报告是陈述性公文，不要求上级回复，因此不能夹带请示事项，以免混同不分。如有请示事项，应另外行文。

【例文1】

南平市审计局2009年度政府信息公开年度报告

南平市政府办公室：

本年报是根据《中华人民共和国政府信息公开条例》，按照《南平市人民政府办公室关于做好2009年度政府信息公开工作年度报告的通知》（南政办〔2009〕130号）的要求，由南平市审计局编制的2009年度政府信息公开年度报告。全文包括概述、主动公开政府信息情况、依申请公开政府信息情况、政府信息公开的收费及减免情况、复议和提起行政诉讼情况、存在的主要问题及改进情况，并附相关说明和指标统计表。本报告在政府门户网站上主动公开，如对本报告有任何疑问，请联系本办公室，电话：0599－882××××。

一、概述

（一）加强组织领导，健全工作机制（略）

（二）明确工作任务，落实公开要求（略）

（三）加强学习宣传，保障配套措施（略）

二、主动公开政府信息的情况（略）

三、依申请公开政府信息办理情况（略）

四、政府信息公开的收费及减免情况（略）

五、其他工作情况（略）

六、政府信息公开工作存在的主要问题及改进情况（略）

七、附表（略）

南平市审计局

二〇一〇年二月五日

【例文2】

关于中央移民建镇资金审计情况的报告

国务院：

根据《国务院办公厅转发国家计委灾后重建整治江湖兴修水利现场办公会会议纪要的通知》（国办发2号）的有关要求，我署组织安徽、江西、湖北、湖南4省审计机关对中央移民建镇资金的管理、使用情况进行了审计，对移民建房、拆除旧房完成情况进行了审计调查。现将主要情况报告如下：

去冬今春，国家计委下达4省移民建镇安置计划××万户，中央财政预算内专项资金××万元，并于3月底前下拨到省。至今年3月底，4省已完成××户移民任务，占执行移民计划总户数的××；已支出中央移民建镇资金××万元，完成计划的××。审计及调查结果表明，中央采取的移民建镇措施，使饱受洪涝灾害之苦的广大移民发自内心地感谢党和政府的关怀，对改善、密切党群关系及维护社会稳定起到了有效的促进作用，同时也活跃了这些地区的市场，对经济增长起到了一定的拉动作用。但是，审计也发现了一些问题，需要引起足够重视。

一、大多数地方未按每户1.5万元拨补资金到户。

二、一些地方统建房造价高、入住率低。

三、地方各级部门滞留占压、挤占挪用资金等问题比较普遍。

四、折旧规定情况不好。

针对这次审计查出的问题，提出以下建议：

一、对中央移民建镇资金用于基础设施建设的比例，国家计委应会同有关部门作出限制性规定，防止各行其是、随意扩大。鉴于在这方面4省做法不一，目前应尽快组织进行一次全面清理，对不切实际、扩大范围的基本设施投入要立即制止并追回资金。

二、重视和解决统建房入住率低的问题。湖北、安徽两省要对统建房进行全面清理，对未按计划落实到移民户的统建房，要采取措施予以落实；对不能落实的，要限期追回资金并补拨给计划安排的移民户。对未按计划完成移民任务、造成损失的责任人员，要追究责任。

三、对这次审计查出的滞留占压资金、挤占挪用资金及项目、资金管理混乱等问题，4省要进行整理和整改，同时要进一步采取有力措施解决退耕移民的生计问题，并严格按照国办发2号文件要求做好拆除旧房工作，切实做到建新拆旧。

审计署

××××年十月二十二日

4.2.3　请示

1. 概念

请示是下级机关就有关问题向上级机关请求指示、批准的公文文种。《办法》第九条规定："请示适用于向上级机关请求指示、批准。"《条例》第七条也对请示作了相同的规定："用于向上级机关请求指示、批准。"

请示是党政机关、企事业单位、社会团体都广泛应用的一种上行公文。凡是下级机关无权解决、无力解决以及按规定应经上级机关决断认定的问题，必须正式向上级机关请示。事前请示，是下级机关争取上级机关指导与支持的重要途径。

2. 使用范围

一般来说，以下情况要求请示：

（1）对国家的有关方针政策、法律法规或是上级机关的有关规定、决定不够明确或有不同理解，需要上级机关给予明确解释或答复。

（2）从本地区本单位的实际情况出发，需要对上级的某项政策、规定作出变通处理，有待上级重新审定、明确作答。

（3）按上级机关和主管部门有关政策规定，不经请示有关部门批准，本部门职权范围内无权自行处理的问题。

（4）工作中出现了一些涉及面广而本部门无法独立解决的困难和问题，必须请示上级领导或综合部门，以求得他们的协调和帮助。

（5）工作中出现的新问题、新情况难以处理，或者遇到无章可循的重大问题，或者因情况特殊需作特殊处理的问题，需请上级机关批示。

（6）下级机关之间在较重要的问题上出现意见分歧，需要上级机关裁决时，需要请示。

3. 特点与类型

请示的特点：

（1）内容的陈请性。请示是向上级机关请求指示和批准的公文，行文内容具有请求的特性。或请求给予指示，或请求给予批准。不管请示什么内容，都需要上级机关给予明确的批示与答复。对上级无所呈请，就不必写请示。

（2）行文的求复性。请示的行文目的是请求上级批准，解决某个具体问题，要求作出明确答复。在公文体系中，请示是为数不多的双向对应文体之一，与它相对应的文体是批复。可以说，写请示最直接的目的就是得到批复。凡是请示机关不能解决、无力解决，或者是发文机关在工作中遇到特殊情况需要解决时，都可以使用这一文种。

（3）时限的急迫性。请示所涉及的情况、事项和问题等，都是没有办理、急需解决的，都有一定的急迫性。因此请示对时间的要求更急切，应该及时写作、及时发出，如有延误，就有可能耽误解决问题的时机。上级机关在处理下级的请示时，也应注意到时效性问题，及时对请示作出批复。

（4）事项的单一性。跟其他上行文相比，请示更强调遵循“一文一事”的原则。在一份请示中，只能就一项工作、一种情况或一个问题作出请示，不得在一份公文中就若干事项请求指示和批准。如果确有若干事项都需要同时向同一上级机关请示，可以写出若干份请示，并且，请示不可同时主送几个单位，多头请示会造成责任不清，耽误工作。

（5）关系的隶属性。请示特别强调必须按照上下级隶属的直接关系来进行，即下级机关向隶属的直接的上级机关发文请示，不能向非隶属的机关发文请示。因为只有隶属的上、下级机关才有主管和受管的关系，主管机关才有资格、权力给受管机关的请示予以批复。

请示的类型：

按照《办法》和《条例》的规定，请示通常可分为两种类型：

（1）请求指示类请示。

下级机关遇有不能自行处理的重大问题，需要上级机关对有关政策或规定作出明确解释，对变通处理的问题作出审查认定，对新情况、新问题如何处理给予明确指导时，都要使用这类请示。如《广东省工商行政管理局关于如何认定虚假广告的请示》等。

（2）请求审批类请示。

这类请示又可分为以下三种：

请求批准有关规定、方案、规划。依据有关规章和管理权限，下级机关制定的某些规定、方案、规划等，需要经过上级部门的批准才能发布实行。如本部门制定的法规，须经上级批准；由于本单位的特殊情况，对执行上级的统一规定需进行变通处理，须提出变通方案报上级批准；设立新机构需将设想或方案报上级批准；提出重要的工作计划和规划，也要报请上级部门批准。如《关于成立××公司的请示》等。

请求审批某些项目、指标。这是请求上级机关解决某些实际困难和具体事务的请示，包括资金、物资、人员编制、机构变动、工资指标、建筑地点等问题。如《关于××建设项目需要资金的请示》等。

请求批转有关办法、措施。职能部门针对涉及面广的某项工作提出了处理意见和办法，需要有关部门协同办理，但又超出其权限，这就需要请求上级机关审定后批转有关方面执行。如《国家基本建设委员会、国家文物事业局、国家城市建设总局关于保护我国历史文化名城的请示》等。

4. 结构和写法

请示的外在结构有统一规范与严格要求，通常包括标题、主送机关和正文三个部分。

（1）标题。

请示的标题一般有两种构成形式：一种是由发文机关名称＋事由＋文种构成，如“国家语言文字工作委员会关于当前语言文字工作的请示”；另一种是事由＋文种构成，如“关于开展春节拥军优属工作的请示”。标题中的事由必须是对请示主要内容的精练概括，一般为请示事项或问题的名目。标题中用词和文种不能重复，如“关于申请（或请求）××问题的请示”，其中的“申请（或请求）”应删去。

（2）主送机关。

请示的主送机关是指负责受理和答复该文件的机关，要注意以下三点：

主送机关只能有一个，不能多头请示。《办法》规定：请示“一般只写一个主送机关，需要同时送其他机关的，应当用抄送形式”。《条例》也规定：

“向上级机关行文，应当主送一个上级机关”，“受双重领导的机关向上级机关行文，应当写明主送机关和抄送机关，由主送机关负责答复其请示事项”。

只能主送上级机关，不能送领导者个人。《办法》规定：“除上级机关负责人直接交办的事项外，不得以机关名义向上级机关负责人报送‘请示’。”

不能轻易越级行文。《办法》规定：“一般不得越级请示和报告。”《条例》规定：“党委各部门应当向本级党委请示问题。未经本级党委同意或授权，不得越过本级党委向上级党委主管部门请示重大问题。”

主送机关在标题下面一行顶格写。

(3) 正文。

正文结构一般包括请示缘由、请示事项及请示要求。

请示缘由。这是请示的正文开头，陈述缘由是请示事项能否成立的前提条件，也是上级机关批复的根据，所以原因要客观、具体，理由要合理、充分，才能显示出请示事项的可行性，便于上级批复。通常以“为此，特作请示如下”、“现就问题请示如下”等惯用语承启下文。

请示事项。这是行文重点，是要求上级机关给予指示、审核、批准的具体问题或所要求的具体事项。必须写得具体明确，一目了然，上级机关才好及时决断，并予以有针对性的批复。可分层分项写清具体要求，并说透理由，提出充足的事实和理论根据。同时，依据实际情况，提出切实可行的处理意见，作为上级机关进行判断和指示的参考。请示事项应避免遗漏或差误。

请示要求。这是行文的结尾。一般是针对请示的目的，向上级机关提出请求批准的希望或要求。常用“特此请示”、“请予指示”、“请审核”、“以上请示妥否，请予以批示”等惯用语收束全文。

5. 写作要求与例文

(1) 坚持一文一事。请示的内容要单一集中，一份请示只能涉及一件事情，一文一事。不能一文数事，既分不清主次缓急，也不利于上级机关尽快审批。

(2) 不要多头主送。请示要根据隶属关系主送一个上级机关，不要多头请示。如果是受双重领导的机关，应根据请示内容，选择主送一处领导机关，由主送机关答复请示的问题，对另一领导机关则采取抄送形式。因为多头请示容易出现因职责不明而相互推诿，无法及时批复，或因多头批复意见不一，造成请示单位无所适从。

(3) 避免越级请示。必须遵循行文规则，一般不得越级请示。个别需要越级请示的，常采用两种方式：一种是转呈式，可以既避免越级，又明确主送机关；另一种是在越级请示的同时，把请示抄送给被越过的主管部门。

(4) 不能同时抄送下级。请示是上行文，上报与下达不能同步进行，以免造成工作混乱，更不能要求下级机关执行上级机关未批准或未批复的事项。

(5) 语言表述要简明得体。请示的语言要恳切而谦恭、迫切而不激烈，运用词语要分寸得当。要尊重上级，不能用意不明或带有强制性。如“我们决定……”、“以上请示，请尽快批复”、“如问题得不到及时解决，其后果我单位概不负责”之类的语句不能使用。

(6) 联合请示要会签。凡请示事项或问题的解决涉及有关单位的，应事先与有关单位商讨，在请示内容中反映出协商的结果。

【例文1】

关于增设秘书专业的请示

××省高等教育厅：

为适应社会主义现代化建设的需要，我校拟增设秘书专业（本科），××××年秋季开始招生。

秘书是各级领导的参谋和助手。随着建设事业的发展，社会对秘书的要求越来越多。据了解，仅本省县以上党政机关和企事业单位现在所需秘书人员，就在××人以上。目前各级机关的秘书，基本上是用师傅带徒弟的传统方式带出来的，没有受过系统的、严格的专业教育和训练，专业素质不能适应新形势的要求。开设秘书专业，培养高层次的秘书人才，已是刻不容缓，具有重要的现实意义。

我们设想，以培养县以上党政机关和企事业单位秘书工作人员为目标，将秘书专业纳入本科教育，学制四年。每年招生50人，到××××年，使在校学生达到150~200人。

为设立文秘专业，我校已成立了筹备小组，成员18人，其中教授3人、副教授6人、讲师9人。近两年，筹备小组自编了一部分教材，并分别与××、××等机构合办过多期秘书人员培训班，积累了一定的经验。依靠现有的师资力量，我校有把握办好秘书专业。

以上请示，当否，请批复。

附件：

1.“普通高等学校增设本科专业申请表”一份

2.《××大学秘书专业（本科）教学计划》一份

3.“××大学秘书专业现有教师情况表”一份

××大学（印）
××××年×月×日

【例文2】

关于转发《关于加强静安南京路商业品牌管理的若干意见》的请示

静经委发〔2006〕20号

区政府：

根据区委、区政府领导的要求，2004年3月原区商委制定了《静安南京路业态功能管理试行办法》，经区府常务会议讨论同意，区政府予以批转（静府发〔2004〕7号）。

为加快把静安南京路打造成为上海国际化购物中心标志性地区，现结合品牌调整工作的实际，进一步明确部门工作职责，细化管理措施，规范操作流程，健全商业品牌管理机制，特制定《关于加强静安南京路商业品牌管理的若干意见》，作为《静安南京路业态功能管理试行办法》的补充，请区政府批转执行。

当否，请示。

附件：《关于加强静安南京路商业品牌管理的若干意见》

××××××（印）
二〇〇六年四月四日

问题思考

1. 通知、通告、通报三个文种在使用上有什么异同？
2. 公告和通告在使用中容易出现哪些混淆？
3. 函的行文规格有哪些？
4. 撰写会议纪要应符合哪些要求？
5. 议案的正文包括哪几部分，其写作有什么要求？
6. 报告与请示为什么不能混用？它们的区别有哪些？
7. 请示与议案的区别是什么？

写作训练

1. 修改下列通知的标题。

(1) 关于注意交通安全的通知

(2) ××县人民政府转发县粮食局《关于进一步做好粮油供应工作的通知》的通知

(3) ××省委办公厅转发中国共产党机关公文处理条例的通知

(4) 关于使用文明礼貌语言的通知

(5) ×××关于转发由中国农业银行印发××部财务司转发的关于进一步做好支持农业社会化服务体系建设工作意见的通知

2. 某直属机关党委定于“七一”前，举办一次党员先进性教育活动，活动内容是听党课、听先进党员的先进事迹报告会、学习党章和中央重要文件等。请你代写一篇开展这次活动的通知。(时间、地点、参加人员、活动具体内容和要求等均可自拟)

3. 根据你所知道的突出的先进人物、先进事迹，拟写一篇表彰性通报。

4. 因元宵节燃放烟花，某市拟在元宵节（2 月 26 日）16 时至 23 时对本市某区域实行交通管制，限制各种车辆驶入。请就此撰写一篇通告。

5. 请修改、补充下面一封函，使之符合商洽函的要求。

××纺织机械厂负责同志：

我校纺织机械制造专业毕业生实习即将开始。经研究决定：拟派 15 名毕业生到贵厂实习，希望妥善安排，学生家长和我校都会给贵厂适当的报酬。

此致敬礼

6. 根据下面提供的材料，请以××市商务局的名义向××省商务厅起草一份报告。

(1) ××××年 2 月 20 日上午 9 点 20 分，××市××百货大楼发生重大火灾事故。

(2) 事故后果：未造成人员伤亡，但烧毁三层楼房一幢及大部分商品，直接经济损失 792 万元。

(3) 施救情况：事故发生后，市消防队出动 15 辆消防车，经 4 个小时扑救，大火才被扑灭。

(4) 事故原因：直接原因是电焊工××违章作业，电焊火花溅到易燃货品上引起火灾，但也与××百货公司领导及员工安全思想淡漠，公司安全制度不落实，许多安全隐患长期得不到解决有关。

(5) 善后处理：市商务局副局长带领有关人员赶到现场调查处理；市人民政府召开紧急防火电话会议；市委、市政府对有关人员视情节轻重，作了相应处理。

7. 根据材料，拟写一份请示。

××省外资局拟于××××年 12 月 10 日派采购人员（局长×××等 5 人）到美国纽约市××设备公司检验引进设备。此事需向省政府请示。该局曾与对方签订过引进设备的合同，最近对方又来电邀请前去考察。在美考察时间需 20 天，所需外汇由该局自行解决。

5　事务文书

内容提示

事务文书的概念与作用

事务文书的特点与写作要求

计划、总结、简报、调查报告的写作特点与写作规范

5.1　事务文书概述

5.1.1　事务文书的概念与作用

1. 事务文书的概念

事务文书是指党政机关、企事业单位、社会团体或个人为反映事实、解决问题、处理日常业务而使用的，但又不属于法定行政公文的一类文书。如计划、总结、调查报告、简报、摘编、大事记、述职报告等。

2. 事务文书的作用

随着社会改革和两个文明建设的发展，各机关、部门、单位之间的联系日益频繁，公务接触日趋增多，需要运用事务文书交流情况，沟通联系，总结经验，指导工作，以提高工作效率。因此，事务文书越来越受到人们的重视，发挥着重要的作用。其作用表现在：

（1）贯彻政策，指导工作。各级机关常常要通过各种事务文书，如计划等形式，将党和国家的方针、政策以及上级的指示精神贯彻落实到实际工作中去。

（2）沟通情况，联系工作。有些事务文书，如调查报告、简报等，能帮助有关机关或部门了解情况，协同解决问题，彼此加强联系。

（3）积累和提供信息。有些工作的进行，需要人们掌握有关资料，如计划、总结、调查报告、简报等，有利于集中、详尽地反映情况、说明问题，起到为人们提供所需信息的作用。

（4）宣传教育。事务文书通过分析形势、申明政策，或介绍经验、表彰先

进，或揭露时弊，抨击丑恶，起到宣传政策、教育群众、统一认识的作用。

5.1.2 事务文书的特点

事务文书是为传递信息，交流情况与经验，处理公务，解决实际问题而写作的，一般有特定的发送对象和明确的发文目的，讲求实用。主要有以下几个特点：

1. 专业性和专题性

和行政公文相比，事务文书更偏重于反映和处理专业性、专题性事务，例如“营销计划”、“党员民主评议工作总结”这类文章，它们既是专业性的，也是专题性的。这里所谓的“专题”，指的是事务文书一般是就某项具体的、专门的问题而制订计划、总结工作、调查研究、汇集信息的。

2. 现实性和真实性

事务文书的现实性是说，事务文书总是针对实际工作和业务活动的迫切需要而撰写的。事务文书的真实性以现实性为基础。事务文书用于交流情况、反映事实、交换意见、总结经验，借以了解形势、指导工作，且情况、意见、经验等必须是真实的。

3. 认知性和指导性

事务文书内容一般偏重于事实、知识、经验和意图的转达、传播，使阅读者了解更多的必要信息，从而使写作者和阅读者达到较多的认知同一性，进而实现规范、指导本单位或本部门的工作的目的。

5.1.3 事务文书的写作要求

（1）选题立意要新，总结新经验，反映新问题。

（2）材料要充实，意义要典型。

事务文书的材料一般包括概括材料、主干材料、典型材料、背景材料等。如工作总结、典型经验的调查报告等，是以总结经验教训为主要目的，因而这类总结和调查报告不仅要求材料充实、内容丰富，而且所总结的经验教训也要有典型意义。

（3）形式要灵活。

事务文书和公务文书、规约文书相比，显得比较灵活：

①表达方法灵活多样。事务文书可灵活运用记叙、说明和议论等方法，确切地表述事实，分析问题，反映客观事物。

②表述顺序比较灵活。事务文书没有严格的表述顺序和固定不变的写作格式。作者可按照文件、文章的内容和文体写作的要求，灵活地确定表述的顺序，

合理安排布局结构。

（4）语言质朴确切。

事务文书的语言运用讲求准确恰当，传情达意，要切合实际，以适用为本，及时反映情况，传递信息；不片面追求辞藻艳丽华美，要与以形象为主要特征的文学语言有所区别。

5.2 计划

5.2.1 计划的概念与作用

1. 概念

计划是党政机关、企事业单位、社会团体对今后一段时间内的工作、活动作出预想和安排，提出任务、指标、完成时间和步骤方法等的一种事务性文书。

2. 作用

“用兵之道，以计为首。”“凡事预则立，不预则废。”其实，无论是单位还是个人，无论办什么事情，事先都应有个打算和安排。计划能使决策具体化。有了计划，工作就有了明确的目标和具体的步骤，就可以协调大家的行动，增强其工作的主动性，减少盲目性，使工作有条不紊地进行。同时，计划本身又是工作进度和质量的考核标准，是监控与检查的依据，对大家有较强的约束和督促作用。计划对工作既有指导作用，又有推动作用。制订计划是建立正常的工作秩序、提高工作效率的重要手段。

5.2.2 计划的特点与分类

1. 特点

（1）预见性。计划不是对已经形成的事实和状况的描述，而是在行动之前对行动的任务、目标、方法、措施所作出的预见性确认。这种预想是以上级部门的规定和指示为指导，以本单位的实际条件为基础，以过去的成绩和问题为依据，对今后的发展趋势作出科学预测。

（2）针对性。计划一是根据党和国家的方针政策、上级部门的工作安排和指示精神而定，二是针对本单位的工作任务、主客观条件和相应能力而定。总之，吃透“两头”，从实际出发制订出来的计划，才是有意义、有价值的计划。

（3）可行性。可行性是和预见性、针对性紧密联系在一起的，预见准确、针对性强的计划，在现实中才真正可行。如果目标定得过高、措施无力实施，这个计划就是空中楼阁；反过来说，目标定得过低，措施方法都没有创见性，实现虽然很容易，但不能因而取得有价值的成就，那也算不上有可行性。

(4) 约束性。计划一经通过、批准或认定，在其所指向的范围内就具有了约束作用，在这一范围内，无论是集体还是个人，都必须按计划的内容开展工作和活动，不得违背和拖延。

2. 分类

按照不同的分类标准，计划可分为多种类型。按其所指向的工作、活动的领域不同，可分为工作计划、学习计划、生产计划、教学计划、销售计划等。按适用范围的大小不同，可分为国家计划、地区计划、单位计划、班组计划等。按适用时间的长短不同，可分为长期计划、中期计划、短期计划。按指挥性的强弱不同，可分为指令性计划和指导性计划。按涉及面大小的不同，可分为综合性计划和专题性计划。按形式特点不同，可分为条文式计划、表格式计划和文字表格结合式计划。

计划是一个统称，除了一般所说的"计划"之外，还有"规划"、"要点"、"安排"、"打算"、"设想"、"方案"、"纲要"等都属于计划范畴。"安排"是短期、单一、措施具体、任务单一的计划；"打算"是近期、指标措施粗略的计划；"设想"是长期、粗略、非正式的计划；"方案"是近期、全面的计划；"要点"是一定时间内明确主要任务、提出原则要求的计划；"规划"、"纲要"则是长期、涉及面广、大轮廓的计划。

5.2.3 计划的结构

计划大体分为标题、正文、落款三部分。

(1) 标题。

计划的标题常规写法是由单位名称 + 适用时间 + 事务内容 + 文种组成。如"××公司 2009 年工作计划"、"××学院 2001—2009 年第一学期教学工作计划"。除常规写法外，还有一些变通的写法。变通一方面表现在要素的省略上，一方面表现在文体名称的变化上。

有些计划的标题省略单位名称，由适用时间 + 事务内容 + 文种组成，如"2007 年义务植树造林工作计划"。有的计划的标题，省略适用时间，这在专题计划中比较常见，如"××大学第二期教师安居工程工作计划"。有的计划的标题，省略单位名称和适用时间两个要素，由事务内容 + 文种组成，如"科研工作计划"。省略要素时要注意，越是基层单位的计划，省略要素的情况越普遍，因为涉及范围小，有些要素不说大家也明白；越是大单位的正规计划，要素越不可省略。

由于每一份计划所强调的重心各有不同，其指挥性、约束性的强弱程度也有较大不同，计划不一定都用本名作标题，可以根据自身的特点和需要变换名称，如“教育部2008年工作要点”、“党委中心学习组2008年政治理论学习安排”。

（2）正文。

计划的正文分前言、主体、结尾三部分。

①前言。前言是计划的开头部分，简明扼要地表达出制订计划的背景、根据、目的、意义、指导思想等，一般一两个自然段即可。如：

2009年教育工作的总体要求是：全面贯彻党的十七大和十七届三中全会精神，以邓小平理论和“三个代表”重要思想为指导，深入贯彻落实科学发展观，全面贯彻党的教育方针，继续解放思想，坚持改革开放，谋划发展，提高质量，促进公平，加强管理，办好人民满意教育，努力建设人力资源强国。

前言有时可以更短小一些，如：

根据省委和县委工作会议精神和会议上具体部署意见，结合我县粮食工作实际情况，为全面完成2007年粮食工作任务，制订工作计划如下：

前言的详略长短，要根据工作的重要程度、内容的多少来确定，总体上以精练简洁为原则。

②主体。主体部分要一一列出准备开展的工作（学习）任务，并提出步骤、方法、措施、要求。这是计划最重要的内容，也是篇幅最大的一部分。通常主体部分由于内容繁多，需要分层、分条撰写。常见的结构形式为：用“一、二、三……”的序码分层次，用“（一）、（二）、（三）……”加“1.2.3……”的序码分条款。具体如何分层递进，依内容的多少及其内在的逻辑性而定，可参考后面的例文。

③结尾。结尾可以用来提出希望、发出号召、展望前景、明确执行要求等，也可以在条款之后就结束全文，不写专门的结尾部分。

（3）落款。

计划在结尾之后，还要署明制发单位名称和制订计划的具体时间，标题中出现单位名称的可省，个人制订的不可省。如果以文件的形式上报、下发，还要加盖公章。

5.2.4 计划的写作要求与例文

写好计划并非易事，首先要确定好具体文种，然后做到以下几点：对上负责；切实可行；集思广益；突出重点；防患于未然。

【例文】

××镇人民政府2010年安全生产工作计划

各村（社区）、辖区内各企事业单位：

××镇位于万源市东南隅，辖9个行政村、2个社区、50个村（居）民小组。面积97平方千米。全镇共有乡村道路94千米，各类机动车辆746台。境内共有合法煤矿6处，加油站2个，规模以上企业5家，达州市地质灾害监控点3处。汽车站1个，村小学8所，民办幼儿园4所，一个中心校，共有在校学生3 500余人。2009年全镇工业总产值46 428万元，农业总产值7 360万元，农民人均纯收入3 464元。全镇山高坡陡、沟壑纵横，地质灾害频繁，安全工作点多、面宽、量大、范围广，情况复杂，安全生产监管工作非常艰难。为了巩固2009年度安全生产工作成果，沉着应对，切实抓好2010年度的安全生产工作，特拟订沙滩镇人民政府2010年度安全生产工作计划。

一、加强宣传教育和培训工作，弘扬矿山文明建设

安全生产工作千头万绪、标本兼治、重在治本。尤其要以宣传教育为先导。(略)

其次是狠抓安全生产技能培训。(略)

矿山文化建设方面，一是井下要有文明生产的醒目标语，井口和矿区范围要有安全生产方面的固定标语；二是地面和办公区域内部要有文化氛围；三是做到文明生产，严禁“三违”，即违章指挥、违规作业、违反劳动纪律。

二、落实责任，进一步健全安全生产监督管理体系

政府是安全监管的责任主体，安全工作责任重于泰山；企业和业主是安全生产的唯一责任主体，是安全生产工作的第一责任人，安全出效益。各级各部门要认真履行安全监管职责。(略)

三、勤布置、勤检查，深化专项整治，建立安全监管长效机制

事故源于隐患，煤矿是高危行业。我镇要以煤矿专项整治为重点，加大投入，以点带面，推动其他行业隐患整治，建立安全生产长效机制。一是继续深入贯彻执行《安全生产法》，国务院第446号令和省府〔2007〕216号令，定期或不定期到企业检查、督查，严格瓦斯治理，坚决实施以风定产，落实采煤工作面的公示制度；二是镇安办每半个月召开安全生产工作议会，每月召开一次安委会工作会议，分析安全工作形势，总结本月安全生产工作状况，写好定期汇报安全生产工作情况的书面材料。(略)

四、改善办矿条件，严厉打击非法生产，全力抓好防治水工作

改善办矿条件，一是严把安全生产许可证延期的现场核实关；二是严把基

建矿井的“三同时”关，严禁以基建之名行采煤之实。强化对特种作业人员和从业人员的培新。打击非法生产，一是采取非常措施，坚持打击纯非法矿；二是炸封或整合关闭的矿井，坚决不允许启封；三是进一步清理一矿多井、一矿多主和违规挂靠的行为；四是清理超层越界开采行为。防治水是煤矿质量标准化建设的重要内容，各煤矿要具备探放水设施设备，落实配置专业人员，编制探放水预案，做到有险必探、有疑必探、有掘必探。

五、认真抓好事故上报处理和统计工作，切实开展各种预案演练

事故发生后，要做到在规定的时间内上报，不漏报、迟报和瞒报，主要领导和分管领导以及相关工作人员要及时赶到现场组织抢救，开展善后调查处理工作。按规定该由镇政府负责调查处理的事件要在规定的时限内办结。结案率要达100%，并报市政府、市安委会备案。事故统计工作月报要在当月28日前，年度报表要在次年元月5日前报市安监局。报送及时、数据准确、条块数据要一致，结合辖区安全工作的实际，进一步修正完善各类应急救援预案，并在今年5月、8月组织好两次演练。

六、搞好企业软环境建设，切实为企业服务

我们要以“服务企业是本职”为工作出发点，排除一切干扰，搞好企业周边环境治理，切实为企业排忧解难，坚决打击向企业吃、拿、卡、要行为。积极协助企业采取有效措施应对金融危机，把企业做大做强，为全镇经济止滑提速作贡献。

七、加强自身队伍建设

镇安办将采取每月集中组织一次安全生产技能的业务学习，派员到安全生产工作好的企业学习、推荐到主管部门培训等方式，提高业务水平和安全监管能力。同时，加强对相关法律法规的学习，积极应对国家的产业政策，满足不断变化的安全生产监管工作的需要。还必须加强党风廉政建设，充分调动安办工作人员的积极性，做到依法行政、各司其职、各尽其能、应管尽管、不缺位、不越位。

二〇一〇年三月二日

[评析]

该计划条理清楚，格式规范，内容全面。有总体要求，也有较为具体、全面的工作任务。围绕中心工作，有主有次，政策理论性强，结合实际密切。前言交代了背景和目的，主体部分分条撮要，目标任务、措施步骤和要求明确，尤其是第三点可行性强。结构层次清晰，语言概括得体，文约事丰，值得效仿。不足之处：前言部分和安全无关的背景材料可以删除。

【病文诊所】

××县经委今后八个月工作计划

为了完成县委、县政府下达3.1亿工业总产值（力争3.5亿）的任务以及各项经济指标，我们计划在今后八个月主要抓好以下几方面工作：

（一）进一步深化企业改革。我们在全面推行厂长（经理）任期目标责任制的基础上，从实际出发，有针对性地分别实行租赁、承包、百元工资税利制和工资总额与企业经济效益包干等经营方式，把权、责、利全面落实到企业及其经营者身上，使企业真正成为相对独立的经济实体，成为自主经营、自负盈亏的社会主义商品生产者和经营者，较好地调动企业厂长职工的积极性，增强企业活力，促进生产发展，并使这一改革能够健康发展，深入持久地坚持下去，采取有效措施加以保证。

（二）加快新项目和技术改造项目的建设速度，确保这些项目按预期投产，发挥效益。主要抓好苎麻纺织、印染工程等项目，并实行目标责任制管理，使这些项目按预期投产，早日发挥效益。

（三）进一步加强企业管理，提高企业经济效益。我们坚持以改革为动力，促进企业的发展，加强管理，提高企业经济效益，把增产节约、增收节支的工作作为提高企业经济效益的重要工作来抓，要求企业产品总成本、企管费及车间经费都要下降。具体措施：

（1）调整企业产品结构，大力增产适销对路产品，实现多产快销。

（2）加强企业管理，挖掘企业潜力，调整定额，向管理要效益。

（四）加强企业职工思想教育、技术培训，努力提高企业职工队伍思想、技术素质，为企业上等级和企业现代化管理打基础。

（1）全面进行思想、纪律、法律教育和坚持四项基本原则，反对资产阶级自由化的教育，全面提高工人思想觉悟。

（2）搞好技术培训和职工文化、技术学习，努力提高职工队伍技术素质。

［评析］

这篇病文的主要问题如下：

（1）计划的时间不明确。标题说的是“今后八个月工作计划”，但又没有在正文或标题下方标明。

（2）计划应具备的目标任务、措施、步骤程序不明确、不具体。如“进一步深化企业改革”、“采取有效措施加以保证”，应该说思路还是有的，但就是没有明确而具体的内容。又如“进一步加强企业管理，提高企业经济效益”，其目标任务、措施、步骤程序等计划要素同样不明确、不具体。

（3）文中的汉字数码“（一）”至“（四）”应改为“一”至“四”。

（4）文章总的语言特点是空话、套话、虚话太多，缺乏具体实在的内容。

5.3 总结

5.3.1 总结的概念与作用

1. 概念

总结是对前一个阶段的工作或一项任务进行系统的回顾和认真的分析，检查实施情况，归纳经验教训，总结规律性的认识，并把它条理化、系统化的书面材料。

2. 作用

（1）总结是推动工作前进的重要环节。任何一项工作，其每一次具体实践，都有成绩与失误，及时总结就能及时取得经验、教训，提高认识和工作技能。

（2）总结是寻找工作规律的重要手段。任何一种事物、一项工作，都存在内在联系、外部制约，都有它自身的发展、运动规律。遵循这些客观规律办事就能顺利达到预期的目的，否则就会招致失败。

（3）总结是培养、提高工作能力的重要途径。一个人运用所学知识处理实际工作的能力主要是通过实践培养起来的，总结回顾能帮助其提高专业知识水平和解决、处理实际问题的能力。

（4）总结是团结群众、争取领导支持的好渠道。在总结中全面、深入地回顾、检查，找出成绩与失误、胜利与失败、经验与教训，实事求是地作出正确评价，能把群众最大限度地团结起来。同时，以这样的总结向领导部门汇报，能引起领导的重视，争取领导的支持和指导。

5.3.2 总结的特点与分类

1. 特点

（1）目的性。总结旨在对前一阶段工作进行回顾，以期寻找经验和规律。

（2）实践性。总结来自实践，它的观点就是从自身实践活动中抽象出来的认识和规律。

（3）业务性。总结是本单位、本部门、本系统的人所共同关心的问题，业务性、技术性较强。写作中要务虚与务实相结合。

（4）理论性。总结务实，以事实为基础，但还需要提到理论的高度，不仅要说出“是什么”，还要阐明“为什么”和“怎么办”。

2. 分类

总结按内容划分，有生产总结、学习总结、思想总结、工作总结等；按时间划分，有月份总结、季度总结、年终总结、工作阶段总结等；按范围划分，有个人总结和集体总结等。从性质上看，我们常见的总结有三大类：单位总结、个人总结和专题总结。

5.3.3 总结的基本内容与结构形式

1. 基本内容

总结的内容一般包括四个方面：

（1）情况概述。包括这个时期的工作是在什么依据下，以什么为指导思想，以什么为重点，在什么背景和基础上进行的，取得了什么成绩和效果。

（2）基本做法与经验。这是总结的主要部分，它是在对基本情况进行分析研究、归纳概括的基础上，把工作中之所以取得成绩的具有指导意义的正面经验和好的做法加以具体概括和叙述。

（3）体会。把经验上升到理论的高度，使之更加系统化、条理化。体会多采用议论手法，而且一般不同于经验。

（4）存在的问题和对今后工作的意见。总结以肯定成绩、总结正面经验为主，但工作中存在的实际问题也不能不总结。写存在的问题有两种方法：一是概述，即采取并列句的形式或一贯到底的句式等；二是细述，即分条具体地讲。写对今后工作的意见也可以原则性地讲一讲总的想法或分列几点来写，但总的要求是粗线条的。

2. 结构

总结一般的结构为标题、前言、主体、结尾、署名和日期五部分。

（1）标题。

总结的标题写法比较灵活，可以是由单位名称 + 有效期限 + 内容 + 文种组成，如“国家税务局 2010 年税收工作总结”；也有的由两项或三项组成，如“2010 年工作总结”；也可以将主要内容、性质作标题，如“我省干部选任制度改革的一次成功尝试”、“我的教学工作总结”。如不能表达出完整的意思时，在正标题下还可以再拟副标题，如“踏实苦干，为校园文明建设作贡献——××学工部校园文明建设总结”。这里的两个标题，正题标明观点、经验，副题补充说明内容范围、文种。

（2）前言。

即写在前面的话，是总结起始的段落。其作用在于用简练的文字概括交代总结的问题：或者说明所要总结的问题、时间、地点、背景、事情的大致经过；或者将总结的中心内容如主要经验、成绩与效果等作概括的提示；或者对工作的过程、基本情况、突出的成绩作简洁的介绍。其目的在于让读者对总结的全貌有一个概括的了解，为阅读、理解全篇打下基础。前言的写法多种多样，有的概述变化情况及主要成绩，有的介绍基本情况，有的概述总结的目的、方法，等等。前言力求简洁，开宗明义。

（3）主体。

总结是否写得好，全赖于主体部分的写作水平与质量。因此，一定要花大力气把主体部分的材料安排好、写好。主体的基本内容有做法、体会、成绩、经验、存在的问题和教训。

做法、体会、成绩和经验。这是总结的目的、中心和重点，是正文的关键部分，一般写法有二：一是写出做法、成绩之后再写经验。即表述成绩、做法之后从分析成功的原因、主客观条件中得出经验教益。二是写做法、成绩的同时写出经验，“寓经验于做法之中”。也有在做法、成绩之后用心得体会的方式来介绍经验的，这实际是前一种写法。

存在的问题和教训。一般放在成绩与经验之后写。虽不是每一篇总结中都写存在的问题，但思想上一定要有个正确的认识。每篇总结都要坚持辩证法，坚持一分为二的两点论，既看到成绩，又看到存在的问题，分清主流和支流。这样才能发扬成绩、纠正错误。写存在的问题与教训要中肯、恰当、实事求是。

（4）结尾。

一般写今后努力的方向，或者写今后的打算。这部分要求精练、简洁。

（5）署名和日期。

署名写在结尾的右下方，在署名下边写上总结的年、月、日；如为突出单位，把单位名称写在标题下边，则结尾只落上日期即可。

3. 形式

（1）条目式。就是把材料概括为要点，按一定的次序分为“一、二、三”等条，一项一项地写下去。这样条理清楚，但往往不够紧凑。

（2）三段式。即按认识事物的习惯来安排顺序，先对总结的内容作概括性交代，表明基本观点；接着叙述事情经过，同时配合议论，进行初步分析；最后总结出几点体会、经验和存在的问题。这种形式结构单一、易学。

（3）分项式。即不按事件的发展顺序，而是把做的事情分几个项目，也就是几类，一类一项地写下去，每类问题又按先介绍基本情况，再叙述事情经过，最后归纳出经验、问题三个顺序写下来。这种形式较复杂，只有涉及面广、内容复杂的总结才采用。

(4) 漫谈式。即把自己的实践、认识、体会慢慢地叙述出来。多用于向别人介绍自己的学习经验和亲身经历的个人总结。

5.3.4 总结的写作要求与例文

总结的写作要求可以概括为六个方面：提高认识，端正态度；找出规律，揭示本质；主次分明，重点突出；有理有据，实事求是；写出特色，写出新意；条理分明，结构严谨。

【例文】

××学院2009—2010学年第二学期工作总结

2009—2010学年第二学期，在××总局党组的正确领导下，学院党委和行政办团结带领全院师生员工，认真学习中国特色社会主义理论体系，贯彻落实党的教育方针和总局党组的决议决定，紧紧围绕人才培养、安全生产两大主题，深化教育教学改革，推进安全科技创新，开展安全培训，努力营造安全、文明、和谐、创新的校园环境与氛围，促进学院各项事业全面持续协调健康发展，取得了显著成绩。

一、迎评促建成效显著，人才培养质量得到新的提高。学院坚持把开展迎评促建工作作为推进教学质量工程的重要抓手，组织开展了多媒体教学、公共基础课教学、实习工作和教研室工作专项检查，客观分析存在的问题，认真落实各项整改措施，出台了“院系二级教学管理办法”，进一步规范了教学管理和教学运行，进一步提高了教学工作的整体水平。

教学改革不断深化。(略)

教学质量工程收到实效。(略)

学风建设扎实推进。(略)

二、办学特色得到强化，服务安全生产取得新的成效。学院坚持服务行业的办学宗旨，紧紧围绕国家安全生产中心工作，大力加强安全工程学科建设，优化师资结构，推进安全科技创新，开展安全生产培训，培育安全文化氛围，积极参与全国安全生产教育培训体系建设及应急救援、矿山救护、事故调查等工作，不断强化安全科技办学特色，服务安全生产的能力和水平得到明显提高。

师资结构进一步优化。(略)

科研能力明显增强。(略)

培训领域得到拓展。（略）

三、三个文明协调发展，和谐校园建设呈现新的面貌。学院切实保证教学科研设备投入，大力加强现代化、信息化建设，努力提高依法治校和规范管理的水平，全面推进校园精神文明建设，和谐校园建设取得了新的成效。

进一步改善办学条件。（略）

不断加强内部管理。（略）

扎实推进校园精神文明建设。（略）

四、全心全意为师生员工服务，思想建设、廉政建设取得新的进步。学院高度重视理论武装，扎实推进党风廉政建设，认真落实学习实践科学发展观活动领导班子整改落实方案，全面加强推进各级组织的思想建设、组织建设和作风建设，不断提高为师生员工服务的水平。

加强理论武装。（略）

推进党风廉政建设。（略）

全心全意为师生员工谋利益。（略）

当然，工作中也存在一些差距和不足，主要有：办学特色急需加强，学科专业建设任务艰巨，特别是培养和引进学科带头人的力度还远远不够；一小部分教师的教育思想、教学方法还不能适应人才培养工作的新要求，一小部分学生的主要精力还没有投入到学习上，教风学风建设需要进一步加强；管理工作中执行不力、落实不到位、协调困难等现象还一定程度地存在，干部作风建设需要进一步加强，等等。这些问题，需要我们在今后工作中认真加以克服。

［评析］

这是一篇综合性总结。正文由前言、主体、结尾三部分组成。前言部分概括交代了总结所涉及的背景、工作任务、完成情况和取得的成绩。主体部分分四大项列举了一年来的主要工作，内容围绕着“人才培养”和“安全生产”两大主题，按中心工作的重要程度排序，充分证明了总结中所提出的各个观点。最后以工作中存在的差距和不足作结，提出了努力的方向。全文层次分明，观点与材料统一，是一篇值得借鉴的总结。尤其可以借鉴小标题的写法，将做法和成效结合起来，使信息量充实。

【病文诊所】

××公司上半年工作总结

半年来本公司在精神文明和物质文明方面做了许多工作，取得了很大成绩。半年来，主要做了以下工作：动员组织公司干部和广大群众学习中央文件；安排、落实全年生产计划；推行、落实工作责任制；修建子弟小学校舍；建方便面生产车间厂房；推销果脯、食品、编织产品；解决原材料不足问题；美化环境，栽花种草；办了一期计算机技术培训班；调整了工作人员，开始试行干部招聘制。

半年来，在工作繁杂、头绪多而干部少的情况下，能做这么多工作，主要是：

一、上下团结。公司领导和一般干部都能同甘共苦，劲往一处使。工作中有不同看法，当面讲、共同协商。互相间有意见，能开展批评与自我批评，不犯自由主义。例如有干部就经理未作商议，擅自更改果脯销售奖励办法，影响产量一事有意见，经当面提出，经理作了自我批评，并共同研究了新的奖励办法，又出现了增产势头。

二、不怕困难。本企业刚刚起步，困难很多，技术力量薄弱，原材料不足；产品销路没有打开，等等。为此，领导干部共同想办法，他们不怕跑路，放弃自己的休息时间，忍饥挨饿受冻，四处联系，终于解决了今年所需要的原料，推销了一些产品。

三、领导带头。公司的几位主要领导带头苦干、实干。他们白天到下边去调查了解情况、解决问题，晚上才开会研究问题，寻找解决的办法。领导干部夜以继日地工作，使公司工作上了台阶。

[评析]

这篇病文的主要问题如下：

（1）材料不足、不具体，更谈不上有典型材料 。文中首段所写的一些做法，如“推行、落实工作责任制；修建子弟小学校舍；建方便面生产车间厂房”等，客观上本存在许多材料和思路，但由于总结中未有充分说服力的材料，更没有对材料进行分析，因此，给人的感觉是内容空洞无物，不能对该公司上半年的工作情况特别是成功的经验有所认识。

（2）经验体会缺少特点 。文中所写的三条“经验”，即“上下团结”、“不怕困难”和“领导带头”，基本上任何单位都可以用，任何时候都可以用，缺乏典型性。这是作者对工作不熟悉，或没有占有材料，缺乏提炼材料的能力的表现。

（3）结构内容不完整 。比照总结正文的结构和写法，本文没有问题与教训、今后的工作设想和努力方向等内容。

5.4 调查报告

5.4.1 调查报告的概念与作用

1. 概念

调查报告是根据特定的目的，对社会生活中的客观事物或问题进行深入的调查和科学的分析研究之后写成的书面报告。它是机关团体常用的一种实用文体，也是新闻媒体常用的一种文体。调查报告有时也叫做“考察报告”、“××调查”或“××调研报告”。

2. 作用

调查报告是调查与分析、实践与理论、客观与主观相结合的实用性文体，是从调查目的通向社会效益和经济效益的桥梁和工具，它在社会生活、经济活动和人类的其他实践活动中具有十分重要的作用。

(1) 提供决策依据。通过调查，反映社会情况和问题，为制定方针、政策提供依据。

(2) 交流工作经验。通过介绍典型，总结经验，起到表彰先进、推广经验、指导面上工作的作用。

(3) 开发深层信息。揭示新生事物内在规律，揭露社会丑恶现象，能起到扶植新生事物、端正社会风气、教育人民群众的作用。

5.4.2 调查报告的特点与分类

1. 特点

调查报告是一种实用的独立文体，它在表达方式、写作内容、语言风格等方面具有明显的特点。

(1) 调查报告属于实用性文体，注重实用价值。调查报告积极地干预社会生活和工作，但又不直接解决具体问题，而是侧重于真实地反映情况。它和公文等要求直接解决生活和工作中实际问题的文书有所不同，主要是通过提供真实而丰富的材料，作为领导了解情况的参考，或者作为制定政策、办法的依据。

(2) 调查报告的表达方式有其独特性。调查报告以说明为主，兼有叙述和议论。其叙述不同于记叙文的叙述，不要求完整性和形象性，也不渗透作者的感情，一般多用概述，将客观真相予以说明，而且常是夹叙夹议；其议论又不同于议论文的议论，不是运用抽象的概念、判断和推理的方式来论证作者的观点，而是在说明和叙述客观事实时给予简要的点评。

（3）调查报告运用的材料必须是绝对真实的、典型的。真实是调查报告的生命，是调查报告存在的基础，没有真实，就没有调查报告。这是调查报告的特性决定的。调查研究的根本指导原则和目的，就是揭穿假象，拨开迷雾，通过现象认识事物的真相和本质。它和欺骗、弄虚作假、不实事求是是针锋相对的。所以，调查报告必须严格遵守绝对真实的原则。调查报告所选用的材料必须典型，就是要有代表性，能够反映客观事物的全貌和本质。不能以点带面，不顾其他；也不能以偏概全；更不能以现象代替本质，妄下结论。去伪存真，去粗取精，是写作者应该做到的。

2. 分类

调查报告按内容可划分为以下几类：

（1）社会状况的调查报告。社会状况的调查报告是以反映社会生活和工作状况为主要内容的调查报告，其内容可涉及政治、经济、生产、科技、文化、卫生、风俗等方面的有关事项。

（2）新生事物的调查报告。通过调查报告描述新生事物产生的背景、发展过程，阐明它的特点，揭示它的规律和本质，说明它的意义和作用。

（3）典型经验的调查报告。这是一种总结先进经验和宣传典型事物的调查报告。利用先进经验和典型事物推进生活和工作，可以收到事半功倍的效果。

（4）揭露问题的调查报告。这类调查报告以批评和揭露社会生活中的落后、腐朽、丑恶现象和工作中的不良作风、重大失误为主要内容，让人民群众看清其本质及其严重的危害性，从而提高警觉性，并与不良的现象和行为进行斗争。

（5）市场动态的调查报告。市场动态的调查报告是对国内、国际商品市场的现状及发展趋势进行调查研究之后写出的调查报告。通过市场调查，可以掌握市场需求的变化，有利于引导社会生产，促进市场经济的繁荣发展。

除此之外还有自然资源调查报告和科学专题调查报告，因为专业性非常强，一般单位不常用，此处不作介绍。

另外，调查报告从形式上分，可分为综合调查报告、专题调查报告。综合调查报告是围绕一个问题，从多方面进行调查而写出的报告。这种调查报告内容较复杂，涉及的范围较广，花费的时间较长，人力、物力的投入也较多，多适用于较重大的问题，以便于更全面地了解情况。专题调查报告内容单一，是对某一问题的单项调查而写出的报告。这种调查报告涉及面小，结构比较单一，易于掌握，应用比较广泛。

5.4.3 调查报告的内容与写法

一般来说，调查报告的内容大体有标题、前言、概况介绍、资料统计、理性分析、总结和结论、对策、建议，以及所附的材料等。根据这些内容所形成的调查报告的结构，包括标题、前言、主体、结尾和落款。

1. 标题

调查报告的标题有单标题和双标题两类。单标题有公文式标题和文章式标题两种。公文式标题为事由 + 文种，如“××省农村中学语文教学情况的调查报告”。文章式标题，其一是标明调查对象，如“××市的校办企业”；其二是标明作者通过调查所得出的观点，如“调整教育政策　增加教育投入”。双标题即一个正题，一个副题，如“为了造福子孙后代——××县封山育林调查报告”。

2. 前言

前言是调查报告的开头部分，有人称之为“引言”，它像新闻报道的“导语”或议论文的“引论”。其内容和作用主要是介绍调查对象的基本情况，说明调查的背景、范围、经过，或概括全文的主要内容，或提示全文的主旨，目的在于引出主体，并给读者一个概括的印象。调查报告的前言要简明扼要。它的文字虽然简短，但具有“立片言以居要，乃一篇之警策”的作用，所以要认真推敲。常见的写法有：

简介式导语。对调查的课题、对象、时间、地点、方式、经过等作简明的介绍。

概括式导语。对调查报告的内容（包括课题、对象、调查内容、调查结果和分析的结论等）作概括的说明。

交代式导语。即对课题产生的由来作简明的介绍和说明。

3. 主体

主体是全文的中心。其主要内容和作用有三个方面：一是说明调查报告的主旨，让读者了解中心观点；二是提供说明主旨的事实材料，让读者理解并信服观点的正确性；三是作者对客观事实的分析及有关的评论，从理论上深化事实材料，以突出调查报告的典型意义。主体是调查报告的核心所在。它对调查得来的事实和有关材料进行叙述，对所作出的分析综合进行议论，对调查研究的结果和结论进行说明。根据逻辑关系，主体的结构有以下不同的框架。

（1）横式结构，也称并列结构。把调查的材料和要表现的主旨分为几个不同的问题，各个问题处于平等并列的地位，每个问题都有一个中心，可以独自成章，而每个问题又是体现全文中心的一部分。比如下面的例文即属于横式

5.5 简报

5.5.1 简报的概念与作用

1. 概念

简报是党政机关、人民团体、企事业单位内部用来沟通情况、指导工作、交流经验、传递信息的一种简短的、有一定新闻性质的文体。

简报有很多种名称，可以称“简报”，也可以称“动态”、“简讯”、“情况反映”、“××交流”、“××工作”、“内部参考”等。

2. 作用

（1）便于领导机关掌握情况、指导工作，按照实际情况来决定工作方针。领导机关通过简报掌握了下面各种情况和问题，才能“情况明、决心大、方法对”，并通过本级的简报，通报上面情况，传达有关指示，介绍典型经验，起到上通下联、推动工作的作用。

（2）向上汇报工作，争取上级指导。基层、下级机关编写简报的目的之一是向上级机关汇报工作、反映情况、提供信息，使上级机关了解其工作情况、存在的问题、创造的经验、涌现的典型，以便根据实际情况采取措施，解决问题，推广经验，表彰先进。

（3）促进单位之间的交流。简报除了上送下发外，还可送发兄弟单位和相关单位。通过简报，单位之间可以交流信息、取长补短。

5.5.2 简报的特点与分类

1. 特点

（1）新闻性。简报有些近似于新闻报道，其特点主要体现在真、新、快、简四个方面。“真”是指内容真实，这是新闻的第一性征。简报所反映的内容、涉及的情况，必须严格遵循真实性原则，时间、地点、人物、事件、原因、结果，所有要素都要真实，所有的数据都要确凿。“新”是指内容的新鲜感。简报要反映新事物、新动向、新思想、新趋势，要成为最为敏感的时代的晴雨表。“快”是指报道的迅速及时。简报写作要快，制作和发送也要简易迅速，让读者在第一时间了解到最新的信息。“简”是指内容集中、篇幅短小、提纲挈领、不枝不蔓。简报名目之前冠一“简”字，可以看出简洁对它来说是多么重要。

（2）集束性。虽然一期简报中可以只有一篇报道，但更多情况下，一期简报要将若干篇报道集结在一起发表，形成集束式形态。这样做的好处是有点有面、相辅相成，加大信息量，避免单薄感。

（3）规范性。从形式上看，简报要求有规范的格式，由报头、目录、编者按、报道正文、报尾等部分组成。其中，报头、报道正文、报尾是必不可少的，而且报头和报尾都有固定的格式。可参见例文 。

2. 分类

（1）综合简报。即反映本部门、本系统各方面工作情况和问题的简报，也称情况简报。它报道的内容主要是本部门、本系统内发生的重大问题、重大事件、新人、新事、新气象、新动态等。

（2）专题简报。即将某专项工作的动态、进展、经验、问题等向上级部门汇报，或向有关部门通报，或下发所属基层单位借以推动工作的简报。这种简报报道的事件集中，是围绕某一项工作专门编写的。

（3）会议简报。即专门报送、交流有关重要会议内容、筹备和进展情况，反映与会者意见和建议的简报。会议简报分为综合简报和进程简报两种。前者整个会议只编一期，于会议后期发送。后者是会议期间编发多期，及时发送。

5. 5. 3　简报的结构、写法与例文

1. 结构

简报的版面编排格式由报头、报核、报尾三部分组成。如下图所示：

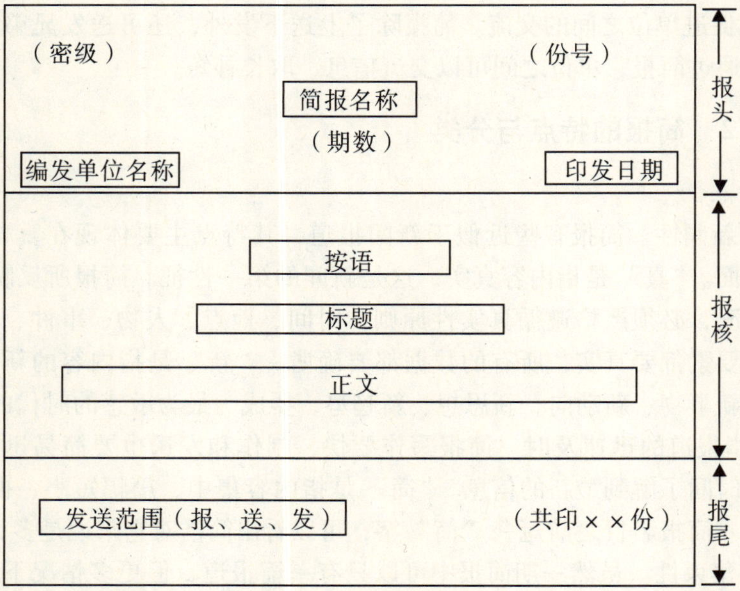

(1) 报头。

简报的报头有些类似公文的“红头”，一般也是套红印刷，但有其独立的格式。

首页间隔横线以上称为报头，由简报名称、期数、编发机关、日期、保密提示等项目组成。

简报除常用“××简报”、“××动态”、“情况反映”等四字名称之外，还可加上单位名称、专项工作等内容。简报名称用大号字套红印刷。期数位于简报名称下方正中，加括号。如果是综合简报，一般以年度为单位统编顺排；如果是专题简报，则按本专题统编顺排；如果是增刊，就标明“增刊”字样。编发机关一般是“××办公室”或“××秘书处”，位于期数下面、间隔横线上方左侧。日期位于编发机关右侧。如果需要保密，则在首页报头左上角标明密级或“内部刊物”字样。确有必要，还可在首页报头右上角印上份号。间隔横线一般为红色。

(2) 报核。

报头以下、报尾以上的部分都是报核。报核包括以下内容：

一是目录。集束式的简报可编排目录。由于简报内容单一，容易查找，目录一般不需标序码和页码，只需将编者按、各篇标题排列出来即可，为避免混淆，可以每项前加一个星标志。

二是编者按。必要时可加编者按，主要内容是工作任务来源、本期重点稿件的意义和价值、征稿通知、征求意见等表明办报单位的主张和意图的文字。编者按不可过长，短则三五行，长则半页即可。一般有三种写法：

说明性按语。介绍稿件的来源、编发原因和发送范围。

提示性按语。提示稿件内容，帮助读者理解稿件的精神。

批示性按语。也叫要求性按语。主要写在具有典型意义或指导作用的稿件前面。一般是声明意义，表明态度，并对下级提出要求或提供建议。

三是报道。一期简报可以只有一篇报道，也可以有多篇报道。依次排列即可。

(3) 报尾。

报尾在简报末页，用间隔横线分开。报尾内容比较简单，只需写明报什么机关、送什么机关、发什么单位即可。

2. 写法

(1) 标题。

简报的标题跟新闻的标题有些类似，可分为单标题和双标题两种基本类型。

①单标题是将报道的核心事实或其主要意义概括为一句话作为标题，如：

“后勤工作今年重点抓好五件事”、“我校通过‘211 工程’专家审查验收”、“查摆突出问题，研究‘三讲’教育方案”。标题中间可以用空格的方式表示间隔，也可以加用标点符号。

②双标题有两种情况：一是正题后面加副题。如：

再展宏图创全国一流市场

——××农贸市场荣获市信誉市场称号

前一个标题是正题，概括事实的性质；后一个标题是副题，补充叙述基本事实。二是正题前面加引题。如：

尽责社会　完善自身

华东师大团委开展“把知识献给人民”的活动

前一个标题是引题，指出作用和意义；后一个标题是正题，概括主要报道内容。

（2）正文。

导语。导语就是简报的开头语，要用简短的文字，准确地概括报道的内容，说明报道的宗旨，引导读者阅读全文。导语写作的总的要求是“开门见山”，一开始就切入基本事实或核心问题，给人一个明确的印象。导语的写法可根据主题需要，分别采用叙述式、描写式、提问式、结论式等几种形式。

主体。主体是简报的主要部分，它的任务是用足够的、典型的、富有说服力的材料把导语的内容加以具体化，用材料来说明观点。写好主体是编好简报的关键。主体的内容，或是反映具体的情况，或是介绍具体的做法，或是叙述取得的成绩和经验，或是指出存在的问题，或是几项兼而有之，要视具体情况而定，没有固定的框框。主体的层次安排有“纵式”和“横式”两种形态。纵式结构按事件发生、发展的时间顺序来安排材料；横式结构按事理分类的顺序安排材料。如果内容比较丰富，各层可加小标题。

结尾。简报要不要结尾，因内容而定。事情比较单一、篇幅比较短小的，可以不单写结尾。事情比较复杂、内容较多的，可以写结尾，对全文作一个小结，以加深读者印象。有些带有连续性的简报，可用一句交代性的话语作为结尾，如“对事情的发展我们将继续报道”。

【例文 1】

工作简报

（第四期）

中共××县委办公室　　　　××××年×月××日

按：县计生委努力转变工作作风，坚持从实际出发，对今年 4 月份计生宣传月的工作检查不搞兴师动众，不从乡镇和部门抽调人员，全部依靠本单位的干部组织检查，这样既减少了对乡镇和部门工作的牵扯，又全面检查和掌握了全县计生工作情况，受到基层和群众欢迎。希望全县各级部门认真借鉴此一经验，进一步加强党风廉政建设，改进工作作风，提高工作效率，以实际行动推动全县两个文明建设的发展。

县计生委改进检查方法转变工作作风成效明显

今年3月下旬至4月下旬，我县集中领导、集中力量、集中时间开展了《四川省计划生育条例》和《中国计划生育发展纲要》宣传活动。县计生委于5月2日至28日，对各乡镇的活动情况进行了全面检查验收。他们切实转变作风，积极改进方法，由本单位干部组成一个检查组统一思想、统一标准开展检查活动，取得了较好效果。其基本做法是：

一、统一思想，提高认识。（略）

二、统一确定检查对象，集中时间开展检查。（略）

三、统一检查验收标准。（略）

四、统一口径汇总检查结果。（略）

五、统一费用开支渠道。（略）

六、切实做到“四个坚持”。一是坚持客观、公正地考核各乡镇的集中活动开展情况，进村入户如实登记、汇总，最后按标准计分；二是坚持不兴师动众，只要乡镇在工作上的配合，不要在生活上的陪同，减轻了乡镇领导的精力负担；三是坚持固定检查人员，从计生委机关抽出的13名干部自始至终参加检查，保证了按时完成任务；四是坚持执行严格的组织纪律，检查人员必须遵守计生委党组规定的各项纪律制度，如有违反，从严处理。

这次检查，全面、真实地了解了我县人口生育现状，掌握了各乡镇开展集中宣传活动的情况。据统计，检查结果数据比乡镇报表更接近实际。如对育龄妇女进行普查，原乡镇报表统计普查率为93.75%，而检查结果普查率仅为80.42%，减少了13.32个百分点；落实安扎措施率、报表统计为95.21%，检查统计为72.12%，减少了23.09个百分点。

[评析]

这是一篇反映专题工作情况的简报。这份简报报头四要素齐全，使用名称规范；报核部分有批示性按语，对正文的内容作了评价，提了要求。标题概括了主要内容，既符合新闻标题的写法，又符合事务文书平实的语言要求。作为简要报道和内部交流的简报，正文内容充实，观点材料结合紧密，详略得当，六点做法个性特点明显，具有一定的启示意义，值得借鉴。不足之处是没有报尾。

【例文2】

××简报

第二期（总第××期）

××××厂主办

《××简报》编辑部编印　　　　　　　　　　××××年3月20日

提高素质　优化结构　我厂调整一批中层领导干部

为适应企业转换经营机制和工厂承包经营形势，推动工厂民品发展再上新台阶，春节前后，我厂对中层领导干部进行了调整。共免去7名中层干部的领导职务，8名党政中层领导由副职提为正职；2名中层干部被任命为厂长助理；还选拔了7名年轻干部担任中层领导职务，他们平均年龄37.7岁，文化程度平均在中专以上。这次中层以上干部调整的特点是：

1. 一批老干部退居二线，但不搞“一刀切”。目前，工厂正处于艰苦创业时期，虽然新的形势给工厂经济好转带来了机遇，但工厂面临着更多的困难：资金严重不足；企业严重亏损；企业走向市场，产品开发任务艰巨；领导工作的难度更大。为使中层干部队伍更好地适应形势，肩负起开发民品的重任，工厂安排了一部分年龄较大的干部退出领导岗位，同时选拔了一批年富力强的中青年干部充实干部队伍。个别老同志干劲大，积极性高，工作岗位又确实需要，因此仍留在领导岗位上。

2. 重实绩，一批年轻干部被大胆起用，有的走上了重要领导岗位。（略）

3. 大胆尝试，逐步增加党政担子一肩挑的干部。（略）

经过这次干部调整，我厂中层领导干部的结构渐趋合理，整体素质得到进一步提高，从而为我厂的经济发展提供了有力的组织保证。

（人事部供稿）

上报：（略）

抄送：（略）

［评析］

这是一篇由单位部门供稿的企业人事动态简报。这份简报报头四要素齐全，使用名称规范；标题概括了主要内容，既符合新闻标题的写法，又符合事务文书平实的语言要求。报核部分没有用按语。正文前言先表述目的，概括叙说“春节前后，我厂对中层干部进行了调整”，简述了中层干部的任免情况；接着用“这次中层以上干部调整的特点是”，导出主体内容。作为简要报道和内部交流的简报，这份简报正文内容充实，文字简洁，表述清楚，观点与材料结合紧密，详略得当，三点做法特点明显，具有一定的借鉴和启示意义，是一篇写作比较规范的简报。

问题思考

1. 计划的导言和主体部分通常可写哪些内容？
2. 总结主体一般有哪些内容？各部分内容如何写作？
3. 调查报告有哪些开头和结尾的方式？
4. 简报的格式由哪几部分组成？

写作训练

1. 根据自己的年度实际消费情况，编制一份便于比较的表格式计划。
2. 分析下面“安排”存在的主要问题，写出修改稿。

关于接待联合国H先生访华的安排

财政部、省外事办公室：

关于接待联合国×部×司副司长H先生偕夫人、子女一行四人，根据财政部〔××××〕财审字第××号通知的安排，经与省外事办公室共同研究，对其在S市活动期间的计划安排如下：

（一）日程安排。9月23日（星期日）外宾由C州乘×次火车二十一点零一分抵达S市后，安排在S饭店住宿。9月24日（星期一）上午七点三十分游览南郊风景区后去机场乘××班机去北京。

（二）费用处理。外宾食宿费、交通费向财政部结算。

（三）外宾抵、离S市时，由××省财政厅办公室副主任××负责迎送。

联系电话：333564

××省财政厅

××××年九月十九日

3. 撰写本人年度学习总结，要求条理清楚，至少详写两个方面的情况。

4. 请你调查你所在班级同学的上网情况或者手机消费情况，并根据调查结果写成调查报告。

5. 简报写作材料：学校组织大学生义务献血。文法系一共有22名同学参加了这次活动，其中14人体检合格并献了血。事后，系主任李老师把团总支宣传委员小李叫来，让他编写一份简报，报道本系参加这次活动的情况。请你为他代写，材料未尽之处，可以自拟。

6 法律文书

内容提示

法律文书的概念、特点与作用

法律文书的分类与学习方法

民事起诉状与民事上诉状的写作规范

民事答辩状的写作规范

6.1 法律文书概述

6.1.1 法律文书的概念

法律文书，是适用于法律活动、带有法律专业属性的所有非规范性文件的总称。具体地说，它是指我国公安机关、国家安全机关、人民检察院、人民法院、监狱管理机关、政府的行政执法机关、公证机构、仲裁机构、律师事务所等，以及自然人、法人和其他组织，在诉讼和非诉讼的法律事务中按照法定程序，就具体案件或法律事务适用法律而制作的具有法律效力或者法律意义的非规范性法律文件的总称。这是在广义上使用的法律文书概念。从这个角度来理解，法律文书这一概念包含了如下内容：

第一，明确了法律文书制作主体的范围。法律文书的制作者，既包括人民法院、人民检察院，也包括了公安机关、国家安全机关、监狱及劳改机关，同时还包括了其他行政机关以及数量更为庞大的企事业单位及非法人团体、组织和个人。

第二，法律文书必须严格依法制作。制作法律文书，必须严格遵守实体法和程序法。实体法的内容十分广泛，应根据法律文书涉及的法律事项，了解相应的实体法规范。程序法主要是指民事诉讼法、刑事诉讼法和行政诉讼法，除这三大诉讼法外，也应严格遵守其他法律、法规中的程序规定，以及有关司法解释中的程序部分。

第三，法律文书的适用范围十分广泛。它既包括依照诉讼法处理的民事、刑事、行政诉讼案件而制作的法律文书，也包括一切行政机关依法制作的各类不同的行政执法文书，还包括一切企事业单位、团体、非法人组织和个人依法制作的法律文书。

第四，法律文书制作的后果。法律文书一旦发生效力，必然会对当事各方产生一定的法律效果：或是发起诉讼，或是赋予一定的权利，或是要求当事人承担某种义务。

6.1.2 法律文书的特点

与其他应用文书相比，法律文书具有如下一些特点：

1. 制作主体的法定性

法律文书的适用领域十分广泛，制作主体众多，但是，每一种法律文书都应当由特定的主体制作和运用。各种司法机关是法律文书的重要制作主体。各级行政机关也在自己的职权范围内，制作一系列的法律文书。企事业单位和社会团体在业务活动过程中，也会制作大量的法律文书。无论制作主体如何广泛，它们的制作都是要遵守一定法律规定的，超越了法律的相关规定，制作主体不合法，即使制作了法律文书，也不会产生法律效果。

2. 制作内容的合法性

法律文书的制作，不仅要求主体合法，而且内容也必须符合法律的规定。内容的合法，首先要求制作法律文书必须遵循法定的程序，程序违法，制作的法律文书便不能对当事人产生约束力。其次要求法律文书的制作必须依实体法进行，滥用职权或超越职权，制作的法律文书也是不会产生任何法律效果的。

3. 适用范围的广泛性

司法机关在案件诉讼的各个阶段，都要制作和运用相应的法律文书，以保证诉讼活动的顺利进行。诉讼活动包括刑事、民事、行政诉讼。案件的当事人及其他诉讼参与人，出于保护自身或委托人权益的需要或按照法律规定及司法机关的要求，也要制作、撰拟一系列的法律文书，如刑事、民事、行政各类诉讼中的诉状、答辩状、申诉状、鉴定报告、证人证言、亲笔供词等。

非诉讼的法律事务，其范围更加广泛，包括公证机关、仲裁委员会、行政执法机关进行的执法、处罚活动，律师事务所、监狱管理机构的非诉讼活动等。这些非诉讼法律事务也必须制作各种法律文书，把法律事务逐步向前推进，直至终结，如各类公证书、各类仲裁文书、律师制作的法律意见书、非讼调解书、行政执法文书和大部分的监所管理文书等，均属于非诉讼的法律事务文书。由此看来，法律文书既在诉讼活动中广泛使用，又在非诉讼活动中应用得非常普遍。

4. 实施效果的强制性

法律、法规是由国家制定或认可的，它要求每一个人必须遵守，因而具有普遍的约束力。法律的强制力要得到保障，还必须依靠执法和守法各个环节的共同遵守。

法律文书是司法、执法和守法活动的产物，是具体实施法律的结果。法律文书的强制力来源于法律的强制力。在所有的社会规范中，只有法律是靠国家强制力来保证其实施的。任何一份法律文书，如果不是赋予其法律的强制效力，也就成了一纸空文。

5. 法律文书的非规范性

这里所指的非规范性，是与法律法规的规范性特征相对而言的，任何法律法规都是针对不特定的人而作出并且可以反复适用的规范，而法律文书针对的往往是特定的组织和个人，约束的也是特定的事项。一份法院的判决，对当事人而言是至关重要的，事涉当事人的权益，而对其他人，则不会产生任何后果。

6.1.3 法律文书的作用

法律文书的作用，指的是法律文书在法律活动和社会生活中对于人的客观价值。法律文书是诉讼和非诉讼法律事务的产物，是对法律实施过程与结论的客观书面实录。法律文书的作用有很多，概括起来，主要有如下几点：

1. 法律文书是具体实施法律的重要工具

法律文书是保障和体现法律实施最直接也是最终的表现形式。法律文书通过对具体案件和法律事务的处理来实施法律。法律文书作为实施法律的工具，是其他任何手段和载体都无法取代的。在现代法治社会中，法律文书已成为法制和法律文化成熟的象征。通过法律文书而使法律得到贯彻实施，是法律文书一项最基本的作用。

2. 法律文书是履行职责、规范权利义务的凭证

法律文书是文书主体实施某种具体法律行为的凭证。执法机关为了表明实施法律行为的合法性，诸如拘留、逮捕时必须出具相应的法律文书，这种法律文书就是表明执法主体行为合法性的凭证。法人之间或公民之间经平等协商，在法律许可的范围内签订协议，该协议即是范权利义务的凭证。

3. 法律文书是法律活动的实录

法律文书既是诉讼案件和非诉讼法律活动的必然产物，又起到忠实、客观地记录这些活动的重要作用，特别是对于司法、执法机关来说，无论是诉讼案件，还是非诉讼案件，在审理和查处的过程中都应当保存完整的法律文书。例

如，行政机关在实施行政处罚的过程中，从立案、调查取证，到作出决定，直到交付执行、最终结案，都离不开法律文书。

法律文书对案件的处理起着重要的作用，同时，由于法律文书具有静态、固定的特点，对执法活动的总结、纠正执法活动中的差错，意义也十分重大。因此，要求各司法机关的法律文书都必须作为档案资料妥善保存，以备查考。

4. 法律文书具有宣传教育作用

凡属公开对外的法律文书，都有明显的法制宣传教育作用。法律文书通过对具体案件的裁处，形象、生动地宣传法律，说明哪些是人们不应该做的，哪些行为违法，哪些行为构成犯罪、应承担什么样的责任。这种法制宣传，从一定意义上讲，是一种更有效的宣传。对自然人、法人和其他组织来说，公开的法律文书可以教育他们自觉遵守法律法规，避免实施违法犯罪的行为，做到学法、懂法、守法。对司法、执法机关来说，通过对法律文书的制作，可以受到关于公正司法、执法方面的教育。对整个社会则可以起到营造法律氛围，推进依法治国方略的作用。

6.1.4 法律文书的分类

法律文书用途广泛，数量繁多，为了易于系统地掌握和制作各种不同的法律文书，需要对它进行一定的类别划分。根据法律的规定和学界的意见，法律文书目前主要分为如下几类：

按制作主体的不同，可分为公安机关刑事法律文书、检察机关法律文书、人民法院法律文书、律师法律事务文书。

按诉讼性质的不同，可分为刑事法律文书、民事法律文书和行政法律文书。

按文书用途的不同，可分为申请类文书、处罚类文书、决断类文书、证据类文书、一般公文类文书等。

按文书制作体式的不同，即按照文书制作难易的不同进行划分，可分为表格类、填充类、笔录类、决定命令类、报告类、制作类、法庭演讲词类文书。

本书主要介绍各类诉讼文书的知识及写作要领。

6.1.5 法律文书的学习方法

要学好法律文书，首先必须注意学习方法的掌握，为此，应注意以下几方面：

1. 加强法律知识学习，提高法律知识水平

要制作好法律文书，首先必须具备全面的法律理论知识。既包含实体法的知识，也包含程序法的知识。其次，要具备写作学、文字学、逻辑学方面的

知识。

2. 了解法律文书的制作规律，掌握制作文书的基本技能

各种不同的法律文书，从结构规律上看，既有共性又有各自不同的特点，在某一类法律文书的学习上，如果既掌握了共性的一面，又注意了个性的特点，那么，在具体进行实务操作时就能得心应手。另外，在语言方面，法律文书要求准确、精练、朴实、庄重。只有在认真掌握法律文书制作的特点和规律的基础上，才能提高法律文书的制作水平。

3. 深入研究案情，加强制作训练

法律文书的制作基础来源于案件，不深入研究案情，不理解和理顺特定的法律顾问关系，就不可能真正抓住法律文书制作的重点。案件事实中的每一份材料、每一份证据、每一个情节都必须认真分析，只有深入案情的实际，才能在制作文书时对每一个细节了然于心，做到删繁就简、得心应手。当然，要制作一份高质量的法律文书不是一蹴而就的事情，它需要经过多次反复的训练。因此，勤于练习也是写好法律文书的一个重要途径。

6.2 民事起诉状

6.2.1 民事起诉状的概念和法律依据

诉讼，俗称打官司，是国家司法机关在案件当事人和其他诉讼参与人的参与下，以事实为根据，以法律为准绳，办理刑事、民事、行政案件所进行的一种活动。起诉是整个诉讼程序的第一步。

起诉状是刑事自诉案件的自诉人或民事、行政案件的原告向人民法院提出的指控被告的书状。诉讼，依据案件的不同性质，可分为刑事诉讼、民事诉讼、行政诉讼。与此相对应，起诉状也就分为刑事自诉状（刑事附带民事诉状）、民事起诉状、行政起诉状。

民事起诉状，是指公民、法人和其他组织，在认为自己的民事权益受到侵害或者与他人发生争议时，向人民法院提出的要求人民法院依法作出公正裁判的书面诉讼请求。

民事起诉状的法律依据是：

我国《民事诉讼法》第一百零八条规定，起诉必须符合下列条件：“（一）原告是与本案有直接利害关系的公民、法人和其他组织；（二）有明确的被告；（三）有具体的诉讼请求和事实；（四）属于人民法院受理民事诉讼案件和受诉人民法院管辖。”《民事诉讼法》第一百零九条规定：“起诉应当向人民法院递交

起诉状，并按照被告人数提出副本。书写起诉状确有困难的，可以口头起诉，由人民法院记入笔录，并告知对方当事人。”第一百一十条规定：“起诉状应当记明下列事项：（一）当事人的姓名、性别、年龄、民族、职业、工作单位和住所，法人或者其他组织的名称、住所和法定代表人或者主要负责人的姓名、职务；（二）诉讼请求和所根据事实与理由；（三）证据和证据来源，证人姓名和住所。”

6.2.2 民事起诉状的结构与写法

民事起诉状的结构分为首部、正文、尾部三部分。

1. 首部

民事起诉状的首部即标题，应写明文书名称“民事起诉状”。

2. 正文

（1）当事人（即原告、被告、第三人）的基本情况。

当事人是公民个人时，应当写明其姓名、性别、年龄、民族、职业、工作单位和住所。先列写原告的姓名及基本情况。如果原告有代理人的，紧接着另起一行列写代理人的姓名和基本情况。列写代理人时，应写明是法定代理人、委托代理人，还是指定代理人。列写完原告及其代理人，再写被告的基本情况。

当事人有数人时，应依次写出，按享受权利和应尽义务的大小排列，即享受权利大的原告和应尽义务多的被告先列写，然后按顺序排列。如果有诉讼代理人的，可在该当事人基本情况一栏下，另起一行写明诉讼代理人的姓名、单位和职务。

如果有第三人参加诉讼的，应当在列写原告、被告的基本情况之后，写明第三人的姓名和基本情况，并根据案情需要，指明第三人与原、被告的关系。

（2）诉讼请求。

诉讼请求是指当事人基于一定的事实和法律关系向人民法院提出的主张。在诉讼请求一栏内，主要写明请求解决争议的权益和争议的事物。写明请求人民法院依法解决原告一方要求的有关民事权益争议的具体事项，如请求人民法院解决损害赔偿、债务清偿、合同履行或者要求与被告离婚、给付赡养费、继承遗产等事项。各自独立的请求事项应分项列出。诉讼费用的负担通常也作为一项独立的诉讼请求在最后列出，且恒定为要求被告承担诉讼费。

（3）事实和理由。

事实部分。要围绕着诉讼目的，全面反映案件的客观真实情况。叙事要完整，要讲明案件事实的六个要素，即时间、地点、人物、事件、原因和结果；叙事要真实，起诉状是人民法院受理案件的重要根据之一，叙述案情时，必须实事求是，如实反映案件事实的本来面貌；叙事要明确，与争议事实有直接关系的事实，要详细叙述明白，与案件事实关系不重要，但又必须交代清楚的，可以简要概括。同时注意叙述事实用语要准确，表达要恰当。

理由部分。理由部分的写法使用夹叙夹议的方法。应该依据民事权益争执的事实，概括地分析纠纷的性质、危害、结果及责任，并依据法律证明自己的诉讼请求。因此，从内容上说，理由部分的写作一般可以分成两个层次：一是从事实方面阐述理由，二是从法理方面阐述理由。从事实方面阐述理由，需要先对事实部分进行浓缩和概括，将事实部分内含的可以用以证明诉讼请求的法律要件概括起来、提炼出来；从法理方面阐述理由，是在对事实进行概括和提炼的基础上进行的，即根据对事实的概括和提炼，使案件事实与法律、司法解释和法规所规定的案件性质和责任认定联系起来，很自然地，就可以引出案件所应该适用的法律依据，以证明诉讼请求。具体写作时，可以根据所要论证的观点的多少，决定是先对事实进行概括和提炼，然后再引用法律、司法解释或法规条款进行分析论证；还是一边对事实进行概括和提炼，一边就引用法律、司法解释或法规条款对事实进行分析，证明诉讼请求。

理由部分引用法律、法规条款，应该引用法律、法规全称，如能将法律、法规条款的具体内容引出来进行分析，将更有助于增强理由的说理性和说服力。

（4）证据部分。

证据是证明所诉事实的真实性、可靠性的依据。如果所诉的案件没有证据，是经不起人民法院审查和被告人辩驳的。只有列举出足以证实事实真相的可靠的有关证据，才能达到令人民法院立案处理的目的和诉讼的预期效果。

在诉状中，应当列述的证据有三项内容：一是列述提交有关的书证、物证以及其他能够证明事实真相的材料；二是说明书证、物证以及其他有关材料的来源和可靠程度；三是证人的证言内容以及证人的姓名、住址等。

3. 尾部

尾部包括：致送的人民法院名称；原告签名，如果是法人或其他组织的应加盖公章；起诉时间。

6.2.3 民事起诉状的写作注意事项与例文

1. 起诉状写作应注意格式规范

作为司法文书，起诉状有一定的格式要求，写作者必须遵循。否则，法院可能会要求补正、重作，而耽误立案时间。

2. 诉讼请求必须明确、具体、合法

诉讼请求不能模棱两可，应明确具体，既不能漫天要价，也不能坐视自己的合法权益被侵害。

3. 事实部分应完整、简洁

叙述事实一般以时间为序，要言不烦，既要体现过程的完整性，使之成为支撑诉讼请求的支柱，又不能事无巨细地一一罗列，冗长啰唆。

【例文】

民事起诉状

原告：××（集团）公司

法定代表人：钱××　职务：总经理

住址：北京市海淀区××沟1号　邮编：100089

电话：6864××××

被告：宜宾市翠屏区××信息服务有限公司

法定代表人：任××　职务：总经理

地址：四川省宜宾市××街　邮编：644000

电话：0831－8246××××

请求事项：

一、请依法判决被告立即停止对原告的侵权活动，并在国内外信息网络和国内有关新闻媒介上向原告公开赔礼道歉。

二、请依法判决被告赔偿因其侵权行为给原告造成的经济损失1 999 900元人民币。

三、请依法判决本案的诉讼费用由被告承担。

事实与理由：

原告的“××在线”是经国家信息产业部批准的专门从事计算机信息网络国际联网业务的固定网站。“××在线”设立以来，为更好地开展经营活动，原告根据“××在线”的业务特点，经过广泛论证并聘请企业形象策划设计等方面专家参与研究和讨论，建立了能很好地体现原告企业形象和业务特色的“××在线”主页，并在网络上使用。由于该主页极为符合传播学原理和视觉原理，再加上原告对该主页设计技巧的不断完善和对其中信息内容的不断充实和改进，该主页深受客户的喜爱。目前每日被吸引和浏览访问该主页的国内外客户数以万计，该主页具有巨大的经济价值和社会影响。

××××年12月上旬，原告接到本公司员工和部分客户的反映，称在因特网上发现了与原告“××在线”主页的首页相同的被告的首页，并询问原因，询问被告与原告是什么关系。原告对此调查后，发现员工和客户反映的情况属实，被告的首页的确与原告的首页极为相似。原告将被告的首页和原告的首页进行比较后确认，被告首页的整体版式、色彩、图案、栏目设置、栏目标题、文案、下拉菜单的运用等，几乎完全是照搬了原告的首页，其中有10个图案、14个栏目标题及9处文案则完全是原封不动地取自原告，被告在抄袭原告的主页首页上公然标上“版权所有××信息公司”等字样。(见附件1、附件2)

原告认为，作为新兴的“第四媒体”，因特网上的首页如同杂志的封面和报纸的头版，是信息站点整体结构的反映和信息内容的索引。通过独家栏目向国内外客户提供有针对性的信息服务，对吸引网络主页设计制作客户、网络广告客户和网上购物客户有多方面的示范功能和极大的经济价值。一个好的首页设计，不仅能够从视觉上给人以美的享受，塑造信息企业的良好形象，而且也是吸引客户进一步浏览主页内容，给企业带来经济效益的重要手段。因此，原告对制作该首页极为重视，为此投入了巨大的人力、财力和物力，仅在研究设计“看中国”搜索引擎的过程中，原告就投入了具有博士学历的专业人士，并配置专用服务器，历时一年多时间，才开发出包含百万条信息的数据库，并在首页上发布。而被告在其首页上照抄原告首页上“看中国”搜索引擎，但其“看中国”搜索引擎的内容却与原告的内容大相径庭且徒有虚名，蒙骗了不明真相的客户。更为恶劣的是，被告的首页几乎完全照抄了原告的首页，其整体版式、色彩、图案、文案、栏目设置、栏目标题等，都与原告的首页基本相同，极易使客户将原告和被告这两家风马牛不相及的企业相混淆，损害原告的经营活动。事实上已经严重影响了原告独家栏目的声誉和访问率，导致原告的客户流失；给原告的信誉和业务量都造成了严重损失。综上所述，原告有充分证据证明被告的首页是照抄原告的首页，其行为已经构成对原告首页著作权的侵犯。由于被告的首页在整体版式、色彩、图案、栏目设置、栏目标题、文案、下拉菜单的运用等方面都几乎是完全照搬原告的首页，很容易误导客户；而其栏目设置、栏目标题的实际链接指向又与原告的相去甚远，这些都将严重影响原告声誉和访问率，导致原告客户的流失，给原告造成损失。因此，原告在要求被告停止其侵权行为的同时，要求被告给予一定的经济赔偿，也是完全合法和正当的。请贵院支持原告的诉讼请求，依照《中华人民共和国著作权法》第四十五条和四十六条之规定，对本案作出公正判决。

此致

北京市海淀区人民法院

起诉人：××（集团）公司（章）

法定代表人：钱××（印）

××××年3月5日

6.3 民事上诉状

6.3.1 民事上诉状的概念和法律依据

民事上诉状是指当事人不服第一审人民法院尚未生效的民事判决、裁定，在法定期限内向该人民法院的上一级法院提起上诉，要求上一级人民法院对案件进行审理时所使用的法律文书。民事上诉状是第二审程序发生的根据之一，也是第二审案件的重要来源。其内容具有针对性和驳辩性，对于促进司法公正、维护法律尊严和当事人的合法权益具有重要意义。

《民事诉讼法》第一百四十八条规定："上诉应当递交上诉状。"第一百四十七条规定："当事人不服地方人民法院第一审判决的，有权在判决书送达之日起15日内向上一级人民法院上诉。当事人不服地方人民法院第一审裁定的，有权在裁定书送达之日起10日内向上一级人民法院提起上诉。"

提起民事上诉，应当符合以下条件：

第一，有法定的上诉人和被上诉人。上诉人是享有上诉权的人，被上诉人是上诉人的对方当事人。凡是在一审程序中具有实体权利义务的当事人，都可成为上诉人和被上诉人。具体包括：一审程序中的原告和被告、共同诉讼人、诉讼代表人、有独立请求权的第三人以及人民法院判决其承担责任的无独立请求权的第三人。

第二，必须是对法律允许上诉的裁判提出上诉。根据我国有关法律规定，可以上诉的裁定有一审法院作出的不予受理的裁定、驳回管辖权异议的裁定和驳回起诉的裁定；可以上诉的判决是基层人民法院、中级人民法院和高级人民法院，按照第一审普通程序、简易程序所作的判决。

第三，必须在法定上诉期内提起上诉。法律规定的上诉期限，判决是15日内，裁定是10日内，从当事人收到判决书、裁定书的次日起计算，遇最后一次为节假日的，顺延1日。上诉人遇不可抗力，超过上诉期的，可以向人民法院提出申请，是否准许，由人民法院决定。

第四，应当向人民法院递交上诉状。上诉应当递交上诉状，上诉状应当包括当事人的姓名、原审人民法院名称、案件的编号和案由，上诉的请求和理由以及附项等。

6.3.2 民事上诉状的结构与写法

民事上诉状的结构分为首部、正文、尾部三部分。

1. 首部

首部即标题，写明文书名称“民事上诉状”。

2. 正文

（1）当事人栏。

按上诉人、被上诉人、第三人的顺序列写他们的基本情况。在写作时应注意：

首先写上诉人，然后再写被上诉人，并根据案情需要，写其与上诉人之间的关系。被上诉人不止一个的，依顺序写明他们的基本情况。列写完被上诉人后，如有第三人的，即写第三人。

民事上诉案件，在当事人称谓上，应标明他们在原审的诉讼地位。如上诉人（原审原告）或被上诉人（原审被告）。

当事人是自然人的，写明其姓名、性别、年龄、民族、职业或工作单位和职务、住所。住所与经常居住地不一致的，写经常居住所。当事人是法人的，写明法人名称和住所，并另起一行写明法定代表人及其姓名和职务。当事人是不具备法人条件的组织或起字号的个人合伙的，写明其名称或字号和住所，并另起一行写明主要负责人及其姓名和职务。当事人是个体工商户的，写明业主的姓名、性别、年龄、民族、住所；起字号的，在其姓名之后用括号注明“系×××（字号）业主”。

有法定代理人或指定代理人的，应列项写明其姓名、性别、职业或工作单位和职务、住所，如果委托人系律师，只写明其姓名、工作单位和职务。

（2）案由。

依次写明案由，原审人民法院名称、原判决或裁定时间、文书的字号以及裁判文书名称，作上诉的表示等内容。这一段只要把上述几个内容交代清楚、文字通畅就可以了，但应具有法律文书的语言特点。这一段可以表述为“上诉人因××一案，不服××人民法院××××年×月×日所作的××字第××号一审民事判决（或裁定），特向你院提起上诉。现将上诉的请求和理由分述如下”或写成“上诉人因××一案，对××人民法院所作的（××××年）×字第××号的一审民事判决（或裁定）表示不服，现提起上诉。上诉请求理由如下”。

（3）上诉请求。

依次写明三项内容：一是概括简要地叙述案情全貌，使二审法院能对案情有所了解，接着详细写出原审裁判结果；二是写明对原审法院的判决是全部不服，还是哪一部分不服；三是说明具体的请求或目的，是要求撤销原审裁判，全部改变原审的处理决定，还是要求对原审裁判作部分变更。请求目的要写得明确、具体、详尽。想达到什么目的，应开门见山、一针见血，不能含糊其辞。不应写“请求公正改判”、“请求依法判决”等态度不明朗的空话。同时，要把请求目的全部写出来，不要有疏漏，民事案件是民不告官不理的，即使你的权益被侵害，如果不向法院提出，法院一般不会主动进行审理。

（4）上诉理由。

民事上诉状，与民事起诉状在理由的表述上有所不同，上诉状针对的主要是一审判决中的错误。因此，在论证理由上，主要是针对原审裁判说话，而不是针对对方当事人；民事起诉状则完全是针对对方当事人的。这是两者的重大区别，应引起重视。如果上诉时，再将原审的起诉状或答辩状拿来改头换面，照抄照录，这不仅不符合上诉状制作方法，更重要的是立论指向不明，文不对题，使上诉请求变成没有基础的东西，往往不能被上级人民法院所采纳。

针对原审裁判论证不服的理由，常常从如下四个方面进行：

①对原审认定事实错误的论证。着重提出原审裁判所认定的事实是全部错误，还是部分错误；说明客观事实真相究竟如何，上诉状中提出的与原审认定的事实相对抗的客观事实真相，必须举出确凿充分的证据来加以证实。人民法院处理案件，首先是“以事实为根据”的，只要能将原审认定的事实全部或部分推翻，不言而喻，必然会导致其处理决定的全部或部分改变。

②对原审定性不当的论证反驳。应具体指出其定性不当之处。民事案件同样存在定性问题，也就是确定案由问题。如果定性不准，则处理上必然不当。如共同共有还是按份共有；离婚案件当中感情是否破裂等。

③对适用法律不当的论证。原审判决中，往往要引用有关的实体法条文，可能造成处理不当。如条文与案情事实不相适应；或是在引用有关条文时，存在片面性，只引用了一部分有关条款，忽略了另一部分有关条款；或是曲解了法律条款。要举出有关法律条款，加以具体地分析论证。

④对原审适用程序不当，因而影响判决的论证。主要指在原审判决中，违反了程序法的规定，因此造成案件处理不当的，可以据实予以提出，以作为要求改变原审裁判的理由。如果原审在案件审理中，虽有违反程序法之处，但处理并无不当，则不宜把程序问题作为唯一的上诉理由。

总而言之，上诉理由部分，在论证时应当注意：一是驳论要有理有据，措词要得体，同样要求坚持摆事实、讲道理的态度，遣词造句用语应得体。二是对原审认定的事实和适用法律的正确部分，也就是没有争议的部分，若有原审裁判可借上级法院审阅，在上诉时，一般对此部分内容重复叙述，不必说明对这些部分表示同意，以免重点不突出，文字冗长啰唆。

(5) 结束语。

通常对前文进行总结，如“综上所述，说明××人民法院所作的判决（或裁定）不当，特向你院上诉，请求撤销原判决（或裁定），依法予以改判”。

3. 尾部

尾部须写明：致送机关的名称；正文右下方由上诉人签名或盖章，并注明制作本文的日期；附项写明上诉状副本数、物证件数、书证份数、证人姓名住址等。

6.3.3 民事上诉状的写作注意事项与例文

1. 上诉主体问题

有权提出民事上诉的主体，仅限于案件的当事人，这与刑事案件的上诉主体还包括被告人的辩护人和近亲属不同。

2. 上诉理由角度问题

民事上诉状要针对一审判决或裁定存在的错误，或者一审人民法院在审理案件过程中的不合法定程序之处，而不是针对对方当事人在一审的诉讼请求和理由。所以，不能照抄己方在一审的起诉状或答辩状，而要重新组织观点和结构。而且，在论述时，要抓住一审裁判在认定事实和证据适用法律、审判程序等导致裁判错误的关键性问题进行分析辩驳，不必面面俱到，也不要纠缠于枝节问题。

3. 举证责任问题

民事案件当事人对自己的主张负有举证责任，因此，所述事实要有证据支持，才经得起对方当事人的反驳和法庭的审理。

【例文】

民事上诉状

上诉人（一审原告）：北京×××生化技术有限公司。住所地：北京市朝阳区安处×号院×区。

法定代表人：贺××，董事长。

委托代理人：陈××，北京市××律师事务所律师。

被上诉人（一审被告）：××国际货运有限公司北京分公司。住所地：北京市朝阳区××大街19号××国际大厦712室。

负责人：赵××，公司经理。

上诉人北京×××生化技术有限公司因诉被上诉人××国际货运有限公司北京分公司航空货运代理合同纠纷一案，不服北京市朝阳区人民法院(××××)朝经初字第3905号民事判决书，依法提起上诉，上诉理由如下：

一、一审法院认定上诉人已向被上诉人付款，表明对被上诉人告知的事项“予以认可”，给予保护，没有法律依据

上诉人首先要说明的是，上诉人收到被上诉人的付款通知付款，除法律另有规定和合同有约定外，不等于上诉人对被上诉人告知事项予以认可，双方债权、债务清结。本案是在《空运进口代理委托协议书》履行完毕后，上诉人得知被上诉人违反诚实、信用的原则，伪造空运单据，虚报货物重量、运输杂费，对上诉人进行欺诈，骗取上诉人人民币304 022.43元，上诉人不得已提起诉讼。

所谓欺诈，在客观方面的表现是行为人用欺骗的手段，即用虚构事实或者隐瞒真相的方法，使财物的所有人信以为真，从而“自愿”地把财物交给行为人。欺诈与诈骗的区别是欺诈是发生在交易中的行为。欺诈是民事违法行为。

《中华人民共和国民法通则》第五十五条、第五十八条规定，民事法律行为成立的条件是意思表示真实；一方以欺诈的手段，使对方当事人在违背真实意思的情况下所为的是无效民事行为。也就是说，意思表示真实是民事法律行为成立的法定条件。一审法院以双方“予以认可”作为民事法律行为成立的条件，没有法律依据。

假定被上诉人没有虚构事实、隐瞒真相，意思表示真实，一审法院认定上诉人“已付款，表明对被上诉人告知的事项予以认可”，驳回起诉，判决当然没错。在上诉人有证据证明被上诉人虚构事实、隐瞒真相，欺诈上诉人，一审法院还作出这一认定，显然是错误的。按照一审法院“已付款，表明对被上诉人告知的事项予以认可”的逻辑，我国刑法关于诈骗罪的规定就很难成立。诈骗看来都是合法的民事行为，因为任何一个诈骗罪的受害人都是“自愿”地将财物交给罪犯，是双方“予以认可”的行为。根据我国刑法的规定，如果犯罪分子不用虚构事实或者隐瞒真相的方法，使财物的所有人信以为真，从而“自愿”地把财物交给犯罪分子，亦不构成本罪。

二、一审法院将被上诉人的举证责任强加给主诉人，违反了举证责任的规定

北京市高级人民法院《办理各类案件有关证据问题的规定》第十二条规定：“案件审理过程中，对同一事实，除有特别规定外，由提出主张的诉讼一方首先举证；诉讼对方反驳事实时，有责任提供相应的证据加以证明；诉讼对方

提出了足以推翻前一事实证据的，再转由提出主张的诉讼一方继续举证。”

本案在一审开庭审理时，上诉人首先以海关报关单为证据举证，证明被上诉人虚构货物重量，欺诈上诉人，骗取运输费用。被上诉人反驳的理由是“为运输安全在货物外加装容器，所以重量增加”。被上诉人在法庭没有举证证明加装了什么容器，如何加装容器，报关前如何撤除容器。退一步说，就算被上诉人为货物加装了容器，那么这一行为显然是超出了《空运进口代理委托协议书》的约定范围，加重了上诉人的经济负担，被上诉人应当明确告诉上诉人，但被上诉人没有告知。又退一步说，如果被上诉人加装了容器，也是发货人在发货地实施的行为。如果被上诉人要求发货人加装容器，那么双方必有约定，但被上诉人拿不出这样一份约定。再退一步说，如果加装容器是发货人的行为，按照《中华人民共和国海关进出口货物报关单填制规范》第二十七条规定，毛重（公斤）指货物及其包装材料的重量之和。但是，被上诉人伪造的运单上的重量高于报关单的毛重。本案发货地分别涉及英国伦敦、德国慕尼黑、美国洛杉矶三地，被上诉人应当交付与英国、德国、美国有关的航空公司的运输发票。被上诉人至今也没有向上诉人交付运输发票。由此可见，所谓加装容器的辩解，是没有任何依据的。

根据法律规定，被上诉人没有证据能证明其反驳理由的真实性，其反驳的理由是不能成立的。但是，一审法院违反举证责任的规定，将被上诉人的举证责任强加在上诉人身上，认定上诉人“也未继续举证证明货物重量不符并不是因为加装容器所致”，驳回上诉人的诉讼请求。

三、上诉人虚构运输支出，骗取运输杂费

《空运进口代理委托协议书》第二条第（四）项约定：“乙方须于货物运抵甲方指定地点后30日内将进口报关单及一切与运输相关的发票交回甲方或指定的进出口公司。”

被上诉人仅凭其传真的运输费用清单，从上诉人处取走所谓的国外机场提货费、机场操作费、清关费164 047.3元。根据《空运进口代理委托协议书》的约定及交易惯例，将上述发票交给上诉人是被上诉人的义务，被上诉人应将上述发票交给上诉人。但是，上诉人至今未收到被上诉人交来的国外机场提货费、机场操作费、清关费发票，被上诉人在一审法庭也未出示上述发票。如果被上诉人没有上述发票，联系被上诉人虚构货物重量的事实，上诉人有理由认为被上诉人虚构运输支出，以骗取运输杂费。

综上所述，上诉人认为，一审法院认定事实不清，颠倒举证责任，适用法律错误。上诉人请求二审法院查明事实，撤销一审判决，给予改判。

此致

北京市第二中级人民法院

上诉人：北京×××生化技术有限公司

法定代表人：贺××

××××年××月××日

6.4 民事答辩状

6.4.1 民事答辩状的概念和法律依据

民事答辩状，是民事诉讼的被告、被上诉人针对原告或上诉人的起诉或上诉，阐明自己认定的事实和理由，予以答复和辩驳的一种法律文书。

《民事诉讼法》第一百一十三条规定："人民法院应当在立案之日起5日内将起诉状副本发送被告，被告在收到之日起15日内提出答辩状。被告提出答辩状的，人民法院应当在收到之日起5日内将答辩状副本发送原告。被告不提出答辩状的，不影响人民法院审理。"《最高人民法院关于民事诉讼证据的若干规定》第三十二条规定："被告应当在答辩期限届满前提出书面答辩，阐明其对原告诉讼请求及所依据的事实和理由的意见。"总的来说，答辩权是答辩人的一种权利，答辩人如果放弃，等于失去了一次为自己辩解的机会，由此还可能带来对自己不利的诉讼后果。因此，答辩人应当积极行使答辩权。

6.4.2 民事答辩状的结构、写法与例文

民事答辩状的结构分为首部、正文和尾部三部分。

1. 首部

首部即标题，居中写明"民事答辩状"或"答辩状"。

2. 正文

(1) 答辩人的基本情况。

如答辩人是公民的，应写明答辩人的姓名、性别、年龄、民族、籍贯、职业或职务、单位或住所。凡有代理人的，另起一行写代理人，并且注明是法定代理人、指定代理人还是委托代理人；接着写明代理人的姓名、性别、年龄、民族、籍贯、职业或职务、单位或住所。是法定代理人的，还应写明其与答辩人的关系；如果委托代理律师，只须写明其姓名、工作单位和职务。如答辩人是法人或非法人组织的，应写明单位的法定代表人或负责人的姓名、职务、住址及联系方式等。

（2）案由。

主要写明对原告（或上诉人）为何案件起诉进行答辩；对于何时收到起诉状副本（或上诉状副本），可写可不写。一般用这样的承启语过渡：“答辩人因原告（或上诉人）××提起××（案由）诉讼一案，现答辩如下”；“答辩人于××××年×月×日收到你院转来原告（或上诉人）××提起××之诉一案的起诉状副本（或上诉状副本），现提出如下答辩”。

（3）答辩理由。

这是答辩状的核心部分，是衡量一份答辩状是否能达到目的的关键。

①针对事实部分进行答辩。

对原告起诉状（或上诉状）中所写的事实是否符合实际情况表达意见。如果对方所诉事实全部不能成立，就全部予以否定；部分不能成立，就部分予以否定，而由答辩人提出符合客观真实的事实来加以证明。不论是反驳对方的事实，还是自己提出新的事实，都应做到实事求是、客观真实，与案件性质有关，否则，经不起法院的审查质证。

就事实部分进行论证，要着重列举出反面的证据来证明原告诉状中所述的事实不能成立，并且要求反面证据确实、充分，不能凭空否认原告诉状中所叙述的事实。所谓反面证据，一种是直接与原告所提供的证据相对抗的证据，另一种是足以否定原告所述事实的证据。

②就适用法律方面进行答辩。

一是事实有出入，不符合客观实际，自然就会引起租用法律上的改变，论证的理由可以从简，因为事实胜于雄辩。

二是事实基本准确，而原告对实体法条文理解发生错误，以致提出不合法要求的，则可以引用相关的法律条文加以反驳，据理力争。

三是事实和适用法律都没有太大的出入，但原告在起诉时（或上诉人上诉时）违反民事程序法的规定，没有具备引起诉讼发生和进行的条件，如已过诉讼时效的案件、被告不适格的案件，则可就适用程序法进行反驳。

在制作答辩状时，应注意下列问题：

①论述答辩理由运用反驳的方法。不承认原告（或上诉人）的诉讼请求，就要进行反驳。反驳的写作一般分三个步骤进行：第一步是抓住对方在诉状中所陈述的错误事实或所引用法律上的错误，作为反驳的论点。第二步是列举出客观真实的事实、恰当的证据，作为反驳的论据。第三步是运用逻辑推理进行论证。

使用反驳的方法，一是应当尊重客观事实，这是书写答辩状最起码的要求。

即按照所争执的事实的本来面貌，如实地、客观地、全面地答复起诉状或上诉状中所提出的诉讼请求。二是抓住关键。针对起诉状和上诉状中双方当事人的争执焦点，抓住影响胜诉和败诉的关键性问题，阐明理由，有事实有证据，有道理有条理，使论证具有说服力，而不应回避要害、虚与委蛇，或答非所问、旁生枝节。三是尖锐有力。针对对方的破绽、自相矛盾之处，找准突破口，抓准问题，集中反驳，语意中肯，切中要害。

②阐明答辩意见，使用立论的方法。立论是指被告人、被上诉人根据可靠的事实和充分的理由，从正面提出对诉讼事实争执焦点的主张或看法。在论述答辩理由之后，答辩人应集中归纳自己的答辩意见，提出法律根据，举出客观证据，列举事实根据，作为立论的论据，经过分析论证，得出结论。

使用立论的方法，要求要有针对性，针对起诉状或上诉状中不实、适用法律错误、程序违法之处进行反驳。如反驳之处有几个方面，应该分条列项，各个击破，分别阐述自己的答辩主张。

③在具体制作答辩状之前，应仔细研究起诉状或上诉状，对对方的指控抓准抓狠，不空发议论，强词夺理，要注重摆事实、讲道理，避免生硬、武断。

④提出答辩观点。在提出事实、法律方面的答辩之后，引出自己的答辩主张，即对起诉状或上诉状中的请求是完全不接受还是部分不接受，对本案的处理依法提出自己的主张，请求二审法院裁判时予以考虑。

3. 尾部

主要是一些程式化的事项。写明致送机关，签署答辩人的姓名及答辩时间。附项写明答辩状副本数，物证、书证件数，证人证言及其住址等。

【例文1】

民事答辩状

答辩人：珠海国家高新区××科技发展有限公司（以下简称××公司）。住所地：广东珠海市三灶区××路×栋（东）602室。法定代表：梁××（执行董事）。

被答辩人：陕西×××药业有限公司。住所地：宝鸡市麟游县九成宫××路×号。法定代表人：岳××（董事长）。

因被答辩人诉答辩人解除合同纠纷一案提出答辩如下：

首先，××××年12月3日，答辩人与被答辩人（原××制药总厂）签订股权转让合同，经原合资公司外方股东香港××公司同意，合资公司董事会通过，报宝鸡市外经贸局批准，依据××××年6月19日颁发的陕西省人民政府批准书，在宝鸡市工商局办理了变更注册登记，至此，中外合资陕西××制药有限公司的两个股东为珠海××公司和香港××公司。（有宝鸡市外经贸局××××年090号批复、省政府批准书、营业执照为凭）

其次，原合同约定答辩人支付58万元给制药总厂，其余230万元直接支付给合资公司，用于冲抵制药总厂欠合资公司的230万元债务，答辩人按合同约定支付了制药总厂58万元人民币，制药总厂欠合资公司的230万元债务已转变为答辩人欠合资公司230万元债务，由制药总厂操纵的合资公司财务报表亦予认同。至此，制药总厂已全部收齐股权转让金，制药总厂与合资公司不再存在任何关系。此外，制药总厂不但达到收回了其在合资公司的288万元投资的目的，而且使其××××年9月26日抽逃230万元（有原判决书为凭）资金的不法行为合法化，因而是该转让合同的最大受益者。（有原制药总厂给答辩人写的收据、原制药总厂法定代表人廖××和蔡××律师的谈话笔录、××××年合资公司财务审计报告为凭）

再次，由于制药总厂达到了使其违法行为合法化的目的，在当地政府的干涉下，不向合资公司移交经营权，连财务报表也不给看，甚至也不让我方派出的高层管理人员进入合资公司，导致合资公司董事会决议得不到落实，无法进行经营，答辩方连续投入的第二批资金带到宝鸡市拟交给合资公司无法实现，被迫带回珠海，这完全是被答辩人一手造成的，就算我方违约也是对合资公司守约方香港××公司的违约，因而被答辩人根本无权起诉答辩人。

最后，（××××）宝市中法经初字第08号判决书、（××××）陕经一终字第43号判决书、××××年12月5日陕西省高级人民法院“关于对宝鸡市外经贸局、工商行政管理局来函咨询有关问题的（××××）复陕经一终字第43号答复”。均判决原转让合同合法有效，“法律意义上的股权所有人仍为××公司不存在争议和确认的问题”。（有原一、二审判决书，省高院答复为凭）依据《合同法》第九十六条第二款之规定，被答辩人无权请求人民法院解除政府部门批准的合同，依法不属于人民法院受理范围。

综上所述，答辩人认为：无论从原一、二审法院判过的事实，还是制药总厂已于合同生效前提前收回288万元投资的事实，或者依据《合同法》第九十六条第二款的规定，原告的起诉理由均不成立。因此，答辩人请求人民法院依据《民事诉讼法》第一百一十一条第（二）、（五）项和《最高人民法院关于适用〈中华人民共和国民事诉讼法〉若干问题的意见》的规定，裁定驳回起诉。

以上答辩理由请法庭考虑。

此致

宝鸡市中级人民法院

答辩人：珠海国家高新区××科技发展有限公司

××××年二月二十日

【例文2】

上诉答辩状

答辩人：香港××国际有限公司（原审第三人）。住所地：香港九龙旺角××街××号8楼B座。

第一被答辩人：珠海国家高新区××科技发展有限公司（原审被告）。住所地：广东省珠海市三灶区××路×栋（东）602室。法定代表人：梁××，董事长。

第二被答辩人：陕西×××药业有限公司（原审原告）。住所地：麟游县××路×号。法定代表人：岳××，董事长。

答辩人因第二被答辩人（原审原告）诉第一被答辩人（原审被告）纠纷一案，均不服宝鸡市中级人民法院（××××）宝市中法民二初字第014号民事判决书提起上诉一案，现提出答辩如下：

首先，答辩人认为原审被告的主诉理由真实、合法，应予支持。

其次，原审原告的起诉无论事实、法律和理由均不能成立，应予驳回。

再次，一审法院判决有违事实、违背法律。答辩人在一审时一再强调，原合资企业股权转让合同合法有效并早已被政府批准和履行完毕，颁发了省政府批准证书。任何新的变更均必须遵守《中华人民共和国中外合资经营企业法》及其《实施条例》和《细则》的规定，都必须征得合营他方（答辩人）的同意，并经政府批准；原审原告早已收回了其在合资公司的288万元投资款，退出了合资公司的股东身份；答辩人××××年12月11日同意原审原告退回合资公司的决定是因为原审原告××××年9月26日抽逃合资公司230万元资金无法归还的违法行为而作出的，因而，答辩人绝不和原审原告合作；绝不放弃优先购买权和《外商企业投资者股权变更的若干规定》第十五条规定的单方申请变更股权的权利；依据《公司法》第二十五条的规定，原审被告的行为是对答辩人的违约，与原告没有关系，除答辩人和审批、登记部门外，其他任何人包括原审原告均无权追究原审被告的责任；而且，原审被告的违约行为是由于原审原告侵占合资公司财产和经营权的违法行为所造成的。法院无权违背自愿原则违法将原审原告的意志强加给答辩人，无权违背《公司法》和《中外合资经营企业法》及其《实施条例》和《合资企业合同法》的规定改变合资企业合同、章程和省政府批准书确定的合资企业主体，将合资公司的股权判归一个没有投资主体资格、没有出资一分钱的原审原告所有。一审判决已严重违背了法律。

最后，合资企业70%的股权已经省高级人民法院判决，无须重新立案审理。因而一审法院对同一争议标的二次审理，并作出违法判决应予纠正。

综上所述，答辩人认为：对于合资企业的股权变更和争议，无论从法律规定的审批登记制度，还是《合资企业合同法》的仲裁条款看，均不属于人民法院审理民事案件争议范围，且已过诉讼时效三年有余。答辩人请求上诉审人民法院依据《公司法》第八条第二款，《合资企业合同法》第四十四条、第五十一条，《民法通则》第一百三十五条，《中外合资经营企业法》第四条第四款，《中外合资经营企业法实施条例》第十七条、第二十三条、第二十四条，《外商企业投资者股权变更的若干规定》第三条，《民事诉讼法》第一百一十一条第（三）、（五）项和《最高人民法院关于适用〈中华人民共和国民事诉讼法〉若干问题的意见》第一百三十九条和第一百八十六条的规定。撤销（2003）宝市中法民二初字第014号民事判决书，驳回原告的起诉，依法维护“二审终审制”原则和陕西省高级人民法院发生法律效力判决的严肃性，维护陕西省政府批准证书的法律尊严，维护答辩人的合法权益，为改善陕西省的投资环境和全面建设小康社会保驾护航。以上答辩意见请法庭考虑。

此致

陕西省高级人民法院

答辩人：香港××国际有限公司

××××年八月三十日

问题思考

1. 起诉状与上诉状有什么区别？

2. 答辩状的主体部分（即答辩理由）应从哪些方面进行答辩？答辩时应注意什么问题？

3. 名词解释：诉讼、起诉状、上诉状、答辩状。

写作训练

1. 请修改下列民事上诉状的不当之处。

民事上诉状

上诉人：杨××，女，44岁，北京××中学校办厂副厂长。

被上诉人：赵××，男，25岁，某个体工商户，河北省××县××庄子永生塑料厂户主。住址：河北省××县××乡××庄子村。

案由：上诉人因加工承揽合同纠纷一案，不服××人民法院于××××年×月×日经字第194号民事判决，现提出上诉。上诉的请求和理由如下：

为了解决上诉人与被上诉人加工承揽合同纠纷一案，××法院的徐同志和李同志做了大量艰苦细致的工作。在此案审理过程中，我们受到了深刻的教育，认识到只有学会运用法律的武器，才能保护个人和企业的合法权益，认识到学法、用法的重要性。

我们对法院的判决不服，提出上诉，并不是对一审法院的工作有意见，而是想进一步讲清事实真相，求得公正合理解决。

上诉人在××××年2月与被上诉人签订了加工承揽洗衣粉塑料包装袋18万个的合同，被上诉人按规定日期将货交齐，合计加工费28 752元，上诉人当即付现款1 000元。后上诉人所负责的校办厂经营亏损，洗衣粉质量没过关，停止生产。现在上诉人手中资金十分紧张，连给付工人的开支都困难，上级主管部门又不给贷款，我们实在无力还债。再说，洗衣粉已放置近两年，塑料早已老化，不能再使用。我们是校办企业，家底薄，经受不住这样大的经济损失。为此我们请求××市中级人民法院：

1. 撤销××法院的一审判决。

2. 积压的洗衣粉塑料袋折价卖给物资回收部门，卖多少钱，退还被上诉人多少钱。

此致

××市中级人民法院

上诉人：杨××

××××年1月26日

2. 指出下列答辩状的错误之处。

民事答辩状

尊敬的中国法官先生：

我是尼泊尔国公民，名叫盖古吉，今年32岁。××××年9月，我来到贵国求学，先后就读于北京语言学院、清华大学等高等学府。××××年毕业之后，我开始在美国一家公司的北京办事处工作，时至今日。

我与辛某是在大学读书时认识的，毕业前确定了关系。辛毕业之后，被分配到一家中国国营企业。××××年8月，我们在民政部门办理了结婚登记手续。由于辛所在单位经济效益不是很好，辛辞去了工作，我们在北京共同生活了半年。在此期间，她努力学外语，并让我帮她联系去美国留学。

为了帮助辛去美国，我托在美的朋友给辛联系了几家就读学校，经过一番努力，终于让辛实现了出国的愿望。

辛去美国学习的5年期间，辛的学费和生活费都是由我提供的。她走时带走的钱和后来我寄给她的钱，总共有9万多美元（至今我还保存着6万多美元的汇款凭据）。其实我的收入并不高，我常常每个月只留下100美元的生活费，把其余的钱都给她寄去。眼下，辛已读完语言学校，并获得了工商管理（MBA）学位。

但是，我没想到在我需要她而她不再需要我的时候，她向我提出了离婚。

说到这里我相信，所有的人都会骂我是个傻瓜。是的，我是个大傻瓜，我为我的过度善良和缺乏对人的判断力而感到惭愧，但仅仅是惭愧而已，我无须像她那样忍受来自良心的谴责。我正直、宽厚、信守诺言，我当初答应供她出国读书，我便这样去做了，哪怕是到现在我积蓄全无，我毕竟履行了自己的诺言，我没有违背我做人的原则，我的心是坦荡的、无愧的。我相信，中国的女孩子绝大多数也是心地善良的、贤惠的。我当初找中国女孩子作妻子，正是看中了中国女性的这种传统美德。可是没想到，她们当中也有背信弃义的，而且恰恰让我给赶上了，用你们北京人一句时髦的话说，我的“点儿”背，不能赖社会。

尊敬的法官大人，既然我与辛之间已无感情可言，我也愿意尽早结束这种名存实亡的婚姻，使我能够尽早彻底摆脱这种精神上和感情上的折磨。

我与辛既无孩子，也没有共同财产。我婚前婚后给辛的所有钱花了的也就花了，在辛手里没有花的，我也一分钱不要了。我欣赏中国的一句俗语——一日夫妻百日恩。

最后，恳请法官大人转告人在美国不能来京打官司，至少在判离婚之前仍是我的妻子的辛女士，我衷心地祝愿她永远幸福。

盖古吉

××××年×月×日

7　经济文书

内容提示

经济文书的概念、作用与特点
经济合同与意向书的写作特点与规范
可行性研究报告、市场调查报告的写作特点与规范
商品说明书、广告文案、外贸商业信函的写作特点与规范

7.1　经济文书概述

7.1.1　经济文书的概念与作用

1. 概念

经济文书是单位或个人在经济活动和经济交往过程中处理经济事务，研究、解决经济实际问题或反映经济情况的一种具有特定格式的专业应用文体。它是应用写作的一个重要分支。

经济文书是随着社会主义市场经济的日益繁荣而在我国迅速发展起来的应用文书，是经济应用文的通称。

当前，经济建设飞速发展，经济交往日益频繁，经济行为的分工不断细化，经济文书的使用频率越来越高，其价值也越来越被人们所重视。撰写出规范得体的经济文书，不仅是对经济管理人员的要求，也是广大国家公务人员，特别是办公厅（室）工作人员必须掌握的一项重要技能。

2. 作用

(1) 规范经济行为的指导作用。

为了使经济管理的各个部门、各个环节的活动协调一致，需要借助经济文书，将党和国家的方针政策以及上级部门的决策、任务、计划等传达给下级部门，对基层单位的工作进行具体领导和指导，以便统一思想、统一行动，以维护正常的经济秩序，实现经济活动的有效管理。

（2）汇报和交流作用。

基层单位需要通过经济文书向上级部门请示和汇报工作、反映情况、提出建议；单位或部门之间也要通过经济文书加强横向联系，获得支持和协调工作。

（3）宣传作用。

首先是对经济工作经验的推广和宣传。通过经济文书对错综复杂的经济现象进行科学的研究与分析，抓住典型，揭示规律，指导一般，对经济工作作正确导向。

其次是对企业的宣传（以提高其知名度）、对产品和商情的反映和宣传。通过经济文书，企业可发布商品信息，开拓市场，扩大销售，提高效益。

（4）作为法律依据的凭证作用。

上级部门下发的经济文书是下级单位开展工作的政策依据；下级单位的经济文书是上级机关制定政策、部署工作的情况依据；发生权益关系而形成的经济文书则是维护自身合法权益的凭证，是处理纠纷、分清责任的依据。

经济文书在完成了其特定任务后，还需归档保存，以备查考。作为依据和凭证，它们还将在较长历史时期产生作用。

7.1.2 经济文书的特点

经济文书的特点主要有：

1. 明确的目的性

写作经济文书的最终目的与经济效益紧密相关，因此，写作经济文书要从经济利益的需求出发，为达到一定经济目的服务。这也是经济文书实用价值的体现。

2. 格式的规范性

在不同的经济活动中，经济文书有不同的外在表现形式，要求一定遵循规范，讲究格式的规范化。这不仅是经济活动的需要，也表明写作态度的严肃认真和对其他相关人员的尊重，利于各方的沟通与合作。

3. 表达的准确性

经济文书的作用在于沟通信息，要让沟通对象能从文书中明白行文要旨，抓住重点，解决问题，达到经济目的。因为经济文书直接关系到各方的经济利益，所以内容的表达、语言的运用都要准确、简洁。否则，一字之差都可能会造成经济损失或引起经济纠纷。

7.1.3 经济文书的写作要求

1. 提高自身的思想素质和政策水平

写作经济文书需要不断地学习和掌握党和国家的方针政策，不断提高自己的理论素质。了解并掌握国家的方针政策，才能对各种经济现象认得清、反映快、判断准。有了以上条件，再加上相关专业知识和写作基础知识，才能写出高水平的经济文书来。

2. 努力掌握相关的经济专业知识

经济方面的专业知识以及经济领域的实践经验对于写好经济文书来说是至关重要的，不敢想象一个不了解马匹的画家能画出千里马来。

3. 注意培养与写作有关的能力

写作经济文书，必须特别注重调查取材能力、逻辑思维能力、安排结构能力、简明表达能力、修改文字能力的培养和提高。这些能力是写作者高标准完成经济文书的前提。

4. 把握文体格式规范，掌握恰当的表述方法

不同的文种有它约定俗成的惯用格式，这些格式一般是相对固定的。

恰当的语言表达方式也是至关重要的。经济文书的语言要准确与简洁，叙述事件、说明情况、表述问题要恰如其分，清楚明了，避免使用容易产生歧义的笼统语言。此外，凡是引用人名、地名、数据、资料，要查对核实，确保准确无误。

7.2 经济合同与意向书

7.2.1 经济合同与意向书的概念

合同与意向书是企事业单位、社会组织及个人在经济交往或社会生活中，对某种事项所确立的各自应负权利与义务的书面证明，属于协约文书。协约文书对签约各方均具有约束力，甚至具有较强的法律效力。

合同是协约文书的核心，是对签约人的各自权利与义务，经过协商、确认的最终结果，具有很强的法律效力。意向书是合同书的先导，它主要是为了表达和记载当事人之间经过初步洽谈后，对彼此共同认可的若干原则性意见或进一步合作的意愿及设想所作的文书。

7.2.2 意向书的写作要求与例文

意向书是当事人对某一合作或合资事项，经过双方接触、协商达成初步意图和设想所订立的书面文书。意向书具有临时性，它的内容不涉及合作、合资事项的具体细节，是当事人之间进行初步洽谈的结果，经过进一步协商达成协议后，尚须签订协议或合同。它是一种过渡性的文书，不具有法律效力，只是一种信誉的证明。

意向书的基本结构包括标题、首部、正文、落款四部分。

（1）标题。由事由＋文种组成。如“合资建厂意向书”、“企业联合经营意向书”。

（2）首部。应载明签订意向书的单位名称，明确签订意向书的指导思想和实现的总体目标，谈判的时间和地点，并导出正文。如“××公司与××公司于××××年×月×日在××市××公司所在地为发展横向联合，发挥双方优势，实现互惠互利，共同提高经济效益与社会效益，在双方自愿平等的基础上，达成联合经营意向如下”。

（3）正文。这是意向书所要实现的总体目标的具体条文，一般都按初步谈判达成的方向性意愿逐条加以表述。正文应依据洽谈事项的不同性质而有不同的内容。如洽谈合资经营事项，应提出经营项目、经营规模、投资总额、投资比例、产品销售、经营管理、收益分配等事项，逐条将协商一致的意向列举出来。对未尽事宜，可提出下次洽谈的内容、时间、地点；也可先注明，留待正式签订合同或协议书时予以补充。

（4）落款。各方谈判代表签字及署签订的时间。

【例文】

意向书

××厂（甲方）　　　　　　　　　　　　　　　　×××公司（乙方）

双方于××××年××月××日在×××地，对建立合资企业事宜进行了初步协商，达成意向如下：

一、甲、乙双方愿以合资或合作的形式建立生产型合资企业，暂定名为×××有限公司。建设期为×年，即从××××—××××年全部建成。双方意向书签订后，即分别向各方有关上级申请批准，批准的时限为×个月，即××××年××月××日—××××年××月××日完成。然后由甲方办理合资企业开业申请。

二、合资企业总投资人民币×××万元，折合美元约××万元（以合同签订时的汇率计算）。其中厂房部分投资人民币×××万元；设备部分投资人民币×××万元；其余为开办费和流动资金。

甲方投资人民币×万元，以工厂现有厂房、水电设施及现有设备等折款投入，不足部分以现金投入；乙方投资人民币×万元，以美元和购买的设备投入。

三、利润分配：各方按投资比例或协商比例分配。

四、合资企业生产能力：年产××××××不少于三万套。

五、合资企业自营出口或委托有关进出口公司代理出口，价格由合资企业确定。

六、合资年限为××年。

七、合资企业其他事宜按《中外合资法》有关规定执行。

八、双方将在各方上级批准后，再行具体协商有关合资事宜。

本意向书一式两份，双方各执一份。

××厂（甲方）　　　　　　　　×××公司（乙方）

代表：　　　　　　　　　　　　代表：

××××年××月××日

（来源：110法律咨询网）

[评析]

这份意向书中，甲乙双方对合资建企业、投资总额、企业经营方向、各方投资数额等重要事项达成了一致意见，具备了进一步开展工作的条件，为郑重起见，双方签订了这份意向书。该文写作格式规范，条理清晰，符合意向书写作要求。

意向书虽然没有强制性约束条款，却表现了在重大经济活动中迈出的重要一步，为下一步工作打下了良好的基础，是签署正式合同的先导。

7.2.3　合同的形式和结构特点

1. 形式

我国《合同法》中规定了15种合同形式：买卖合同、供用电（水、气、热）合同、赠与合同、借款合同、租赁合同、融资合同、承揽合同、建设工程合同、运输合同、技术合同、保管合同、仓储合同、委托合同、行纪合同、居间合同。

2. 结构特点

书面形式的合同有三种写法：

一是条款式，即将合同的内容逐条写出来。

二是表格式，即以表格载明合同的内容。

三是综合式，即将条款与表格合一表达合同的内容。

合同的基本结构由标题、首部、正文和落款四部分组成。

(1) 标题。

标题是合同的名称，须写明合同的性质和种类。一般按合同的种类填写，如“购销合同”、“借款合同”等。

(2) 首部。

首部，也称“约首”。须载明订立合同当事人双方的单位名称、代表人姓名，并注明甲方与乙方、供方与需方、借款方与贷款方或出租方与承租方，还有合同编号、签约地点和时间等。

(3) 正文。

正文是合同的主体，即签约内容。它包括引言、条款、附则三部分。

引言。合同的开头语，它要求写出订立合同的目的和依据。

条款。合同的主要内容，要写明双方议定的事项，表明各自所承担的义务和应享有的权利。如标的、数量和质量、价格或酬金、各自的权利与义务、履行时间、地点和方式，以及违约责任等。

附则。条款的续文，应载明合同的有效期限、份数、附件以及其他需要补充的说明。

(4) 落款。

落款主要是立约单位、法定代表人或委托代理人签名盖章，并载明签订日期。

7.2.4 经济合同的写作要求与例文

1. 买卖合同的结构和写法

买卖合同是一种双务合同，双方当事人在享有权利的同时，也都承担着相应的义务：出卖人有义务按照约定的品种、数量、质量、包装方式、时间和地点交付标的物，转移标的物的所有权与受买人，同时交付有关的单证和资料；而受买人则有义务按照合同约定的金额、地点和时间支付价款，受领标的物等。买卖合同的写作要求：

标题。标明“买卖合同”，说明合同的性质和类别。

首部。在标题下一行顶格标注当事人基本情况。

正文。首部之下空两行开始正文内容，主要有：买卖标的物的名称和质量；标的物的数量、计量单位和计算方法；标的物的包装标准和包装物的供应与回收；履行期限、地点和方式；价款与货款的结算；验收标准、方式和地点；合同的变更、终止和撤销；双方的违约责任；争议的解决方式；其他约定事项；落款、当事人签名及日期。

【例文 1】

买卖合同

订立合同双方：
买受人：　　　（以下简称甲方）；　　出卖人：　　　（以下简称乙方）。

为确保甲乙双方实现各自目的，增强双方的责任感，经甲乙双方共同协商，特订立本合同，以便共同遵守。

第一条　买卖标的物的名称、品种、规格和质量（略）

第二条　标的物的数量和计量单位、计量方法（略）

第三条　标的物的包装方式（略）

第五条　标的物的交货（提货）期限

第六条　保留标的物的所有权

（双方可以约定买受人未履行支付价款或者其他义务的，标的物的所有权属于出卖人）

第七条　标的物的价格及结算方式

1. 标的物的价格

2. 结算方式

第八条　检验标准和方法

（包括检验期间、检验方法、检验标准、检验人、纠纷如何解决等）

第九条　标的物的权利担保

（买受人订立合同时知道第三人对买卖的标的物享有权利的，由双方商定出卖人是否负有保证第三人不得向买受人主张任何权利的义务）

第十条　第三人履行合同

（双方可约定由第三人向债权人履行合同。第三人不履行合同或履行合同不符合约定的，债务人应当承担违约责任）

第十一条　违约责任

（双方可约定一方违约时，根据违约情况向对方支付一定数额的违约金，也可以约定因违约产生的损失赔偿额的计算方法。其他有关违约类型及违约责任承担方式《合同法》有具体规定，可不必约定）

第十二条　合同纠纷的解决方式

履行本合同发生争议时，由双方当事人协商解决或由第三人调解解决。协商调解未果，双方同意由××仲裁委员会仲裁。

第十三条　其他

本合同自××××年×月×日起生效，合同履行期间，甲乙双方均不得随意变更或解除合同。如有未尽事宜，须经双方共同协商，作出补充规定，补充规定与本合同具有相同的效力。本合同正本一式两份，甲乙双方各执一份。

买受人（甲方）：	出卖人（乙方）：
代表人：	代表人：
地址：	地址：
开户银行：	开户银行：
账号：	账号：
电话：	电话：

××××年×月×日订于××

（来源：110 法律咨询网）

［评析］

本买卖合同格式充分体现了买卖合同的特点，是一份结构完整、内容清晰的买卖合同范本。

【例文 2】

买卖合同

（　）购字：__________

签订日期：__________年____月____日

签订地点：__________________

需方：__________　　代表：__________　　电话：__________

供方：__________　　代表：__________　　电话：__________

经双方协商，签订本合同并严肃地履行。

品名	规格	牌号	单位	数量	单价（元）	金额（元）
合计						

1. 交货期限和地址：________________

2. 质量标准：________________

3. 包装及费用负担：________________

4. 交货方式及费用负担：________________

5. 副次品率及处理：________________

6. 数量超差幅度：________________

7. 验收方式：________________

8. 结算方式：________________

9. 违约罚则：按《中华人民共和国合同法》及其他相关规定执行。

10. 争议解决办法：________________

11. 附则：________________

本合同另有附件________份，本合同一式________份，双方各执正本一份。

有效期自________年____月____日至________年____月____日。

需方：　　　　　　　　　　供方：

开户银行：　　　　　　　　开户银行：

账号：　　　　　　　　　　账号：

（盖章）　　　　　　　　　（盖章）

年　月　日　　　　　　　　年　月　日

（来源：110 法律咨询网）

[评析]

这是一篇表格加条款的综合式买卖合同，篇幅虽小，但合同的基本要素都包括在内。这种合同适用于标的物不易产生歧义，合同履行过程较短，交易比较简单的买卖。因为其简洁、明了，所以较多地使用在工业品交易中。

2. 运输合同的结构和写法

运输合同是托运人和承运人之间就货物运输活动签订的委托性合同。在这类经济活动中，承运人仅对托运人的货物提供运输服务，并对此承担义务，被托运货物的所有权不发生转移。

【例文】

货物运输合同

托运方：____________________

地址：__________邮编：__________电话：__________

法定代表人：__________职务：__________

承运方：__________

地址：__________邮编：__________电话：__________

法定代表人：__________职务：__________

根据国家有关运输规定，经过双方充分协商，特订立本合同，以便双方共同遵守。

第一条　货物名称、规格、数量、价款（略）

第二条　包装要求

托运方必须按照国家主管机关规定的标准包装；没有统一规定包装标准的，应根据保证货物运输安全的原则进行包装，否则承运方有权拒绝承运。

第三条　货物起运地点：__________；货物到达地点：__________

第四条　货物承运日期：__________；货物运到日期：__________

第五条　运输质量及安全要求（略）

第六条　货物装卸责任和方法（略）

第七条　收货人领取货物及验收办法（略）

第八条　运输费用及结算方式

第九条　各方的权利义务

一、托运方的权利义务

1. 托运方的权利：要求承运方按照合同规定的时间、地点把货物运输到目的地。货物托运后，托运方需要变更到货地点或收货人，或者取消托运时，有权向承运方提出变更合同的内容或解除合同的要求，但必须在货物未运到目的地之前通知承运方。

2. 托运方的义务：按约定向承运方交付运杂费及合同变更产生的费用。否则，承运方有权停止运输，并要求对方支付违约金。托运方对托运的货物应按照规定的标准进行包装，遵守有关危险品运输的规定，按照合同中规定的时间和数量交付托运货物。

二、承运方的权利义务

1. 承运方的权利：向托运方、收货方收取运杂费用。如果收货方不交或不按时交纳合同规定的各种运杂费用，承运方对其货物有扣压权。查不到收货人或收货人拒绝提取货物，承运方应及时与托运方联系，在规定期限内负责保管并有权收取保管费用，对于超过规定期限仍无法交付的货物，承运方有权按有关规定予以处理。

2. 承运方的义务：在合同规定的期限内，将货物运到指定的地点，按时向收货人发出货物到达通知。对托运的货物要负责安全，保证货物无短缺、无损坏、无人为原因造成的变质，如有上述问题，应承担赔偿责任。在货物到达以后，按规定的期限负责保管。

三、收货人的权利义务

1. 收货人的权利：在货物运到指定地点后有以凭证领取货物的权利。必要时，收货人有权向到站或中途货物所在站提出变更到站地点或变更收货人的要求，签订变更协议。

2. 收货人的义务：在接到提货通知后，按时提取货物，缴清应付费用。超过规定提货期限时，应向承运人交付保管费。

第十条　违约责任

一、托运方责任

1. 未按合同规定的时间和要求提供托运的货物，托运方应按其价值的__________%偿付给承运方违约金。

2. 由于在普通货物中夹带、匿报危险货物，错报笨重货物重量等招致吊具断裂、货物摔损、吊机倾翻、爆炸、腐蚀等事故，托运方应承担赔偿责任。

3. 由于货物包装缺陷产生破损，致使其他货物或运输工具、机械设备被污染、腐蚀、损坏，造成人身伤亡的，托运方应承担赔偿责任。

4. 在托运方专用线或在港、站公用线、专用线自装的货物，在到站卸货时，发现货物损坏、缺少，在车辆施封完好或无异状的情况下，托运方应赔偿收货人的损失。

5. 罐车发运货物，因未随车附带规格质量证明或化验报告，造成收货方无法卸货时，托运方应偿付承运方存费及违约金。

二、承运方责任

1. 不按合同规定的时间和要求配车、发运的，承运方应偿付甲方违约金__________元。

2. 承运方如将货物错运到货地点或接货人，应无偿运至合同规定的到货地点或接货人。如果货物逾期到达，承运方应偿付逾期交货的违约金。

3. 运输过程中货物发生灭失、短少、变质、污染、损坏，承运方应按货物的实际损失（包括包装费、运杂费）赔偿托运方。

4. 联运的货物发生灭失、短少、变质、污染、损坏，应由承运方承担赔偿责任的，由终点阶段的承运方向负有责任的其他承运方追偿。

5. 在符合法律和合同规定条件下的运输，由于下列原因造成货物灭失、短少、变质、污染、损坏的，承运方不承担违约责任：①不可抗力；②货物本身的自然属性；③货物的合理损耗；④托运方或收货方本身的过错。

本合同正本一式两份，合同双方各执一份；合同副本一式____份，送____等单位各留一份。

托运方：______ 代表人：______ ________年______月______日

承运方：______ 代表人：______ ________年______月______日

（来源：110 法律咨询网）

［评析］

这是一篇比较完整的运输合同范文。合同中出现的“收货人”，可能是被托运货物的最终所有者，也可能是托运方，因为他在这个经济活动中所处的位置不同而使用了这个称谓。“收货人”的出现不影响运输合同中托运方和承运方经济关系的确立。这份合同中着重对双方的责任和义务、对运输过程中可能发生的意外的处理作了明确详尽的说明，是一篇内容详尽、结构完整、语言表述严谨准确的规范的运输合同。

3. 技术转让合同的结构和写法

“技术转让”是一项专业性很强、环节较多、时间较长的经济活动。因此，技术转让合同的内容比较复杂、条款比较详细，但作为经济合同，其写作要素与其他基本一致。

【例文】

技术转让合同

受让方：__________（甲方） 转让方：__________（乙方）

依据《中华人民共和国合同法》的规定，经协商一致，签订本合同。

一、技术秘密的内容、要求和工业化开发程度（略）

二、技术情报和资料及其提交期限、地点和方式

乙方自合同生效之日起__________天内，在__________（地点），以__________方式，向甲方提供下列技术资料：__________。

三、本项目技术秘密的范围和保密期限（略）

四、使用非专利技术的范围（略）

五、验收标准和方法：

甲方使用该项技术，试生产＿＿＿＿＿后，达到了本合同第一条所列技术指标，按＿＿＿＿＿标准，采用＿＿＿＿＿方式验收，由甲方出具技术项目验收证明。

六、经费及支付方式

（一）成交总额：＿＿＿＿＿元。

（二）支付方式（采用以下第＿＿＿＿＿种方式）：

1. 一次总付：＿＿＿＿＿元，时间：＿＿＿＿＿年＿＿月＿＿日；

2. 分期支付：＿＿＿＿＿元，时间：＿＿＿＿＿年＿＿月＿＿日；

3. 按利润＿＿＿＿＿%提成，期限：＿＿＿＿＿；

4. 按销售额＿＿＿＿＿%提成，期限：＿＿＿＿＿；

5. 其他方式：＿＿＿＿＿。

七、违约金或者损失赔偿额的计算方法：

违反本合同约定，违约方应当按《中华人民共和国合同法》的规定承担违约责任。

（一）违反本合同第＿＿＿＿＿条约定，＿＿＿＿＿方应当承担违约责任，承担方式和违约金额如下：＿＿＿＿＿。

（二）违反本合同第＿＿＿＿＿条约定，＿＿＿＿＿方应当承担违约责任，承担方式和违约金额如下：＿＿＿＿＿。

八、技术指导的内容（含地点、方式及费用）：＿＿＿＿＿

九、后续改进的提供与分享

本合同所称的后续改进，是指在本合同有效期内，任何一方或者双方对合同标的的技术成果所作的革新和改进。双方约定，本合同标的的技术成果后续改进由＿＿＿＿＿方完成，后续改进成果属于＿＿＿＿＿方。

十、解决合同纠纷的方式

执行本合同发生争议，由当事人双方协商解决。协商不成，双方同意由＿＿＿＿＿仲裁委员会仲裁（当事人双方不在本合同中约定仲裁机构，事后又没有达成书面仲裁协议的，可向人民法院起诉）。

十一、名词和术语的解释（略）

十二、其他（含中介方的权利、义务、服务费及支付方式、定金、财产抵押、担保等上述条款未尽事宜）

受让方（甲方）（盖章）：＿＿＿＿＿　　转让方（乙方）（盖章）：＿＿＿＿＿

通信地址：＿＿＿＿＿　　通信地址：＿＿＿＿＿

联系人（签字）：＿＿＿＿＿　　联系人（签字）：＿＿＿＿＿

电话：__________ 电话：__________
开户银行：__________ 开户银行：__________
账号：__________ 账号：__________
邮政编码：__________ 邮政编码：__________
法定代表人（签字）：__________ 法定代表人（签字）：__________
委托代理人（签字）：__________ 委托代理人（签字）：__________
__________年______月______日 __________年______月______日
签订地点：__________ 签订地点：__________

登记机关（盖章）：__________
经办人（签字）：__________
审查登记栏：__________
__________年______月______日

附件：________________________________

（来源：110法律咨询网）

[评析]

这是一份结构完整、条款列举详细、内容清晰的技术转让合同范本。

合同最后的附件非常重要，包括“合同登记编号”的填写方法，技术转让合同的适用范围，是否属于国务院部委、省、自治区或其他级别的计划内项目等的解释。附件虽然不是合同正文内容，但对正确理解合同内容至关重要。技术转让合同的附件内容还包括其他一些相关事项，例如：合同如果是通过中介机构介绍签订的，应将中介合同作为本合同的附件；双方当事人约定定金、财产抵押及担保的，应将给付定金、财产抵押及担保手续的复印件作为本合同的附件；委托代理人签订本合同书时，应出具委托证书等。

【病文诊所】

茶叶买卖合同

合同编号：B08－038
签订日期：××××年×月×日 签订地点：昆明市××区
供方：云南××茶厂（甲方） 需方：×××贸易公司（乙方）
法人代表：马×× 法人代表：刘××
地址：××市××路××号 地址：××市××路××号

为了繁荣市场，保证茶叶供应。根据《中华人民共和国合同法》的规定，双方代表经平等协商，订立本合同，以资共同信守。

一、需方购买供方一级云雾茶5 000千克，136元/千克；一级滇红茶3 000千克，96元/千克；特级茉莉花茶2 000千克，116元/千克。总金额120万元。

二、供方自5月开始三个月分三批交货，由供方负责包装并将货物运抵××东站，包装费及运费由需方承担。

三、需方过秤验收后，一次性通过银行托收承付方式将全部货款及包装费、运费结清。

四、乙方拒绝收货，应处以货款总额20%违约罚金；甲方交货量不足，应处以货款总额20%违约罚金。如因不可抗力不能按时履行合同时，供方应提前1个月通知需方。

五、供、需双方任何一方如要求变更或解除合同时，应及时通知对方，并采用书面形式由双方达成协议。未达成协议前，原合同仍然有效。当事人一方接到另一方要求变更或解除合同的建议后，应在收到通知之日起十五天内作出答复，逾期不作出答复的，即视为默认。

六、执行本合同发生争议，由当事人双方协商解决。协商不成，双方同意由××市仲裁委员会仲裁，按达成的书面仲裁协议执行，不再向人民法院起诉。

七、违约金或赔偿金，应在供、需双方商定的日期内或由有关部门确定责任后十天内偿付，否则按逾期付款处理。

本合同一式三份，供需双方各执一份，鉴证机关一份。本合同自签订之日起生效，至双方义务履行完毕之日失效。

供方：云南××茶厂	需方：×××贸易公司
法人代表：马××	法人代表：刘××
开户银行：	开户银行：
银行账号：	银行账号：
电话：	电话：
地址：	地址：

[评析]

这是一则普通的买卖合同，本合同存在以下问题：

（1）标的物质量要求不够明确。

一级茶、特级茶的品质如何判定，是由卖方说了算，还是由买方说了算，或者第三方说了算？在合同中表述不清。如果双方在买卖货品的品质问题上发生争议，怎么处理？本合同在这个关键问题上疏忽了。

农副产品受地域、气候、品种以及后期加工等多种因素影响，其品质不像工业品那么规格统一，容易辨别。因此，本合同的标的物应采用“样品”标准：除了应写明必要的质量条款外，还应将双方认可的样品各自封存，并以此作为验收的实物标准。

(2) 包装标准不明确 。

因为茶叶容易受潮，受潮后品质下降，这样会影响合同的履行。所以，包装标准要写进合同。再者，包装由卖方负责实施，费用由买方承担，如果包装标准不明确，结算时就容易引起纠纷。

(3) 合同履行方式、交货时间、货款支付时间不清楚 。

应将合同生效后各方应该履行的义务、具体操作的时间等清楚写明，以便于互相监督，有利于合同顺利执行，也为可能发生的纠纷划清责任。

(4) 验收方法不具体。

一般以双方约定的方式、标准验收；如有争执，以有权威的第三方意见为准。

(5) 此合同金额较大，应有保证条款。

保证金或定金是交易诚意的表现，也是对双方的制约。一般可视情况规定买方先付一定比例的预付款或定金，作为保证。

(6) 违约责任太笼统。

“违约”在经济合同执行中时有发生，违约一方的行为会给未违约一方造成经济损失，因此，合同中应对违约方的“承担责任”条款有明确规定。根据违约可能造成的不良后果，可作如下约定：“供方不履行合同，则双倍返还定金；供方交货量不足，应处以货款总额×%的违约罚金；供方逾期交货，则每天处以货款总额×%的罚金；质量不符合约定标准，则重新议价；需方拒绝接货，则处以货款总额 ××%的罚金；中途退货，则偿付供方退货部分货款总额××%的违约金，并赔偿供方实际损失；逾期付款，则每天处以货款总额 ×%的罚金。”

7.3 市场调查报告

7.3.1 市场调查报告的概念与特点

1. 概念

市场调查报告是指在商品（或服务）从生产者（供应商、提供服务者）到消费者这一过程中，对全部经济活动的资料、情报和数据进行系统、客观且持续地搜集、记录、分析、评价，并作出结论，提出建议，供企业经营决策者参考的一种文书，是企业营销决策的重要依据。比如对汽车消费市场的调查，对太阳能热水器使用情况、竞争能力、能源等问题的调查等。

2. 特点

市场调查报告是一种专题调查报告，它除了具有调查报告的一般特点之外，还有它自身的特点：

（1）针对性。市场调查报告必须目的明确、有的放矢。必须从市场实际出发，有针对性地展开对相关环节的调查研究，发现问题，提出解决办法。

（2）时间性。对于企业来说，时间就是效益，时间就是金钱。只有及时通过市场调查报告了解国内外最新的经济技术情报、价格现状、需求变化和产品在市场中的竞争能力，不失时机地调整经营方针和生产计划，防止盲目生产和无效劳动，才能达到提高企业经济效益的目的。

（3）实用性。市场调查反映的是经济活动中已经出现的问题，其实用价值是非常明显、直接的，它所提出的合理化建议一经采用，很快就会产生经济效益，起到立竿见影的作用。

7.3.2 市场调查报告的种类

按照市场调查报告的内容可以将其分为三类：

1. 市场需求调查报告

这类市场调查报告主要是调查市场对本企业产品的需求量和影响需求的因素，紧紧抓住购买力、购买动机和潜在需求三个方面。其中，购买力是消费者实现购买行为的前提，是市场调查的首要任务；潜在需求的调查则是为了使潜在需求变成现实需求，为企业发展产品、开拓市场提供依据。

2. 竞争对手调查报告

这类市场调查报告主要是调查竞争对手的总体情况、竞争能力及新产品的发展动向等。通过对竞争对手的调查来判断企业处于什么地位，以提高本企业产品的市场占有率和确定产品的发展方向、发展策略。

3. 经营政策调查报告

这类市场调查报告主要是调查本企业的产品、价格和推销政策、销售和技术服务政策等。通过调查了解企业的销售能力是否适应消费者需要、企业的销售策略是否合理，以便及时发现问题，修正销售政策与策略。

7.3.3 市场调查报告的结构

市场调查报告由标题、正文、落款和时间构成。

1. 标题

市场调查报告的标题一般采用两种形式：一是公文式，如“海尔洗衣机在国内外市场地位的调查报告”；另一种是新闻式，如“北京人的梦中家园——对北京居民住宅择向的调查报告”。

2. 正文

正文包括前言、主体和结尾三部分。

（1）前言。

应概括介绍市场调查的时间、地点、对象、范围和目的。有时也可说明调查方法、调查背景，以及调查的结论。

（2）主体。

这是市场调查报告的重要内容，一般由三方面构成：一是介绍调查中了解到的市场情况；二是分析预测市场情况；三是提出建设性的建议。

市场调查报告正文的内容取决于市场调查的内容。市场调查的内容十分广泛，凡是对市场营销有影响的有关资料都是调查的对象。但对于具体企业而言，应具体情况具体分析。通常，市场调查的基本内容有以下几个方面：

①市场供求情况。商品的供求关系是市场调查的重要内容。它由两个方面构成：一个是商品的供给，即弄清楚某类商品在市场上是供不应求、供过于求还是供求平衡。不但如此，还要具体调查某企业某种牌子的产品在同类产品市场上的供给情况及营销情况。另一个是商品的需求，需求是由社会商品购买力决定的，这既包括家庭的收支构成比例，也包括社会集团购买力等情况。无论是供给还是需求，在调查时，不但要从现在追溯它的过去，而且要从现在展望它的未来，即潜在的供给和需要，这也是一个重要的调查内容。

②消费者心理及其变化。消费者心理是影响市场供求状况的重要因素之一。要了解和把握消费者的需求心理或者消费心理及其变化，就需要了解顾客的性别、年龄、种族、文化程度、习俗、经济条件、职业、居住地区及购买动机等。只要企业掌握了消费者的消费心理，就可以有的放矢，有针对性地满足广大消费者的需要，生产和经营适销对路的产品；反之，如果不善于揣摩广大消费者的心态，生产和销售都将是盲目的，最终也不会取得令人满意的效果。特别是在社会主义市场经济条件下，市场的作用越来越大，企业对市场的依赖程度明显增强，消费者主权日益受到人们的重视。因此，对消费者的心理研究就变得越来越重要了。

③供给者心理及其变化。市场调查的对象不只是消费者，生产者即商品的供给者同样成为市场调查的对象。在消费者主权的宏观经济环境下，不可避免地出现了生产者之间的竞争。这种竞争在心理上的表现就是想尽各种办法提高

自我保护意识，从而增强竞争力，以免在适者生存的环境中被淘汰。所以，和他人对比，取长补短，发挥自己的优势，才可能合理组织生产和销售，占领市场。

④本企业情况。“知己知彼，百战不殆。”在市场上也是这样，既要了解别人，也要熟知自己。对本企业的情况调查内容主要包括本企业产品的质量、性能、规格、价格、成本、销售等情况，目的是为了对本企业产品在市场中的名气、地位做到心中有数。

（3）结尾。

应与前言对应，简要地归纳全文，重申观点，确认市场发展的趋势及对本公司的建议。

3. 落款和时间

即签署调查单位的名称和报告日期。如公开发表，署名可写在标题的正下方。

7.3.4 市场调查报告的写作要求与例文

1. 坚持实事求是

坚持实事求是是进行市场调查研究和写好市场调查报告的前提。因此，一定要亲自参加调查。引用的调查资料要翔实可靠，重要的原始数据要核实，结论数据要科学测算，做到准确无误。

2. 观点和材料统一

撰写市场调查报告材料要精选，不堆砌材料和罗列数字，保持观点和材料的一致性，并且提出有见地、有说服力的分析意见和相应建议。

3. 突出重点

市场调查的内容很广泛，涉及的问题较多，要善于根据主旨的需要取舍，切忌面面俱到。

4. 表达方式要得体

市场调查报告写作一般使用说明、记叙、议论的表达方式。叙述事由，用数据和事实来说明问题，并运用议论提出措施和建议。

【例文】

北京保险市场调查

北京×××信息公司于今年六月在北京商业区就有关北京市区居民保险现状及系列问题进行了问卷拦截访问，调查结果显示：北京市区居民投保呈进一步上升趋势。

一、北京市市区居民家庭××××年保费支出预测

（一）已投保的家庭××××年平均保费2 636元，占家庭户均收入的6.7%左右

本次调查显示，已投保的北京市民家庭，××××年户均投保支出金额为2 636元，其中保费支出在1 000元以下的占41.6%，1 001～2 000元的占19.5%，两项合计约占三分之二。详见下表：

××××年投保户均年投保金额分析

金额	比例（%）
1 000元以下	41.6
1 001～2 000元	19.5
2 001～4 000元	18.8
4 001～7 000元	13.0
7 001元以上	7.0
平均1 636元	—

调查也表明，已投保的北京市民家庭××××年户均收入39 089元，保费支出占家庭收入的6.7%。投人身和财产双保险的家庭户均收入为61 950元，保费支出6 000元，占家庭收入的比例最高，达9.7%。单投人身保险的家庭户均收入为33 792元，保费支出金额为1 892元，占5.6%。单投财产保险的家庭户均收入为49 560元，保费支出2 700元，占5.4%。

（二）××××年北京市民家庭投保费支出总额为27.4亿元

本次调查结果表明，××××年已经投保的北京市民家庭总户数为104万户，保费支出总额为27.4亿元。其中，单投人身保险家庭总支出13.6亿元，占全市居民家庭保险总额的16.7%。投双保险的家庭保费总支出9.3亿元，其中人身支出6.4亿元，占全市居民家庭保费总支出的23.3%，财产险支出2.9亿元，占全部保费支出的10.5%。详见下表：（表略）

从上表可以看出，在北京市民家庭保费支出总额中，人身险所占比重为72.8%（单投人身险比例与投双险家庭人身险比例之和），财产险所占比重为27.2%（单投财产险比例与投双险家庭财产险比例之和），人身险保费支出比例高45.6个百分点。

（三）预计××××年北京市区居民家庭保费支出总额为30.3亿元

本次调查显示，北京市区居民的投保比例和金额是逐年增长的。××××年投保比例是47.9%，保费支出总额为20.4亿元；××××年上升到49.8%，保费支出总额为27.4亿元，户均预计投保金额为2 754.8元。照此计算，北京

市区居民××××年保费支出总额可达30.3亿元，比上年增长10.6%。

二、家庭投保险种比例

（一）北京市民目前已有51.1%的家庭投保单投人身险

调查结果显示，北京市民目前有51.1%的家庭投了保，其中，单投人身险或单投财产险的分别占35.6%和8.1%，有7.4%的人既投了人身险又投了财产险。北京市未投保的人，占被调查居民的48.9%。

（二）在人身险中，“养老保险”是首选险种

（略）

（三）在家庭财产保险中，投“意外损害险”的比例最高

（略）

三、保险市场潜力巨大

（一）北京市区居民家庭目前投保比例与认可投保比例尚差28%

（略）

（二）投保比例随着居民家庭收入和教育水平的提高而提高

（略）

（三）未来两年保险市场将稳步扩大

已投保的人群中继续有人会投更多的险种。本次调查表明，已经投保的北京家庭在未来两年“肯定会”投保的人占8.6%，“可能会”投保的按一半来计算，未来两年内北京市民投保人数比例将增加10.5个百分点，达61.6%。届时北京市区居民投保家庭户数将从目前的100万户左右增加到120万户左右。

[评析]

这篇调查报告行文流畅，层次清晰，调查方法科学严谨，数据准确翔实，利用图表论证，简明扼要，易读易懂。

7.4 可行性研究报告

7.4.1 可行性研究报告的概念

可行性研究报告是我国经济、科研、建设、金融等部门在确定某一项目之前，通过调查研究、全面分析、科学论证该项目实施的可行性和有效性所形成的书面报告。

可行性研究是依据经济发展的需求，从与项目有关的经济技术、资源、市场、社会及生态环境等方面进行详尽的调查研究，对项目运行过程进行估算和预测，提出多种开发方案，通过对方案的技术、经济效益进行分析、比较，得

出论证，选出最佳方案，确保开发项目技术的先进性、经济的合理性和实施的可行性。

可行性研究是一个系统工程，一般将其研究过程分为机会可行性研究、初步可行性研究、详细可行性研究和评估决策四个阶段。

机会可行性研究是最初研究，目的是为了寻找立项机会。

初步可行性研究是在机会研究的基础上，进一步进行系统研究，并提出较为系统的设想方案，它是决策者初步认可项目的依据。

详细可行性研究是确定项目是否可行的研究阶段，需提出《可行性研究报告》。

评估决策是可行性研究的最后阶段，需对项目进行评估和投资决策。

7.4.2　可行性研究报告的基本内容与结构

可行性研究报告，一般由概论、基本问题研究组成。

1. 概论

即项目的基本情况概括，应包括项目的背景、项目的历史、项目概要和项目承办人等。

2. 基本问题研究

即可行性研究的主要内容，通常归纳为以下几方面：

(1) 市场情况或项目规模。如市场供求情况、项目建设规模、产品方案及发展方向，以及技术经济比较和分析等。

(2) 资源、原材料、燃料及公用设施情况。

(3) 厂址和建厂条件。即地理位置、气候、地址、经济及市场环境等。

(4) 项目技术方案。

(5) 环境保护状况。

(6) 企业机构、劳动资源开发方案。

(7) 项目实施计划与进度。

(8) 投资估算和筹资措施。

(9) 经济与社会效益评价。

7.4.3　可行性研究报告的写作要求与例文

可行性研究报告由标题、正文、结论、附件构成。

1. 标题

标题由单位名称 + 研究项目 + 文种构成。如“关于建立××炼油厂的可行性研究报告”、“××加油站筹建的可行性分析报告”、“××基地建设项目可行性研究报告”等。

2. 正文

正文是可行性研究报告的基本内容。正文包括概论及基本问题研究两部分。

3. 结论

结论是在正文分析、论证后得出的。结论要客观、真实、准确，具有可行性和有效性。

4. 附件

附件包括实验数据、论证材料、计算附表、附图等能说明可行性的资料。

此外，正式的可行性研究报告要加封面。封面的内容应包括标题、单位名称、法定地址、法定代表人或报告人的姓名及职务，以及报告上报的日期。

可行性研究报告按研究性质可分为工程项目、技术项目、技术改造、技术引进、中外合资经营等多种，下例为工程项目的可行性研究报告。

【例文】

关于筹建××加油站的可行性研究报告

××公司领导：

遵照上级公司指示精神，为了尽快在××市及其周边地区再新建一批比较现代化的加油站，以利于发挥××公司石油经营的整体优势，进一步扩大成品油自销量，实现批零销售网点的良性循环，我公司特抽出精干力量组成专门班子，经过两个月时间的调研与考察，已初步选定××县××区××镇××村为新建加油站地址，筹建××加油站，对此作了可行性研究和效益论证，现报告如下：

一、选址简况

该加油站地处A地至B地的国道旁，是××省及××省通往××省运输的必经之路，汽车从A地开往B地，进入××市第一站是收费站，一过收费站就是该加油站，再往前还有个大型加油站（如××加油站），据初步考察，途经这条国道的汽车流量每天都在20 000辆次以上，如有1%的汽车在该加油站加油，每天就有2 000多辆汽车需要加油，平均每辆车每天××升，那么一年要×万余升。

在××村建加油站还有其他一些有利条件：

1. 经协商，已达成购买一家个体户开办的旧加油站的协议，该加油站占地×亩，作价×万元（分期付款，直至新站建成开业止付清），价格合理。

2. 合作方××村委会很有诚意合作，经双方协商一致，同意新征土地××

亩，续征土地手续同该村协作并提供一切方便条件。

3. 我公司与××村签订土地租用合同，每亩地年租金为×万元，承租期15年，每5年按第一年的使用费递增8%。从租金价格看，我方是比较合算的，××村还负责供电，我方只负责每月据实交付电费。

4. ××站距本公司××公里，运费低，我公司既可保证供应成品油，又能确保油罐车运输等。

二、建设规模构想

纵观近年来加油站经营状况，尽管××站所处地理位置优越，但市场竞争激烈，实践证明，中小型加油站是缺乏生命力的，要能同现代化的大中型加油站抗衡，我们必须要建造形式新颖，加油大厅宽敞明亮，电脑计量，车辆进出方便，经营品种齐全，配套服务设施健全的更现代化的大型加油站，才能在激烈的市场竞争中立于不败之地。我们初步构想在××土地上建造一座加油站（地上两层，地下一层），包括拥有××台加油机的加油大厅，还附有汽车小修、副食品店、快餐店、洗手间、休息室、保管室等。这座楼长×米，宽×米，为混凝土框架结构，用坚固的专用篷布做屋顶，在加油大楼后面建造一座宽××米、深××米的三层（地上两层，地下一层）办公楼，润滑油经营部设在地上一楼，除办公室外，还设有保管室、休息室。预计投资总额为×××万元，初步预算如下：

1. 收购旧加油站一个，价值×万元。

2. 续新征用土地××亩的手续费用×万元。

3. 两栋三层楼房土建费用×××万元。

4. 消防设施、防爆设施、油罐、加油机、水电安装费共计××万元。

投资的资金来源为上级公司拨款。

三、经营范围及经营资金预算

××站经营范围：经营汽油、柴油及××牌润滑油的销售，冲洗汽车，经营副食品店、浴室、快餐店。以成品油销售为主营业务。轻油计划设×个油罐（品种有70#汽油、90#汽油、93#汽油、0#柴油等），计划储存量为×××吨。润滑油为听装销售。

预计经营成品油需要流动资金××万元，由上级公司借用，油站每月按银行贷款利率计付借款利息。

四、经济效益测算

（一）经济效益测算的依据

1. 加油站按预计日平均销油量为15吨。

2. 人工工资及福利按×××万元计算。

3. 固定资产按××万元计算，使用平均×年。

4. 使用土地租金每年暂按×万元计算。

5. 综合毛利率按×%计算。

6. 销售税金及附加参照经济效益好的××站的实绩计算。

7. 经营费用、管理费用参照加油站的平均水平。

8. 财务费用的应计利息，按年息×%计算。

（二）效益测算表

1. 商品销售收入××万元（××吨/天×360天×加权平均进价/吨）（含税价）

2. 商品销售成本××万元（××吨/天×加权平均进价/吨）（含税价）

3. 销售毛利××万元

4. 毛利率×%

5. 销售税金及附加××万元

6. 经营费用××万元

（略）

7. 管理费用××万元

（略）

8. 财务费用××万元

9. 本年计划利润××万元

（略）

（三）投资回报率为××%

（四）投资回收期：×年

如果××站每天平均销油量达到××吨（即如果较计划多销×吨），一年则可多销××吨，按每吨毛利××元计算，可增加利润××元（假定费用不变，则净利增加××万元），那么，投资回收期只需×年，如果××站日平均销量达到××吨，则两年半就可收回全部投资。

（五）即使投资回收期为×年，我们认为成绩仍是显著的，因为：

1. 该加油站可为本公司分流富余人员××人，这本身就是效益；

2. 多开辟一个零售渠道，为上级公司一年多销售油料××吨，如果××站日平均销量为××吨，一年就可销油××吨，相当于××××年前上级公司销油量的总和。

五、在效益预测中，有些费用定得偏紧（如人工工资及福利费、修理费、业务招待费、其他费用），但可用某些收入弥补，如全年销售润滑油收入预算××万元左右（按每日销××××升，一年××吨，每吨盈利××元计算）。此外，油站办的附属经营业务如汽车小修、副食品店、快餐店收入，可以达到以副养副的目的。

综上所述，我们认为在××村新建一个加油站，利国利民，在经济上也是可行的。

以上报告，供领导决策时参考。

[评析]

这份可行性研究报告内容充实，数据准确，结构完整，分析问题严谨周密，结论由分析自然推出，具有较强的说服力。

7.5 商品说明书

7.5.1 商品说明书的概念

商品说明书是一种以指导消费为目的、以说明为主要表达方式来介绍商品知识（如性能、结构、使用、保养、维修等）的一种务实性文书，也称使用说明或使用说明书。

7.5.2 商品说明书的分类

1. 根据推销商品的目的、方式来分

（1）概要型商品说明书，即运用简明扼要的文字，说明商品的概念和主要特征，使消费者能迅速了解商品的基本情况。有的商品，如不同品牌的矿泉水和各种饮料，就不一定非得介绍饮用方法和注意事项；真空包装食品则必须说明保管方法及注意事项，但只需简要说明即可。

（2）描述型商品说明书，主要是运用描写、说明相结合的方法介绍商品的特征，突出其个性，也可运用比喻、拟人等修辞手段，寓知识于趣味之中，给消费者留下深刻而鲜明的印象。

（3）说明型商品说明书，主要运用说明的方法对商品的各方面情况进行分类介绍，这是商品说明书中最常见的类型。如常见的不同品牌的八宝粥说明书，多标明成分、生产日期、保质期。虽文字有限，但消费者最关心的内容齐全，适应消费心理，消费者看后自然会放心食用。

2. 根据商品说明书的内容和用途来分

（1）民用商品说明书，主要是指对日用轻工、家用电器、医药等商品的说明，目的是向用户介绍商品的性能、特点、使用、维修等方面的知识，利于消费者选购。这类说明书语言通俗简洁、层次清楚、内容完整。

（2）专业商品说明书，主要是指各行业使用的工业产品的说明书，它突出说明工作原理、技术数据、附加装置，必要时还应附以原理线路图、结构框架图、零部件机械图等，以及安装、使用、维修的有关知识和必要的引导性图片等。一般文字较多，写作者既要有全面的专业知识，又要有较强的写作能力，才能把说明书写得内容完整、简明扼要又通俗易懂。

（3）技术说明书，主要是言简意赅地介绍技术原理、技术内容、用途、特点、使用范围等方面的知识，给人一个初步印象，以引起进一步研究或购买的欲望。

7.5.3 商品说明书的结构

商品说明书一般由标题、正文、落款三部分组成。

1. 标题

标题有三种形式，一种是由商品名称 + 文种构成，如"××牌洗衣机使用说明书"；一种是只写商品名称，如"××感冒冲剂"；一种是只写文种，如"说明书"或"使用说明"。

2. 正文

正文的写法因商品的不同而有所不同。

（1）概要式。即对商品作概括而简要的介绍。

（2）条文式。即对商品的有关知识，如特性、功能、原理、规格、使用方法等分条列项作介绍。常见的家用电器说明书多采用这种形式。

（3）图文式。既有详尽的文字介绍，又有图片说明，有的印成单页放入商品包装中，也有的单印成小册子作为商品附件送予消费者。

正文的写法多种多样，使用中往往是综合运用的。

3. 落款

落款一般要写明生产厂家或经销单位的名称、地址、电话号码、邮政编码、使用期限、标准代号或批准文号等。生产日期的位置一般不确定，有的在说明书上，有的在外包装上，但都不能遗漏。如果产品远销国外，则需要有相对照的外文说明。

7.5.4 商品说明书的特点

1. 真实性

内容真实是商品说明书的基本特点。一般情况下，需要作详细介绍和说明的商品多是消费者不大熟悉的，或者是其操作使用及保养维护方面比较特别或复杂的。只有内容真实，才能帮助消费者正确掌握使用方法，达到指导消费的目的，否则会引起不必要的麻烦，损害消费者的利益。

2. 科学性

写商品说明书必须具备尊重科学的态度，这直接关系到商品的使用价值和消费者的切身利益，所以介绍商品知识必须合乎科学性的要求。

3. 灵活性

这是指商品说明书的形式可灵活多样，如印刷、纸质、装帧、色彩等都可不拘一格。为了更具吸引力，常把文字与图画、照片等综合使用，使说明书更新颖，更美观，更利于阅读者接受和理解。

4. 通俗性

商品说明书的语言应简练、通俗、易懂，便于不同文化层次的消费者正确理解商品知识。必须使用专业术语的，也应尽量用消费者容易接受的方式，以期取得好的宣传效果。

7.5.5 商品说明书的写作要求与例文

1. 态度认真负责

商品说明书是给消费者看的，因此，写作者必须以认真负责的态度来完成。如家用电器，专业技术人员可能认为使用很简单，但许多消费者却缺乏安全使用知识，应在说明书中加以必要的说明。

2. 内容真实准确

要如实介绍商品性能、作用、操作程序、使用禁忌等。因为说明书有极强的实用性，所以凡消费者应该了解的知识都必须准确明了地加以说明，不能省略，更不能遗漏。

3. 撰写必须规范

要求说明书符合一定的说明标准及说明次序，包括必不可少的说明项目，如商品的产地、生产者、用途、性能、规格、等级、主要成分、生产日期、有效期限、使用方法、售后服务等情况。

【例文 1】

飞利浦电动剃须刀

型号：HQ7350、HQ7340、HQ7320、HQ7310

额定电压：220V

额定频率：50Hz

产地：中国

全国客户服务热线：4008 800 008

本产品根据 GB4706.1—1998，GB4706.9—2003 制造

更换

＊每两年更换一次刀头以获得最佳的剃须效果。

＊损毁或磨损的剃须刀头只能用 HQ8 飞利浦刀头。

1. 关闭剃须刀电源，从壁装式电源插座中拔下电源插头，并从剃须刀上拔下产品插头。

2. 按下释放按钮，打开剃须刀头部件。

3. 逆时针转动锁（1），取下固定架（2）。

4. 取下剃须刀头，在剃须刀头部件上装上新刀头。将固定架装回剃须刀头部件顺时针转动并锁住。

5. 关闭剃须刀部件。

环境

弃置产品时，请不要将其与一般生活垃圾堆放在一起；应将其交给官方指定的回收中心。这样做有利于环保。

处理电池

内置锂电子充电电池可能含有会污染环境的物质，弃置产品并将产品送到官方指定的回收中心之前，一定要将电池取出。如果在取出电池时遇到问题，您也可以将产品送至飞利浦维修中心。维护中心的员工会帮您取出电池，并以环保的方式进行处理。

1. 从壁装式电源插座中拔下电源插头，并从剃须刀上拔下产品插头。

2. 让剃须刀运转到停止为止，拧开胡茬储藏室中的两个螺丝，然后将其取下。

3. 拧开剃须刀背后的两个螺丝，取下外壳的后面板。

4. 从密封电源部件中将侧面板抽走。

5. 拧开密封电源部件中的三个螺丝。

6. 用螺丝刀将密封电源部件的后面板取下。

7. 取出电池。

故障种类和处理方法

1. 剃须性能下降。

原因（1）剃须刀头脏。剃须刀冲洗时间不够长，或者冲洗水温不够热。

＊ 在继续剃须之前，请先彻底清洗剃须刀。

原因（2）过长的胡须堵塞了剃须刀头。

＊ 用随附的刷子清洗刀片和网罩。

原因（3）剃须刀头已损坏或磨损。

* 更换剃须刀头。

2. 按下开/关按钮时剃须刀不工作。

原因（1）剃须刀电池已耗尽。

* 给电池充电。

原因（2）产品为连接电源。

* 将电源插头插入壁装式电源插座。

原因（3）剃须刀头部件从剃须刀上脱落了。

剃须刀头部件安装不当。

（来源：飞利浦电动剃须刀说明书）

[评析]

本商品说明书完全站在使用者的角度，详细介绍了剃须刀的正确使用方法和排除常见故障的方法，文字浅显、层次分明。说明书中还插入多幅图画，帮助阅读者更快、更准确地理解说明书内容。对于这样的商品，普通使用者只要按照说明书去做，就能从容自如地操作，实现商品的使用功能。

【例文2】

A3 薄层防锈油

该油品是由元素高聚物、有机酸半铝皂、石油磺酸钡等多种金属缓蚀剂与油溶性成膜材料，在特定条件下，经溶剂油溶解而成的软膜薄层防锈油。

一、技术标准

项目	质量指标	试验方法
外观（经48小时室温静置沉降）	浅色、透明	室温25℃（目测）
低温回复性	0℃	
水溶性酸矸、水溶性氯根、硫酸根	无	GB259—64
膜厚	<6微米	重量法
湿热试验（静态）	45#钢30天0级 铸铁14天1级	SY2756—76S

（续上表）

项目	质量指标	试验方法
盐雾试验	45#钢 4 天 1 级	SY2752—77S
腐蚀试验量变化（mg/cm）	10#钢合格 1 级 灰铸铁 <0.1 1 级	SY2752—77S
外观评级	H62 黄铜 <0.1 1 级	

二、性状

本产品在 0℃以上时，为透明低黏度液体，低温时凝聚变稠，温升 0℃以上恢复为均一透明状液体。

三、用途

1. 本油品用于各种金属零部件封存防锈，在有包装的条件下，对钢件的防锈期可达两年。

2. 对需要透明防锈包装的出口工具、量刃具及小五金等类似产品更为适用。

四、使用方法

1. 预处理：应在吐油前将待封件表面的油污、灰尘、手汗和水分清洗干净，确保封存质量。

2. 涂油：涂油应在清净的环境中进行。可浸、喷、刷涂。

3. 封存装箱：涂油工件内包装材料可选用聚乙烯薄膜配合使用。

五、注意事项

本品贮存和停止使用时，应加盖密封，避免油品混入水分和其他脏物。

六、包装

本品采用 170 公斤铁桶包装。

（来源：b2b. hc2b. com）

［评析］

这是一则工业品的使用说明书。正文中将商品的性状用数据表示，更能准确地描述产品，让阅读者一目了然；分条列出的文字说明清晰明了、重点突出，是一则易懂且实用的商品使用说明书。

7.6 广告文案

7.6.1 广告文案的概念

广告文案是指广告艺术形式中的语言文字部分。对于平面印刷广告，它是指平面印刷广告中的文字部分；对于电波广告，它是指电视的电视脚本或广播广告的广播词。

广告文案的概念有狭义和广义之分。从狭义上理解，广告文案是指有标题、正文、附文等完整结构形式的文字广告。从广义上理解，广告文案是指广告艺术形式中的语言文字部分。我们这里所讲的广告文案是指广义的广告文案。不管篇幅的长短、文字的多少、结构的完整与否，只要使用的是语言文字这个工具，就可以称为广告文案。如中国重型汽车进出口公司广告："重"。仅一个字，但传达的广告信息却极为准确，广告效果很好。这么短的一个字，也是一份广告文案。

7.6.2 广告文案的形式

1. 规范式

规范式是指具有完整结构的广告文案，一般由标题、广告口号、正文三要素构成，有的广告文案在正文后面还有附文。

2. 灵活式

灵活式是指结构方式较为自由、灵活的广告文案。一般篇幅短小、灵活，可用一段文字，可用一句话，也可用一个字传递广告信息。

3. 品牌、招牌式

品牌是指商品名称，招牌是指企业名称、店铺匾牌。品牌、招牌式广告文案是指表示商品名称和企业名称的语言文字。这种文案一般具有双重性，既是商品、企业、店铺的名称，又是起广告宣传作用的文字。

7.6.3 广告文案的基本内容与结构特点

1. 标题

标题是广告的眼睛，是广告主题和中心内容的集中体现。它新颖、有魅力，能引起受众注意，成功渲染广告主题，激发人们的购买欲望，促进商品销售。标题从内容上可以分为直接标题、间接标题和复合标题。

（1）直接标题。直接标题即直截了当地表明广告的最主要内容。如"海华治疗仪，生活好伴侣”、“碧桂园——给你一个五星级的家”。

（2）间接标题。间接标题是指用委婉的语言或暗示性语句传递商品信息，以引起消费者的兴趣。比较常见的是提示商品性能、作用、特点的标题。如四通公司的产品广告：“输入千言万语，打出一片深情。”日产汽车广告：“古有千里马，今有日产车。”

（3）复合标题。复合标题又称多重标题，它由引题、正题、副题三部分组成。引题是为烘托气氛、交代背景、说明意义的。正题即主题，用来点明中心内容，突出主旨，交代主要信息。副题即辅题，一般作为正题内容的补充。如：

不买巧的　要买好的（引题）

美标缝纫机（正题）

2. 正文

广告的正文是广告标题的具体化，是广告主题的具体体现。广告正文一般分为开头、主体和结尾三部分。

（1）开头。

以开门见山点题，吸引读者注意为佳。常见的开头方法有：

①概述式。即用简明的语言概述广告的主要内容，如“××市银基服装城——××地区最大的服装批发中心”。

②提问式。用提出问题然后回答问题的方式，吸引更多受众的目光，如“消闲度假哪里去？××山庄最相宜”。

③说明式。直接说明企业的服务宗旨，表达愿为公众服务的愿望，以联络企业与公众之间的情感。如“国内第一种膝上型文字处理机四通 MS－1000 打字编辑机，是专为四处奔波的经理、记者、作家、管理人员及文秘人员设计的，不论您走到哪里，膝上的秘书都会伴您同行”。

④理由式。直接交代本广告发布的理由和目的。如“为庆祝本大厦开业三周年，我公司特购进一批家电产品，质量上乘，价格优惠，以回报广大消费者的厚爱”。

⑤祝愿式。开篇即表达企业对广大消费者的良好祝愿，以提高企业的美誉度。如“中秋佳节，合家团圆之际，愿我公司的‘金桂牌’月饼伴您共赏明月、度过美好时光”。

（2）主体。

这是广告正文的精华所在，写作方式多种多样，但都应以广告目标为出发点，选择恰当的表达方式。常见的主体结构有：

①陈述型。如“英特尔迅驰双核广告”：“无惧跌宕起伏。意外可能引发灾难，因为您真正携带的，是数据，更是竞争力和无价资产。采用新一代英特尔

迅驰双核移动技术的最新 THINKPAD T60，在 2.1 公斤的轻盈身形中，贯注双重动力，同时特创镁制防滚架，随时抗拒震荡和碰撞，保护内部组件和珍贵数据，从容应对意外挑战。更有安全气囊般的 APS 保护技术，让一切有惊无险。作为性能和便携性完美平衡的巅峰之作，T60 融汇多项尖端设计，让您一路坦途，步步为先，笑对商界风云。”

②说明型。如“全新力士润肤露广告”：“全新力士润肤露有三种不同滋润配方和香味，充分呵护不同性质的肌肤。白色力士润肤浴露：含有天然杏仁油及丰富滋养成分，清香宜人，令肌肤柔美润泽，适合中性和干性肌肤；粉色力士润肤浴露：含有热带植物油及丰富滋润成分，清香幽雅，令肌肤娇嫩幼滑，适合娇嫩性肌肤；黄色力士润肤浴露：含有天然香草精华及丰富滋养成分，清新芳香，令肌肤清爽自然，适合油性肌肤。”

③抒情型。如“马爹利酒广告”：“凝视，斜斜的又一瞥，你与我擦身而行，但我知道从第一眼开始，你已无法忘记，我们内心的约定，我是 maitell，今晚，我等着你。”

④故事型。如“××家园房地产广告”：“那是一生中最美好的 4 年，我们曾经拥有最多的甜美笑容和最大的挥洒空间，而唯一遗憾的是……狭窄的宿舍……”

（3）结尾。

主要用于强调主旨、加深印象、激发欲望。常见的方式有：

①祈使式。祈使式就是用祈使语，请消费者购买产品或接受服务。如“欧蓝德汽车广告”：“欧蓝德，唤醒您的激情。”

②说明式。说明式即在结尾处对有关问题或注意事项加以说明。如“伊柔护肤品广告”结尾：“全国唯一专业保养的伊柔护肤品，以自然纯净的特色赢得您的信赖，其‘无色素、低香料、弱酸性’的品质，更适合引荐给您朴实的母亲，使她日益衰老的容颜，借助安全、正确的保养方式，重现昔日焕发的光彩。”

③强调式。强调式是在结尾处以显著文字突出强调广告的主题，即产品或服务的特色。如“奥迪 A8 加长型汽车广告”结尾：“领袖气质不彰自显，大家风范浑然天成，新奥迪 A8 加长型蓄势而至，恭候阁下入主”。

④服务式。服务式是在结尾处表达竭诚为消费者服务的意思。如“××电器全国 24 小时专线服务，拨打电话，维修到家”。

⑤祝愿式。祝愿式就是以表达问候、祝愿、希望的词语作结。如“21 金维他广告”结尾：“在新的一年里，向所有家庭献上我们的祝福：全家健康、幸福！在新的一年里，向这个世界献上祝福：没有战争和仇恨，没有疾病与灾难，

只有祥和、美好、温暖。”

7.6.4　广告文案的写作要求与例文

广告文案的写作有其自身的特点和要求，广告文案创意无疑是广告文案写作的核心。广告文案的写作要求做到：准、深、新、趣、奇。

1. 准

所谓准就是广告文案的写作要准确地反映商品或企业的主要特点，挖掘出广告对象所包含的内在意义。如“董酒广告”：“不喝董酒不懂酒，喝了董酒回味久。”这则广告在强调“回味久”的同时，突出的是品牌“董酒”，让广大受众牢牢记住“董酒”的品牌，提高和扩大了品牌的知名度和影响力。“大众汽车广告”也是如此：“大众荣耀，大众分享。即使您远在天边，上海大众的优质服务都近在眼前。”广告突出了大众汽车优质服务的品质。

2. 深

所谓深，就是广告文案要包含深刻的内涵。优秀的文案往往体现了深刻的文化内涵，广告文案是广告信息传播中整体价值观念的体现，而不仅仅是商品信息的载体，如某保险公司广告：“未来属于为未来做好准备的人。”既体现了广告对象的诉求信息，又传递了一种积极的人生态度。

3. 新

所谓新，就是广告文案写作别出心裁，不落俗套，以新取胜。如“康师傅方便面，好吃看得见”。没有从香、味入手，而是从视觉展开，别有新意，令人印象深刻。

4. 趣

所谓趣，就是广告文案写作要有情趣，要善于通过对广告内容的体会和对目标受众的分析来揭示出商品本身的情趣。如某美容院广告：“请不要向本院出来的女人调情，因为她可能是你祖母。”轻松诙谐，信息集中。

5. 奇

所谓奇，就是广告文案创意要奇特、独到，要“想人之所未想，道人之所未道”。如美国航空公司的一则广告：“自12月31日起，大西洋将缩小20%。”当然，大西洋不会缩小，是飞机飞得更快了。

【例文1】

别无其他的选择

在众多的同类产品中，只有它，是世界上第一张微机病毒免疫卡。

只有它，唯一获得国家发明专利（专利号2L901030376），获部优、省优。

只有它，获国际科学与和平特别奖。

只有它，经过国际病毒权威严格测试，被称为“伟大的产品”。

只有它，为用户在保险公司代投保险。

[评析]

这是深圳华显微机病毒免疫卡的广告，广告主题是“别无其他的选择”，强调该产品的独特性。在这一主题下，写作者选择了五则典型材料，用分类排列的结构方式及类似排比的句式来突出主题，给消费者留下了鲜明的印象。

【例文2】

美国奥尔巴克百货公司广告

为什么你硬要欺骗自己，认为你买不起最新的与最好的东西？在奥尔巴克百货公司，你不必为买美丽的东西而付高价。有无数种衣服供你选择——一切全新，一切使您兴奋。

现在就把你的太太带给我们，我们会把她换成可爱的新女人——仅只花几块钱而已。这将是你有生以来最轻松愉快的付款。

做千百万的生意，赚几分钱的利润。

[评析]

这是美国广告文案大师伯恩巴克撰写的经典文案之一，正文开头故意卖关子，“指责”消费者自己欺骗自己，以调动消费者的情绪。紧接着对主题进一步展开，并促使消费者现在就行动——花有限的钱把妻子打扮得漂亮一点，当然按文案的说法是“换成可爱的新女人”。文案精彩生动，情趣盎然。

【例文3】

贝尔电话文案

一天傍晚，一对老夫妇正在用餐，电话铃响，老妇人去另一房间接电话。回来，老先生问：谁的电话？妇人：女儿打来的。又问：有什么事？回答：没有。老先生惊奇地问：没事几千里打来电话？老妇呜咽：她说她爱我们。两人顿时相对无语，激动不已。这时旁白：用电话传递你的爱吧！

[评析]

这是一则故事式的广告文案，很有创意。它以亲情为视角和切入点，以儿女与父母感情的真挚交流为载体，并以其别致的情节和丰富的内涵，向消费者展示了一幅温暖人心的亲情画卷，同时还巧妙地向消费者宣传和塑造了企业的服务形象，较好地达到了广告的宣传效果。

7.7 外贸商业信函

7.7.1 外贸商业信函的概念

外贸商业信函是用信函形式与外商或企业联系业务、洽谈生意、磋商问题的文书。随着企业对外交往活动的日益增加，外贸商业信函的使用越来越频繁，成为对外经济贸易中一种占重要地位的常用文书。

7.7.2 外贸商业信函的特点

外贸商业信函的性质和作用决定了它具有以下特点：

1. 简洁化、效率化

在对外经济贸易中，时间和效率是贸易双方争取的最主要条件。有效率就赢得时间，“时间就是金钱”，为此，外贸商业信函的写作就有了简洁化、效率化的特点。在“效率第一”的原则下，要求信函内容简洁明了，开门见山，直入主题。一般信函中礼貌性和季节性的问候和寒暄、大段的铺陈等在外贸商业信函中都不必要。篇幅长短以不超过一张信纸为宜。

2. “对方本位”的逆向角度

一般信函写作时，人们总是从“自我本位”的立场陈述内容，即使是考虑对方，也都是站在自己的角度去看待和考虑的。外贸商业信函的写作目的是为了让对方了解、接受自己的主张，达到最终的交易或沟通目的。因此，它是站在以对方为本位的角度进行写作的，要考虑对方的立场和权益，估测对方可能接受的条件，研究对方的实力、兴趣和心理，最终寻找出适合对方的最恰当的表现方式。写作时若不从这个角度考虑，信函的目的和效果就会大打折扣。

3. 语言委婉，坦白诚恳

外贸商业信函写作是以书信形式与外商洽谈生意，这就需要特别讲求语言艺术。措辞委婉得体，才能使对方乐于接受：语气冷淡、生硬，则会引起对方的不快甚至反感。

7.7.3 外贸商业信函的结构与格式

外贸商业信函有其固定的结构和格式，我们可以把它分成以下几部分：

1. 信头

信头是指信函的右上角的内容。一般有写信人的单位名称、通信地址和写信日期。

按外国人的习惯，拆开信后通常不保留信封。因此，写信人必须在信纸右上角注明自己的通信地址，以便收信人回信。

信头的写法如下：

（1）涉外贸易信函一般都以英语来写，英语书信中，单位名称与通信地址的书写顺序正好与汉语的书写顺序相反，汉语是先由国家写起，到省市，再到具体街道门牌号；英语则先从最小的单位写起。外贸商业信函要求联系的地址要写得十分详细，包括公司名称、电话号码、电报挂号、电传号等都要在信头部分写清楚。

（2）信头中的写信日期在单位名称和通信地址下面。写信日期有两种不同写法，英国人一般按“日、月、年”顺序写。

2. 信内地址

信内地址是指在外贸商业信函的信笺上注明收信人的姓名和地址。

信内地址的写法：

（1）信内地址通常写在信笺的左上方，低于信头的位置。

（2）如果是很正式的官方信函，也可将信内地址写在信函全文之后的左下角。

3. 信首称呼

信首称呼是指在信函开头对收信人的客气称呼。如：Dear Mr. Frank，Dear Mrs. Smith。

信首称呼应注意以下规则：

（1）对对方的称呼，按照外国人的习惯，通常在前面加“Dear”（亲爱的）一词。

（2）称呼中只写收信人的姓，而一般不写收信人的名字。如：通常写“Dear Mr. Liu”（亲爱的刘先生），而不写“Dear Mr. Liu Daming”（亲爱的刘大明先生）。

（3）对于不同身份的人，称呼的具体写法也不同。

收信人如是男性，称 Mr.（先生）；若为未婚妇女，称 Miss.（小姐）；若为已婚妇女，可称 Mrs.（夫人）。如不知对方是男性还是女性，复信时应这样称呼：Dear Sir or Madam。如果信函是寄给某单位负责人，且不知其姓氏，可直接写出其头衔，如：Dear Supervisor。

4. 信函主题

信函主题又称作事由。将信文的主旨标示于信文上方，让收信人一看就知道信函的主要内容，便于及时处理，这部分内容称信函主题。信函主题通常写在称呼的下面一行，信文上方的中央位置。例如：

亲爱的先生们：（称呼）

我们08325号账单结欠款额——1 365镑（主题）

我们写信给您……（正文）

信函主题只要写清楚所磋商的事情是什么就可以了，不必像国内公文标题那样，要加上“关于……的函”，有时就只有三四个字，如“真丝服装”、“景泰蓝”。

5. 正文

正文是外贸商业信函的主体部分，要求明白地写出事情的原委，内容要具体，做到一事一信，叙述事由要清楚。

正文一般由起始语、发函者意见和结尾语三部分组成。

(1) 起始语。

起始语是信函正文开头的第一、二句话，一般要求开门见山地写明发函的目的，语言要委婉、亲切，一开始就给人良好的印象。如果是初次写信给对方，可作必要的自我介绍和结识说明。比如：

请容我们自我介绍，我们是……

我们从中国广州商品交易会上获知贵公司的名称，我们希望与贵公司建立商务关系。

从《纽约时报》上看到贵公司的广告，但愿能收到产品的价格表及详细资料。

如果与对方有过交易记录，开头可直接涉入所磋商之事。比如：

获知贵公司有一种新型电动打字机已上市，希望能赐寄完整的详细资料。

如蒙赐寄目录及价格表，我们将甚为感激。

因供应情况好转，我们能供应贵公司下列产品。

如果是回复对方来函，先要表明收到对方的来函，或对对方要商讨的问题概括说明。比如：

接到贵公司五月三十日的来函，我们已寄出本公司目录。

蒙贵公司六月二十五日来函询问，甚表感激。

欣闻贵公司新产品已推出上市。

(2) 发函者意见。

发函者意见是全文的中心，要明白、具体地讲明我方所要提出的问题和对对方所提出问题的解决办法，文字力求简洁、准确。论证自己的观点或对对方观点提出异议时，态度要诚恳，说理要透彻，使人信服并乐于接受。比如：

作为一家贸易公司，我们极愿提供我们的服务。在贸易方面，本公司有良好的关系，对此产品进出口业务更具丰富经验。除此之外，本公司拥有自己的广告代理，能极为有效地运用最新的市场营销方式。如果您愿意让我们在中国代理您的产品，贵公司的营业额必可大幅度增加。

又如：

感谢您寄来不良货品之样品以供检验。我们已将这些货物送进工厂鉴定，证实是由于疏忽而将错误的货物装入您的货箱。

我们已将您对质量极感失望之意反映给工厂，他们表示了极大歉意，本公司已立即安排更换货品的交运，保证此次所运皆为质量良好的货品。

贵公司如欲以任何合理价格处理此不良货物，得到您的同意后，我们将寄上差额货项清单。此事给您所带来的不便，我们深感抱歉，并愿采取一切可能的措施，以免将来再犯同样的错误。

(3) 结尾语。

结尾语一般表示希望对方复函或表示一些与本函相关的其他要求，或说些礼节性的客套话。比如：

期盼着很快能得到您的回音。

您如能立即处理这件事，我们将甚为感激。

我们希望能有为您表现服务效率的机会。请贵公司放心，我们当竭尽全力为贵公司服务。

6. 落款

落款一般写发函单位的名称，重要些的信函要有负责人签名。负责人签名一栏要用钢笔书写。日期写在签名的右下方，年、月、日要写全。

7.7.4 外贸商业信函的写作要求与例文

拟写外贸商业信函，必须熟悉本行业业务，全面了解本行业的商业信息，掌握好有关政策和法规。这是写好外贸商业信函的前提。

外贸商业信函的语言应明确、简洁、平实、有礼节、有个性。

明确，是指要用清楚明白、准确的语言陈述内容，不模棱两可、含混不清。如“往东拐三十米后再向右拐”、“距车站步行五分钟”、“月初”、“大约”、“基本同意"、"研究研究再说"等说法，都是不够明确的。

简洁，是指讲求效率，语言简明有力，不拖泥带水、拉杂冗长。

平实，是指语言要平易、实在，不作过多修饰。

有礼节，是指外贸商业信函实际上是一种通过书面进行的商务谈判，因此，要讲究语言艺术，措辞要委婉得体。如"如果您希望在市场上维持一定的销售水准，请您对本公司的订单加以审慎的处理"就比"你们如果想提高销售量，就赶快给我们订货"措辞要委婉得体。"……在这种情况下，本公司已不能再做任何降价。目前的市场状况相当活跃，我们确信，您会发现此种具有优良质量的货品极为畅销。因此，我们希望您能购买此项货品"就比"现在正遇石油危机，而石油市场又如此活跃，我们货的质量又如此之高，根本不可能再降价。你们考虑能订购就订，不能订购就了结"要动听得多。另外，要多用敬词和谦词，如"贵公司"、"请即惠予支付"、"蒙您继续惠顾"、"来函敬悉"、"赐知价格"、"歉难接受"等，给人以知礼知节的好感。

有个性，是指不采用通俗的写法及说法，而创造独特的语言及多角度的思考方式，给人以新鲜感，从而给对方留下强烈的印象，引起交易兴趣。如信函结尾请对方回函这种意思，就有多种说法："我们期盼着您的回音"、"渴盼及早收到回音"、"请及早回复"、"请即来信告知"、"盼尽速回复"、"盼来函告知"。不同身份、性别、年龄、个性的人，或不同性质的信函，或针对不同对象，所使用的语言也应不同。

【例文 1】

销售函

×××：

去年一年中，本公司的男装销售率增长了30%。我们相信，造成这种状况的因素有二：第一，我们的经营方式使得成本虽然增加，但售价并未提高。第二，我们相信，本公司的设计及色彩都是以往所曾制造的产品中最具吸引力的。

因此，我们极乐意通知您，本公司最新型的季节性男装已上市，且比去年的产品更具有吸引力，同时本公司产品价格亦比同业较低。看过敝公司的样品之后，相信您将会同意我们的看法。

渴盼贵公司订货会比去年更多。

×××

××××年×月×日

【例文2】

询问函

×××：

我们从英国大使馆获知，贵公司目前制作并出口兽皮与其他天然材料做成的鞋类及手套。

本国对此类高级货品有稳定需求量，特别是色彩、款式美丽者，虽然销售量不高，但具有时髦设计的产品却可卖得好价钱。

请寄来贵公司产品目录、出口价格和付款条件的细节及您所能提供的任何样品。

期待着您的回音。

×××

××××年×月×日

【例文3】

答复函

×××：

感谢您9月23日来函询问电晶体收录机。极乐于告诉您，本公司能从库存供应您所需的任何数量和任何机型的收录机。

期盼着接到您的订单，接到订单后，我们将立即处理。

×××

××××年×月×日

【例文4】

索赔要求函

×××：

兹回复您4月23日来信。关于您所指出的错误，我们甚感抱歉。在执行您的订单时发生了两项错误，这对我们来说实属不幸。

我们所能提出的唯一理由，是因装运部门工人怠工而使工作受到极大的影响。对这些错误，我们深感遗憾。

对于您的订单，我们将给予最审慎之处理，并向您保证，在未来的商务往来中，不会再让您发生任何困扰。

×××
××××年×月×日

【例文5】

介绍商务关系函

×××：

我们极乐于借此函将材××先生——敝公司商场上的朋友、远东公司董事——介绍给您。林先生为建立新技术的商务关系，即将访问贵市。您对林先生的协助，我们将视为您对我们的协助一样，特致谢忱。

××× 敬上
××××年×月×日

问题思考

1. 什么是可行性研究报告和市场调查报告？二者有什么关系，区别是什么？
2. 什么是合同书和意向书？二者有什么区别？
3. 合同撰写应注意的问题有哪些？
4. 《合同法》中规定的合同种类有哪些？
5. 什么是商品说明书？有哪几种分类？
6. 商品说明书的写作要求有哪些？
7. 广告标题的形式以及正文的表达方式有哪些？举例说明。
8. 广告文案写作在创意上有什么要求？举例说明。
9. 外贸商业信函与国内信函的写作有什么不同？
10. 外贸商业信函的语言有什么要求？为什么？

写作训练

1. 组织同学到市内商业区搜集路牌广告、车身广告、柜台广告等，评讲其文案创作的优缺点。
2. 分别搜集几则民用商品说明书、专业商品说明书和技术说明书，比较它们之间的异同。
3. 分析下面这份合同存在哪些问题，应如何修改才能符合规范要求。

交换办公用房合同

广州× ×总公司（以下简称甲方）
深圳 ××公司（以下简称乙方）

甲乙双方为了便于在穗深联系业务，须交换办公用房作为各自的办事处，现本着友好合作的精神制定如下协议：

一、甲方在广州×× 路××号为乙方提供一单元住宅（三室一厅，使用面积不得小于80平方米），作为乙方驻穗办事处办公用房。

二、乙方在深圳××路××号××大厦中为甲方提供同样的一单元住宅，规格同上，作为甲方驻深办事处办公用房。

三、双方分别负责为对方上述办事处供水、供电及电话安装，以确保日常业务活动的正常开展。

四、本合同有效期为五年，是否延期届时根据需要商定。

五、本合同自双方同时履约之日起生效。

六、未尽事宜，由双方另行商定。

甲方代表签字	乙方代表签字
甲方公章	乙方公章
年　月　日	年　月　日

4. 按照外贸商业信函的特点和写作要求评论下面这则答复函，指出其存在的问题，并依原来内容、按外贸商业信函的结构样式，拟写一份结构完整、令人满意的答复函。

亲爱的T先生：

您好！近来身体好吗？纽约的天气一定很暖和了吧？很高兴收到您的来信，我和我公司的全体成员都为贵公司与我们的长期合作而感到高兴，并表示深深的祝愿！您来信询问“狮牌”高尔夫球杆涨价的原因，要求降低价格。为此事，我们专门召开了有关人员会议。会议足足开了四小时，大家一直为能否降价、维持以前价格问题争论不休。还有人认为，目前市场原材料涨价，产品不可以不随着涨；有人认为，如果在减少生产及销售诸环节的浪费上下工夫，把价格控制在原来水平还是有可能的。至于能否给您一个满意的答复，现在还不是时候，待我们做进一步研究后再作决定，请您耐心等待，我们的研究会有结果的。

谢谢您对我们公司产品的关注。

您忠实的
××股份有限公司
× × ×经理
×××× 年×月×日

8　学术论文与申论

内容提示

学术论文的概念、特点、作用与分类

学术论文写作规范

申论考试的特点与试卷结构

申论文章写作技巧与应试策略

8.1　学术论文概述

8.1.1　学术论文的概念

学术论文也称论文、科学论文、科技论文、科研论文，是对某学科领域的某一学术问题进行深入研究和探讨后，用于表达作者对这一专门问题的看法和见解的理论性文章。中华人民共和国国家标准 GB7713－87 曾对学术论文进行过权威的定义：学术论文是某一学术课题在实验性、理论性或观测性上具有新的科学研究成果或创新见解和知识的科学记录；或是某种已知原理应用于实际中取得新进展的科学总结，用以提供学术会议上宣读、交流、讨论，或在学术刊物上发表，或作其他用途的书面文件。

8.1.2　学术论文的特点与作用

1. 特点

学术论文是议论性文章，与一般的议论文一样，有论点、论据和论证三要素，但其又不同于一般的社会、政治性议论文。学术论文只能把学术问题作为论题，把学术研究成果作为描述对象，把学术见解作为内容核心。除了这些学术性的根本特征以外，学术论文还具有如下特点：

（1）科学性。

科学性就是要求学术论文能正确反映客观事物，揭示事物的本质和规律。

科学性是一切学术论文的必备条件。学术论文写作的任务是要正确反映事物的客观实际及其发展规律，揭示真理，指导人们的社会实践。论文如不具备科学性，不仅无法实现这个目的，还会造成人们思想混乱，引起不良后果。

科学性表现在论点上，必须客观、正确。它要求论文作者对论题不带个人偏见，不凭主观臆造，一切从客观实际出发，从中得出符合实际的结论来。科学性体现在论据上，要求论文作者通过缜密的观察、调查和研究，尽可能多地占有资料，以最确切、最充分的根据作为立论的依据，而不是带着先入为主的框框去找材料。科学性还要求论文作者在论证上是系统的，而不是零碎的；是完整的，而不是片面的；是首尾一致的，而不是前后矛盾的。

为使学术论文具有科学性，首先，要求论文作者具有科学工作者的应有态度。科学工作者必须具有客观公正、严谨认真的态度；必须杜绝一切主观偏见、个人好恶。其次，要求论文作者必须掌握科学研究方法，包括马克思主义的世界观和方法论，以及系统科学方法等，只有这样，论文的科学性才有坚实的基础。

（2）创造性。

各种文章的写作，都要重视创造性，学术论文尤其如此。创造性是学术论文写作的生命，没有自己的创见，人云亦云，这样的学术论文是没有任何价值的。一般来说，学术论文的创造性体现在如下四个方面：

课题新。要求我们敢于大胆求索，敢于涉足新领域、新问题。各个学术领域都有许多大大小小的新问题，有的是到目前尚未有人去研究，有的是研究刚刚起步，还未有人深入地去探索。能不能发现有价值的课题，本身就是对研究者学术水平的一种检测。

观点新。课题的新颖当然是有价值的，但观点的新颖更能体现学术论文的创造性。从本质上说，一篇学术论文的写作过程，就是作者提出观点或看法，然后再加以论证、说服他人的过程。论文的观点新，首先要求我们要解放思想，敢于开拓，树立科学研究无禁区的观念。其次，要在积累丰富知识的基础上，积极开发创造性思维。创造性是学术论文的生命，而新观点又是创造性的核心。提不出新思想、新见解、新看法，就不能写出高质量、高水平的论文。

材料新。新材料包括新近发生或发现的事实，没有人用过或少为人所知的材料，也包括有新意、有新内涵的材料。材料是论点的基础，对新材料的研究观照，往往能产生新的论点。即使论点是他人的，如能以新材料进行证明、阐发，使之更具说服力，也能给人以新奇感，这也不失为一种创造性。

研究方法和研究角度新。进行学术研究，方法很多，有传统的方法，也有新兴的方法，还有交叉学科的方法，方法本身就构成一门方法论学科。各种方法之间，既有相同之处，又有明显的差异，既互相区别，又互为补充。用新的方法研究问题，常常会取得出人意料、让人耳目一新的效果，使问题的解决更彻底、更完善、更准确。研究角度的选择同样也是很重要的，角度新颖，不但可以极大地丰富我们的选题，而且可以把问题论述得更加深刻、透彻，给人一种新鲜感。比如对鲁迅《阿Q正传》的研究，成果很多，要有所突破，十分不易，而林兴宅的研究文章《论阿Q性格系统》却能独辟蹊径，运用系统方法，从不同的角度分析人物性格，揭示了阿Q性格的复杂性和形象的丰富内涵。

当然，一篇学术论文要提出一个创造性的见解并不容易。而且创造性本身也有大小差异，大到创立一个学科，小到考证一条材料，都是创造，都是应该肯定的。但无论如何，如果一篇论文没有任何一点自己的创见，只是重复他人的观点和材料，那是没有任何价值的。

(3) 理论性。

学术论文要求作者不仅要对所研究的对象有全面的认识，而且还要通过论证、阐发，将自己的发现和认识提高到理论的高度。在论述过程中，要旁征博引，多方求证，全面阐述自己的观点。不论是纠正谬误，还是开拓创新，都应充满理性色彩。因此，作者不仅对本专业的理论知识要有良好的修养，而且对相关的理论要有所掌握，要具备较高的理论思维能力。

理论性主要体现在内容的深刻性上。学术论文要求正确地反映事物，揭示事物的本质和规律，因此，学术论文反映的应是对事物本质性的、规律性的深刻认识，只有上升到理性的高度，用理论思维来反映这种认识，才够得上论文的核心。

(4) 学术性。

学术，即较为专门的、系统的学问。学术论文是学术成果的载体，它的主要内容是作者在某一学科领域中对某一课题进行深入研究后获得的结果，具有专门性和系统性，这是它不同于一般议论文的地方。学术论文要有一定的深度，要求作者在专业上必须具有深厚的学术素养，对研究的课题有全面的了解，不但知其现状，也要知其历史，更要熟悉学术界的动向，把握好自己的主攻方向，解决在学术上确有价值的问题。学术论文既可以推翻定论、前说，也可以通过自己的观察实验，积累数据，归纳总结，提出自己的看法，表述自己的学术见解。正是在这一点上，学术论文和一般的评论文章有了区别，后者往往针对社会现象有感而发，不求系统，只在某一点上谈自己的感想或体会。

2. 作用

学术论文是负载学术研究成果的文章。各个学科的发展水平常常是通过该学科近期发表的学术论文来体现的。一个研究者，他的学术水平往往也是通过其学术论文来体现的。因此，学术论文对传承人类文明成果，对促进学科的发展以及检测一个人的学术水平，都具有重要的意义。通过学术论文，可以交流、传播科研成果，普及科研成果，将先进的科学技术成果转化为社会生产力。对于大学生来说，通过毕业论文、学术论文的撰写，可以培养自己初步的科研能力，为将来进一步深造打好基础，同时，毕业论文的写作与答辩，也是学生获得各类学位的必备条件。

8.1.3 学术论文的分类

学术论文按不同的标准，可以作不同的划分。

1. 按学科分类

（1）社会科学论文。社会科学又称人文科学，包括文艺学、历史学、哲学、教育学、经济学、军事学、社会学、管理学、心理学、宗教学等。就以上这些学科领域所写的论文都属于社会科学论文。

（2）自然科学论文。高等学校理、工、农、医、林等专业，属于自然科学的范畴，在这些学科范围内，就某一问题所写的科研论文，都可以将它们划入自然科学的范围。

2. 按论文的用途分类

（1）学年论文。学年论文是高等学校的学生根据所学的专业知识，在教师的指导下，针对某一问题进行尝试性研究而写出的论文，一般在大学三年级进行。目的在于使学生学会运用专业知识分析问题、阐释某一理论，掌握初步的科学研究方法，为毕业论文的撰写作准备。

（2）毕业论文。毕业论文是高等学校的毕业生运用所学的全部知识，针对所学专业中某一学术问题进行研究探讨而撰写的理论性文章。它是衡量学生学术水平的一个重要标志。一般的高校都把毕业论文的合格与否作为学生是否能毕业的一个重要标准。

（3）学位论文。学位论文是由攻读学位者向培养单位、审核单位提交的具有学术性的论文，是考核申请者的重要依据，学位论文的通过与否，直接关系到申请者能否被授予相应的学位。根据《中华人民共和国学位条例》，学位论文分为学士学位论文、硕士学位论文、博士学位论文。学士学位论文是大学本科学生的毕业论文，要求能正确、灵活地运用所学知识，分析和解决本学科内某一问题，能反映作者具备从事科学研究或专门技术工作的初步能力，篇幅在1万字左右。硕士学位论文要求对所论专题有比较独到的见解，能反映作者对本学科有比较扎实的基础知识，篇幅在2~3万字。博士学位论文要求在科学或专门技术上提出有创见性的成果，能反映作者对本学科有渊博的知识和相当高的科研能力，篇幅一般在5万字以上。

（4）学科论文。学科论文是各学科领域中的研究人员和社会上理论工作者表述科研成果的学术论文。这类论文有的用于学术交流，有的用于发表，有的用于本单位的业务工作。

8.2 学术论文写作

8.2.1 学术论文的选题

学术论文的写作，是检测大学生学习成果、培养科研创新能力的重要手段。面对毕业论文的写作，学生必须解决两个主要问题，一是写什么，二是怎样写。写什么，即选择论文的写作对象和写作内容，确定研究的起点，这无疑是论文写作的第一步。古谚云："题好一半文。"好的开头是成功的一半。我们当然不能将论题的作用绝对化，但也不可忽视论题选择对论文质量的影响。选题恰当确切，往往能很好地检测学生的科研意识、学术敏感度；而选题不当失度，要么泛泛而谈，要么陈词滥调，始终不得要领，起不到锻炼学生的作用。选题的过程，实际上就是一个发现问题、提出问题的过程。爱因斯坦指出：提出一个问题往往比解决一个问题更重要，因为解决一个问题也许仅仅是数量上或实验上的技能而已。而提出新的问题、新的可能性，从新的角度看待旧的问题，却需要有创造性的想象力，而且标志着科学的真正进步。选题往往决定论文的价值和研究的成败，选题也是思维活动的起点和动力。选题重要，选题不易，选题更应慎重。

学科发展的历史昭示我们，以个体活动为主的科学研究是一项复杂而艰辛的事业，第一步走对了，就可能出成果，甚至快出成果；第一步走不对，千辛万苦，都将付之东流。而决定这第一步的关键就是课题的取舍。

课题取舍首先必须确定一个标准，"没有规矩，不成方圆"，这个规矩就是制约论题选择的各种主客观因素。就论题选择而言，我们认为必须遵循客观上有价值、主观上有条件这两个基本原则。客观上有价值，即选题符合客观社会需要，解决它有利于科学事业的发展，有利于人才的培养；主观上有条件，即论题要切合写作者的自身素养。只有把需要、可能结合起来，把客观与主观结合起来，才能避免无谓劳作或半途而废。

1. 制约选题的原则

科学研究的目的，无外乎是通过认识自然、认识社会的客观规律，进而达致服务社会，造福人类。课题本身有无价值、价值大小，衡量的标准就是看它能否服务于社会、促进学科的发展，以及对社会的贡献大小。

客观上有价值，包括社会价值和学术价值。这两方面的内容是统一的，最终目标是一致的，只是着重点不同而已。考察选题的客观制约因素，应从这两方面着手。

（1）选取有社会价值的课题。

选取有社会价值的课题，就是要着眼于现实和社会发展的需要，讲求社会效益，实现科学研究服务于社会的目的。建设高度的物质文明和精神文明，全面建设小康社会，实现国家的现代化是我们整个历史时期的中心任务，是全国人民为之奋斗的目标，是指导各行各业、各项工作的总方针。课题的选择，无论自然科学还是社会科学，从根本上来说，应直接或间接地服务于这一总目标，以保证其科学研究的社会价值。

社会价值包含的内容十分丰富。实现现代化的总目标，包括许多具体的工作。每门学科也有很多与实现总原则、总目标精神相一致相联系的课题，都需要我们去研究。无论是解决重大的理论问题，还是解决某个具体的实际问题，只要能直接或间接地服务于社会主义建设的总目标，就都是有社会价值的问题。

在保证有社会价值的前提下，我们还要考虑选题价值的大小以及问题的现实针对性。我们提倡选取价值大、与现实具有紧密联系的论题。这类论题往往与群众的生活密切相关，往往是社会或学科的热点问题、难点问题，解决得好，能多多少少促进学科的发展、社会的进步，能够最大限度地发挥科学研究的效用，无疑具有更大的社会价值。正如王充所说："为世用者，百篇无害；不为用者，一篇无补。"著名科学家钱学森也说："我们培养的专业人才要为四化建设服务。学位研究生的研究课题要紧密结合国家的需要。一个临床医学博士，不会治病怎么能行呢？在研究方法上要防止钻牛角尖，搞繁琐哲学。目前一些社会科学的研究中，有的人就古人一句话大做文章，反复考证，写一大篇论文，我看没有什么意思。"

（2）选取有学术价值的课题。

学术论文作为一种表达科研成果的载体，它应具有科学性、学术性、理论性、创新性。它所研究的应是一门学科中某个或某几个专门的学术问题。因此，强调论文的学术性，自是题中应有之义。衡量一篇学术论文的价值，除了考量其社会价值之外，另一个考量的标准就是它的学术性。一篇学术论文，如果没有表达作者的学术见解，它的价值就要大打折扣。然而，学科林立，要具体地衡量一篇论文的学术性，特别是社会科学论文的学术价值，往往不是一件容易的事情。有的论文，今天看来没有太大的学术价值，若干年后，人们才体会到它的深邃精辟；有的论文，以此标准衡量价值不大，换成彼标准来考量，它的学术价值便令人刮目相看。

怎样才能做到选题有学术价值？以下提出几个思考的方向，以供研究者参考：

第一，要了解本学科、本专业的研究历史，提出并解决重大的基本理论问题。

每门学科都有若干基本理论问题，解决这些基本问题，能推动学科的发展，对其他问题的研究产生深远的影响。有些课题表面上看起来现实意义不大，有的甚至看不出它的解决会对社会生活产生什么直接影响。但从整个学科发展来看，从长远看，却是一个重大的理论问题，在本学科和专业体系中占有重要地位，会影响或带动其他问题的解决，甚至对社会生活产生重大影响。当然，提出和解决重大的基本理论问题十分不易，要有相当深度和广度的专业知识，要能站得高、看得远，要具备较高的理论素养和创造性思维能力。

第二，掌握本学科、本专业的研究动态，在学术研究的前沿阵地上选题。

学科的发展需要一代又一代人的积累。我们如果能站在学科的前沿阵地上，就能够避免重复劳动，做到起点高，容易赶上和超过前人，实现学科的薪火相传和自我超越。对个人而言，更能锻炼自己的学术素养，早出成果，快出成果。了解本学科、本专业的研究动态并不难，只要经常阅读本学科、本专业的刊物，积极参加有关的学术交流会、报告会，多与同行交流，多参阅一些文献综述资料，就能了解当前的研究动态和学科讨论的热点。

第三，在认真审视本学科、本专业的基础上，敢于挑战权威，建立新说。

每一门学科都有其理论体系，这是前人给我们留下的宝贵精神财富，我们不能视而不见。但社会在进步，人类在前进，后人不能踟蹰不前，更不能匍匐在专家权威的脚下。我们应在认真审视前人成果的基础上，敢于标新立异。敢于向权威挑战，从而促进学科的发展和进步。这样的选题无疑具有相当大的难度，但越是艰险越应向前，越是具有挑战性就越能发挥一个人的聪明才智和学术潜力。按我国著名文学史家、北大教授王瑶先生的说法，论文的境界有三等，最好的文章是在提出并解决某个问题时，能形成独特的概念或命题，然后被学界所普遍认可与使用，这叫“自成一说”；第二等是属于一般还算不错的文章，对所论及的问题大体能中规中矩分析归纳，做到“自圆其说”；等而下之的文章就是抄抄贴贴，或主观随意地乱说瞎说。能“自成一说”很不容易，也许暂时只能作为我们努力的方向，但毕业论文做到多少有点创新，同时又能自圆其说，应该不是过高的要求。

2. 学术论文选题的主观原则

在毕业论文的选题问题上，只考虑客观制约因素，只注重论题的社会价值和学术价值，而不顾写作者的主观因素，也是不妥当的。学术论文写作，是个体的创造性劳动，而个体是千差万别的，即使同一专业的学生，因为每个人的学术专长、专业水平、个人兴趣，以及所处的环境条件都不一样，要使客观需要变成实际可能，把成功前提变成现实可能，必须考虑写作者的主观因素。只考虑客观需要，不考虑主观条件，是盲从；只考虑主观条件，不考虑客观需要，则是盲目，两者都不能达到预期的目的。正确的态度是把两者有机结合起来。

决定写作者的主观因素有很多，如智力因素、非智力因素，内在因素、外在因素，涉及多方面的内容。面对这些复杂因素，如何选择主观上有条件完成的课题呢？我们认为，应该从以下几个方面去加以考虑：

(1) 选择专业范围内的课题。

学术研究是以学术积累为前提的。写作毕业论文之时，学生通常临近毕业，已有过几年的专业学习，掌握了一定的本学科知识，这为论文写作奠定了基础、创造了条件。如果选择与所学专业不相干的课题，就等于放弃了自己的专业所长，重新去开垦一块知识领域，这么做必然事倍功半，得不偿失。根据目前国内情况，跨专业指导和评定学位论文是很困难的事情，没有必要给自己添麻烦。

(2) 选取有兴趣的课题。

兴趣是最好的老师。写作者一旦对某个事物发生了兴趣，他就会被该事物深深地吸引。因此，兴趣也是制约选题不可忽视的因素。

有了兴趣，可以调动思维活动的积极性，触发创造性思维活动，变消极为积极，进而导致对问题的顿悟和灵感的出现。相反，研究者如果对从事的课题无兴趣，则会把它当作一种压力、负担，在无可奈何勉力而为的情况下，难以调动思维的积极性，更谈不上创造性思维的开展。兴趣还可以产生研究的意志和毅力，科学研究是一项长期艰苦的精神创造活动，没有锲而不舍的精神，没有”为伊消得人憔悴“的决心，是难以实现自我超越的。写作者对有兴趣的课题，往往能不计较个人得失，不畏艰难困苦，能忍得住寂寞和孤清，以苦为乐，甘坐冷板凳，不达目的誓不罢休。这种由兴趣而引发的动力，是取得成果的重要保证。

(3) 选择大小适中、难易适度的课题。

课题有大有小，大到可以创立一门学科，小到仅仅解决某一学科的某个具体问题。课题也有难有易，难的通过几代人努力也不能克服，易的可在谈笑之间加以解决。而且大小难易都是相对的，一个课题，对有的研究者来说可能太大，对有的研究者则不然，难易程度也是如此。关键是要看研究者的个人条件。难易的标准有时是很难取舍的，有人提出适度、适中。也就是说，论题对研究者来说，不努力不能完成，通过努力则可以解决。

当然，对初学者来说，我们提倡小题大做，而不主张大题小做。题目小，挖得深，讲得透，能见前人之所未见，文章就有了深度，有了价值。相反，大题小做，面面俱到，泛泛而谈，恰如蜻蜓点水，不深不透，流于肤浅。著名学者胡适曾说，“题目越小越好，要在小题上大做，可以得到训练，千万不可做大题目”。王力先生曾明确指出：“论文的范围不宜太大。范围大了，你一定讲得不深入，不透彻。应该写小题目，不要搞大题目，小题目反而能出大文章，大题目倒容易写得肤浅，没有价值。”

（4）选择资料、时间等有利的课题。

从事论文写作，资料搜集是必不可少的重要环节。尽管在资讯发达的今日，这个问题的解决似乎并不难。但在选题时，资料条件的问题也是不可忽视的。互联网络可以为我们带来诸多方便，但也不是尽善尽美。有些资料的获得还得借助于文献资料。每个人的生活都受到了一定的时空条件的限制，搜集资料，最为方便的是自己生活的特定环境下的图书馆、情报机构，而任何一个图书馆、情报机构都不是无所不包的。因此，在选题时应考虑到这一点。

巧妇难为无米之炊。有了充分的资料，论点的提炼才能站得住、立得稳，论文的材料才可能丰富厚实。论文写作是严肃的科学研究活动，而科学的东西是来不得半点虚假的。写小说还可以发挥想象力虚构，而论文则不能仅凭主观想象写作，我们虽不能做到字字有来历，但做到概念准确，分析论证有根有据，还是十分必要的。

毕业论文的选题，时间条件也不可不加以考虑。充裕的时间是保证论文质量的必要条件。毕业论文要在限定的两三个月内完成，如果以前对论题积累不多，应该说时间并不充裕。更何况在这两三个月内，还有一些必要的事务会占去不少的时间。因此，在选择论题时，应尽可能结合自己的实际，时间充裕，不妨选择大一些、难一些的论题，时间紧张，不妨选择小一些的题目。

毕业论文的选题，涉及的主客观因素较多，我们在选择论题时，必须足够重视。既要考虑论题的客观价值因素，也应考虑制约论题的主观条件，将这两者结合起来，找准契合点，便可能为论题的确立把准脉搏。

8.2.2 学术论文的资料搜集

学术研究就是研究客观事实，从分析丰富的事实、资料中概括出规律，提出自己的见解。资料是整个工作的起点，也是整个论文写作工作的基础。缺乏资料，整个研究工作便无法开展，拥有的资料不充分、不真实、缺乏典型性，得出的结论就不会是科学的。

1. 资料搜集的范围

进行论文写作，搜集的资料应该越多越好。但任何人的能力、精力和时间都是有限的，而且现在任何一个论题，有关的资料都多得无法计量，在这种情况下，我们必须对资料的搜集有一定的范围限定。具体来说，搜集资料可考虑从以下几方面进行：一是与论文写作有关的理论资料。进行任何一项研究工作，必须有一定的专业理论和专业知识。理论是工具和武器，知识是观点、结论赖以成立的基础。两者相辅相成，缺一不可。随着时代的发展，新理论、新知识不断呈现，更是要求论文写作者不断地学习，去吸收和掌握。论文写作者必须保持对新理论、新知识的高度渴求，只有这样，才能站在学科的前沿，写出有创见的论文。二是搜集前人已有的论述。就同一个问题，前人已进行过哪些研究，取得了哪些成果，解决了哪些问题，提出了哪些观点，使用过哪些材料等，这方面的资料应该尽可能地去搜集，它们对于论文写作十分重要，可以避免选题和结论的重复，使研究者少走弯路，少做无用功。三是对立和可资映照、比较的资料。事物之间的关系往往是错综复杂的，一个事物的特点，往往总是在和它近似事物的相互影响以及对立事物的相互斗争中形成和发展起来的。在比较之中，事物的特点更鲜明，面貌更清晰，个性更突出。

2. 资料搜集的方法

（1）直接材料的搜集。

直接材料即第一手材料，是写作者通过亲自参加社会实践和科学实验而获取的材料。常用的获取直接材料的方法有观察法、访问座谈法、问卷调查法、实验试点法等。方法多种多样，写作者可根据自己课题的性质、研究对象、研究成果的载体等选择使用。简单的问题采用的方法单一一些，复杂的问题采用的方法往往多样一些。

（2）间接材料的搜集。

简单来说，除直接材料之外的材料都可以称为间接材料，它也是写作论文不可缺少的。间接材料的范围比直接材料的范围更加广泛，更加多样化。人们常用的搜集间接材料的方式有：

一是通过文献资料搜集材料。

论文写作往往要参考阅读与论题有关的大量文献资料，因此，在浩如烟海的文献中，如何找寻到对自己有用的材料，无疑是科研工作者必备的基本素质。提供文献资料的主要场所是图书馆、情报机构。能充分利用图书馆、情报机构，已成为现代信息社会必备的能力。

①要了解图书分类法。

图书馆的书刊汗牛充栋，要在其中找到自己研究课题所需要的资料，必须熟悉图书馆的图书分类法。图书分类法是根据图书内容的学科性质或其他特征分类的。图书分类法既是图书馆管理的方法，又是为读者服务的工具。不同的图书馆所使用的图书分类方法有所不同。目前国内图书分类方法主要有：中国图书馆图书分类法，简称中图法。中国人民大学图书分类法，简称人大法。中国科学院图书分类法，简称科图法。

这几种分类法虽然体系不同，但基本结构形式相同，都由类目表、索引和编制说明等几个部分组成。为了使检索体系标准化，我国确定以中图法为国家试行的标准草案。中图法以学科分类为基础，分五大部类，在五大部类的基础上，再分成22个大类。

②熟悉检索途径。

一般图书馆既使用分类目录，又使用书名目录、著者目录和主题目录。这几种目录各有自己的特点和用途，适用于不同的场合，指示不同的检索途径。现国内图书馆使用的检索途径有：

书名途径。按书名或文章篇目名的字顺进行排列的检索途径。可根据书名或篇目查找。

著者途径。按文献著者或团体的名称、译者和编者的姓名进行排列的检索途径。可根据著作者姓名查找。

分类途径。按文献所属学科进行排列的检索途径。可按学科分类体系查找。

主题途径。按学科所涉主题进行排列的检索途径。可按文献主题进行查找。

③善于使用检索工具。

检索工具主要是提供资料线索。常用的检索工具有目录、索引和文摘等。

目录。它是标示图书或出版物外部特征的检索工具。如标示有关古籍及其版本的《四库全书总目》，标示现代综合性书目的《全国总书目》，标示报刊目录的《全国中文期刊联合目录》。还有专题目录，如《鲁迅研究资料目录》、《钱钟书研究目录》等。

索引。它是揭示文献外表特征和内容特征的检索工具，比单纯的目录内容详细一些，分为篇目索引和内容索引，如《十三经索引》、《人民日报索引》。

文摘。它是有关文献资料内容摘要，简要介绍文献的内容。有一类相当于文献的内容提要；有一类是从众多同类文献中，经过编者的严格挑选，将有代表性的文章组合成书籍或杂志，如《武汉大学刑法专业博士论文摘要》、《新华文摘》等。

二是通过互联网搜集材料。

随着科学技术的进步，互联网的覆盖范围越来越广，通过互联网来学习、搜集资料的人越来越多，这代表了未来发展的方向。互联网的资料比较全面，更新的速度快，而且容量惊人，下载方便，可以极大地提高效率。当然，要通过互联网搜集信息和资料，必须知道提供这种资源的计算机的地址。搜索引擎是一种非常有用的信息检索工具，对于我们利用互联网查询资料是非常重要的。

8.2.3　学术论文的论点确立

学术论文的论点，即学术论文的中心，是作者对相关的材料进行抽象概括后提出的见解。论点在学术论文中具有非常重要的价值和意义，是整篇文章的核心、灵魂和统帅，无论是鸿篇巨制，还是短小精悍的论文，都必须有作者对某一学术问题的明确看法。组成论文的一切要素都是为论点服务的，论点是否科学且有创造性，往往是衡量一篇学术论文水平高低的重要标准。作者必须对搜集到的材料，经过筛选甄别，去伪存真，然后对材料进行思考分析，从中提炼出自己的看法。论点的形成过程，也就是作者进行研究的过程。论文写作者必须通过自己艰苦而富有创造性的劳动，运用多种思维方式和研究方法，提炼出有创新性的见解。

1. 确立论点的原则

要有好的论点，在确立论点时，必须遵循如下一些原则：

（1）“论从史出”的原则。

所谓“论从史出”，就是说，论点是从全部系统的资料分析中得出来的必然的结论。文章的小论点，从文章的部分内容中概括，从各个小论点中又抽象出文章的总论点。总论点也好，分论点也好，都不是凭空臆造的产物。一篇论文的论点，必须有充分的事实作依据，这些事实也足以证明这个论点，这是最基本的要求。只有坚持先有“史”、后有“论”，“论从史出”的原则，论文的论点才能客观、全面、深刻、有价值，经得起推敲。有的作者不遵循这一要求，先“论”后“史”，先有观点，这个观点有的是自己的，更多的是别人的，然后根据观点的需要去选用资料。这不是一种科学的研究方法，严格说来，应是一种主观主义的反科学的方法。王力先生曾多次批评过这种写法。他说：“搞研究工作最忌的是先有结论，然后找例证。这是很有害的。因为凡是先立结论，然后去找例证，往往靠不住。因为你往往得主观地找一些你所用的例证，不为你所用的就不要，那自然就错误了。”还有些作者，面对自己花费很多时间搜集的资料，或是自己通过亲自实验得出的数据，不进行思考分析、提炼出论点，文章中只见材料不见观点，或者观点与材料无所关联，材料不能支撑其观点，形成“两张皮”现象，这样的文章往往缺乏说理性和证明力。连写作者自己都不认可的结论，企图去让别人接受，往往是不切实际的。还有些初学写作者，往往对“史”思考不深入，得出的结论浮于表面，因此也就失了创新价值。科学研究是一项认识活动，要求对事物有深刻的理性认识。要做到这点，必须在充分占有材料的基础上作由此及彼、由表及里的理性思考，才能揭示事物的本质和规律。如果认识只是停留在现象上和感性认识阶段上，论点只是对现象的简单归纳，这种认识必然肤浅、片面。

“论从史出”不但是方法问题，而且是研究者的科学素养和态度问题，不对资料作深入的思考，是揭示不出隐藏在资料后面的内在本质的。著名哲学家张世英在《谈谈哲学史的研究和论文写作》中说：“做研究，写论文，要一层一层地多追问几个为什么，要把材料安排在对这些‘为什么’的回答之中，把这些问题的答案融化在材料中。这样，才会使论点明确，步步深入，理论性强。”

（2）论点明确的原则。

论点明确，包括基本论点和分论点要明确、具体。作者对某一事物的看法不能笼统含糊、模棱两可。一个科学的认识是对事物本质和规律的认识，它具有明确的质的规定，以科学的准确界定为特征。那种含混不清或似是而非的观点不能算是科学的认识，还必须进一步地思考，形成明确的看法。

要做到论点明确，首先是认识上要明确。论点是对材料分析后作出的判断，要判断事物的性质，必须对事物有清晰而透彻的认识。当然，这种认识也不是一蹴而就的。往往是作者在对资料的阅读分析中，由朦胧模糊到逐渐明确清晰的。如对中篇小说《人到中年》中陆文婷形象的认识，可能要经历这样一个过程：陆文婷是个普通的中年妇女形象——陆文婷是一个具有传统美德的中年妇女形象——陆文婷不是个平庸的女性形象，也不是女英雄形象，而是一个具有中国妇女传统美德的、温文尔雅而柔韧有致的、既普通又伟大的中年妇女形象。这是一个从比较含混的认识，通过剥笋壳般地层层深入，最终清晰的过程。其次是表达上要准确。对对象的认识明确了，但这种认识仅仅停留于大脑中，还未定型成文字。对于初学者来说，要准确地将自己的思考结论形诸笔端，并不是件轻而易举的事情。这就要求作者要有比较强的语言表达能力，“茶壶里煮饺子，有货倒不出”，或是心中所想是一回事，写出来又走了样，这都是表达能力不足造成的。因此，对于自己的认识，要通过认真推敲，找出最有效的字、词、句对自己的结论加以表达，做到恰如其分，表达符合科学性，有分寸感，不把话说死说过。要知道表达一个观点，阐释一种思想，在词汇的汪洋大海中，是有很多选择余地的，但表达某个观点或者看法，最好的字、词、句只有一个，我们要力求找出最恰当的这一个。认识明确了，表达准确了，文章的论点必然容易被他人接受，从而达到写作学术论文的目的。

（3）“意在笔先”的原则。

所谓“意在笔先”，即执笔行文前，先定论点、主题，这也是论文写作必须遵循的一个原则。研究课题要先从材料出发，以“史”出“论”，但当结论形成后，动笔写作时，要以“论”带“史”，“意在笔先”。只有有了明确的“意”，才能决定资料的取舍、结构的设置，甚至语言的风格。倘若不是如此，则论文洋洋洒洒，成千上万言，回过头来一看，材料与观点不能互相统摄，自说自话，这样的论文要产生说服人的力量，是根本不可能的。

2. 学术论文对论点的要求

经过反复提炼最后确定下来的论点必须符合正确、新颖、深刻的要求。

（1）正确。

正确是指论点要客观、科学、符合实际，经得住历史的检验，揭示了事物的本质规律。正确是学术论文论点最基本的要求，这是由科学研究的宗旨所决定的。科学研究的任务就是揭示自然和社会的本质和规律，力求对客观世界有正确的认识。科学性是学术论文的基本特征，而论点正确与否又是论文科学性的首要条件和基本前提。论点谬误，不但不能对读者有所裨益，反而会将读者引向错误。

当然，组成世界的事物往往是错综复杂的，要概括出正确的论点并不是十分容易的。首先，需要读者掌握真实可靠的资料。资料不真实、不全面，容易导致观点不科学。使用资料的方法不科学、不恰当，断章取义，只根据一些片断的、零碎的资料就妄下结论，也会导致论点的错误。其次，论点的正确还取决于思维的正确。资料全面、真实可靠，但在推理、判断过程中违背逻辑，同样不能得出正确的结论。判断论点是否正确，一是看它是否与客观实际相符合。理论从实践中来，又接受实践的检验。学术观点是作者对客观事物及其规律的认识。正确的观点应该与客观实际相符合，凡是与客观实际不一致的认识或结论，都是不正确的。二是看它是否与已得到验证的科学结论相符合。有些科学理论在长期的社会实践中已被反复证明是正确的，是真理性认识，是科学原理。学术论点同这样的科学理论相一致，则意味着同客观实际相符合，这是一种间接证明的方法。

（2）新颖。

学术论文的价值在于创新。创新是学术得以延续的关键。没有学术论文的创新，就没有人类历史文化的积淀，也没有科学技术的进步。重复别人的观点，做的是无意义的劳动。创新性是学术论文的生命。新颖独特是科学创造的产物，也是构成学术论文创造性的首要因素。学术研究要探索新问题，提出新见解，解决新矛盾，提供新思路，寻求新方法。学术论文，只有言前人所未言，发前人所未发，才是创造。作者应力争写出“人人心中所有，人人笔下所无”的东西。

新颖独特的观点对学术论文来说很重要，但也不容易，对于初学论文写作者来说尤其困难。但是不能因为难就不敢进行论文写作。新颖有程度上的差别和要求上的差异。初学论文写作者可以从创造性的其他因素入手，如选择新材料，变换新角度，采用新方法进行研究，即使观点不十分新颖，也有一定的新意，它使前人观点得以重新验证，或者把前人观点加以丰富，使之深化或发展，从而更好地发挥理论的认识作用，这也是创造性的表现。

（3）深刻。

深刻就是要求论点能反映事物的本质，揭示隐藏在客观事物里面的内在规律。

进行科学研究，首要的任务就是要透过表面现象抓住事物本质，找出规律性的东西，并用以指导实践。如果论文写作者的认识仅仅停留在事物的表面，只能得到一些经验法则和感性认识，还不足以成为成熟的学术论文观点；写作者只有继续深入下去，挖掘蕴藏在事物内部的本质性的东西，形成有深度的学术观点，才算完成科学认识的任务，也只有表达这样的学术观点的论文才具有理论性。

要求论点深刻，这是由科学认识的任务和学术论文的理论性决定的。要有深刻的论点，写作者必须掌握一定的理论，运用多种手段和方法，反复对材料进行思考分析。

3. 提炼学术论文论点的方法

论点提炼的方法多种多样，常见的有以下四种：

（1）哲学思维方法。这是对可以作为世界观和一般方法论起作用的哲学基本范畴的理解和运用，如形式和内容，可能和现实，一般和个别，原因和结果等。它们是客观世界和人类思维一般规律的反映，包括科学研究在内的任何工作都离不开它们的影响和制约作用。

（2）逻辑的和历史的方法。所谓逻辑的方法，即运用形式逻辑和辩证思维所揭示的一般思维规律寻找和把握事物的内在联系，完成从现象到本质、从个别到一般的抽象和概括工作。所谓历史的方法，主要就是通过各种具体材料的印证和分析、比较，探求影响、决定事物生成与发展变化的各种原因或客观规律。在论文写作中，这两种方法常常互为表里，结合在一起使用。

（3）比较法。就是将两种事物放在一起，通过寻求它们的差异来提炼论点。比较分成纵向比较和横向比较，事物在比较中，往往特色更明显，优势更突出，个性更鲜明。运用比较法时应注意事物的可比性。

（4）逆向思维法。就是以原来顺向思维所获得的结论为起点，反向进行思考。应辩证地分析材料，提炼出与众不同的相反的观点，使用这种方法往往能突破思维定式，纠正前人的错误，补充前人的不足，或推翻旧说，提出新的见解。

8.2.4 学术论文的提纲撰写

写作学术论文前，一般应先拟好写作提纲，提纲分成粗纲和细纲两种。提纲由文学序号和文字组成，体现了作者对论文整体框架的把握，对论文写作经验不足的写作者，我们提倡在动笔前，最好能拟定比较详细的提纲。

1. 论文提纲的作用

拟好写作提纲是论文写作的重要一环。朱光潜先生曾说过："在定了题目之后，我取一张纸条摆在前面，抱着那题目四面八方地想。想时全凭心理学家所谓自由联想，不拘大小，不问次序，想得一点意思，就用三五个字的小标题写在纸上，如此一直想下去，一直记下去，到当时所能想到的意思都记下来为止。这样寻思的工作做完了，我于是把杂乱无章的小标题看一眼，仔细加以衡量，把无关重要无须说的各点一齐丢开，把应该说的选择出来，再在其中理出一个线索和次第，另取一张纸条，顺这个线索和次第用小标题写成一个纲要。这纲要写好了，文章的轮廓已具，每个小标题成为一段的总纲。"朱先生所说的纲要，就是我们所说的提纲。那么，论文提纲对写作论文有何作用呢？

（1）可以帮助论文作者从全局着眼，明确纲目，树立全文框架。在编写提纲之前，作者对论文的论点、论据和材料都经过考虑，但常常是仅仅停留于头脑之中的不成熟、不系统、不完善的。通过提纲的编写，明确了基本论点，组织好几个分论点，再安排好各个分论点下面的若干下位论点，这样，全文的框架就树立起来了。这种立体化的图表，有助于我们审视基本论点是否得以全面、深刻地论证；每部分的材料是否必要、足够。这些因素在编写提纲前，往往难以系统、全面地加以考虑，只有通过这种视觉化的提纲，从整体出发，纲举目张，材料的走向才能明确，论据、材料的取舍、增删、调整才有依据。如果胸无全局，想到什么就写什么，写完后就可能存在混乱，直接影响观点的表达。

（2）可以帮助作者理清复杂的逻辑关系。一篇学术论文，篇幅较长，运用的材料较多，逻辑层次比较复杂。总论点与分论点之间，分论点相互之间，论点与材料之间，材料与材料之间，往往关系错综复杂，怎样把它们有序地组合成一个有机整体，这是撰拟提纲时必须明白的。虽然在编写提纲之前，作者对文章的观点与材料的有机统一有了考虑，形成了一定的想法，但这些想法还没有反映在书面上，就常常是不系统、散乱、不确定的，真正动笔时往往会走样，甚至忘了原来的想法。编写提纲，能使这些关系及想法系统化，是作者对思路反复进行斟酌、深化和修改的过程。这样经过反复酝酿拟定的提纲，通常是一个完整的逻辑结构，是各种想法结合的最佳方案，是思路的定型化。拟定提纲，作者成竹在胸，思路清晰，可以避免组织混乱，详略不当，观点与材料不统一，甚至跑题、离题现象。有了提纲，起草时即使不按结构顺序进行，甚至是多人各部分各自执笔，也不至于重复、混乱或缺损。

（3）有助于写作的顺利进行。提纲就像建筑师手中的蓝图，有了提纲，作者的思路清晰了，动笔时就可以避免左顾右盼、犹豫徘徊，使写作的过程顺利进行。学术论文篇幅较长，写作时花费时间较多，难以一气呵成。有了写作提纲，作者可分阶段、分时段进行，集中精力写好一部分，有了时间再写另一部分。尽管写作时间不同，但有了提纲的制约，可以保证整篇文章文脉贯通，保持一个完整的思路。

总之，论文提纲是学术论文的设计蓝图，写作者必须高度重视，养成拟写提纲的习惯。

2. 论文提纲的写法

提纲有详有略，简略的提纲只写题目、要求、大的层次结构；详细的提纲除以上内容外，还有论据、论证方法、引用材料等。若论文篇幅短小，提纲可简约；若论文较长，结构比较复杂，又是初学者，提纲可以写得详细一些，便于论文的展开。提纲是构思成熟的标志，是写作者写作的依据，是作者深入思考的产物。

无论哪一类提纲，都要依次写好如下几个部分：

（1）题目。

即标题，是一篇文章的名称。应做到确切、简洁、新颖、醒目。标题有两种，一是揭示课题的题目，这类题目所反映的只是作者所研究、所要论证的问题，而不涉及作者对问题的观点，如《论阿Q性格系统》、《〈水浒〉的人物和结构》；二是揭示论点的题目，如《实践是检验真理的唯一标准》、《文学要反映时代的变革和矛盾》等。如果文章的中心论点用简洁的几个字或十几个字概括出来，题目以论断形式出现，可以起到旗帜鲜明、吸引读者的作用。题目的具体方式可以是一行标题，也可以是正副标题相结合，如《学校最适办学规模分析——以广州市黄埔区为例》。

（2）基本论点。

要以论点句概括全文的基本论点。论点句又叫中心句，它是表达全篇文章基本论点的词句。以句子形式把基本论点写在提纲上，有利于论点明确，执笔时能紧扣论点，避免跑题。如果是给指导教师审查或征求他人意见，这种论点句形式也有利于老师或他人对论点提出批评或修改意见。

（3）内容纲要。

内容纲要包括支撑基本论点的各个层次或分论点，以及每个层次或分论点下面的更小的论点或段落，它是写作提纲的主体部分。

编制内容纲要要设置一个能把全部内容和主要材料都包容进去的逻辑框架，把大小纲目和材料在这一框架中安排在最恰当、最合理的位置上，从而使基本论点得以完美表达。文章框架设置得合不合理，关键是要弄清楚文章各大部分之间、大部分与小部分之间的关系，是直线推进的关系，还是并列分论的关系。不管什么关系，都要合乎逻辑，合乎人们的思维规律。为了说明提纲的写作，现举两个实例加以说明：

简略提纲：

一、题目：略论东方美学的特征

二、基本观点

东方美具有古朴性、神秘性、感悟性、韵味性、幽雅性、互补性等特征。

三、内容提纲

（一）绪论

（二）本论

1. 古朴性

2. 神秘性

3. 感悟性

4. 韵味性

5. 幽雅性

6. 互补性

（三）结论

详细提纲：

一、题目：略论东方美学的特征

二、基本观点

三、绪论

1. 提出中心论点

2. 说明写作意图

四、本论

1. 古朴性

（1）东方是人类文明最早的发源地。

（2）中国仰韶文化遗址。

(3) 日本的造型艺术。

(4) 印度的美学思想文献。

2. 神秘性

(1) 对自然神的崇拜和对人类自身的不理解。

(2) 东方人的"圆"哲学。

(3) "阳极生阴"、"阴极生阳"的东方道统思想。

(4) 印度观念的"空"。

(5) 伊斯兰教的"人神合一"。

3. 感悟性

(1) 直觉把握世界、寓于心想。

(2) 印度的《摩罗衍那》,中国的《庄子》、《西游记》。

(3) 东西方比较。

(4) 东方美学宏观为空间意识。

4. 韵味性

(1) 暗示性和含蓄性。

(2) 中国古代的言意之辩。

(3) 印度美学中的"韵味"。

5. 幽雅性

(1) 东方人美学感觉特点。

(2) 日本的暗示美和感情的和谐世界。

(3) 东方幽雅的风景文化。

(4) 东方的幽雅与西方的典雅的不同。

6. 互补性

(1) 审美理想和思想的互补。

(2) 印度宗教绘画描写形象法则。

(3) 中近东的图案和书法的美学思想。

(4) 东方建筑、工艺、美术、舞蹈、戏剧、音乐。

(三) 结论

1. 东方艺术的形式充满动感

2. 东方美学特征只是某些时期审美现象中突出的部分

写好提纲之后,不要立即动手写作,而应当回过头来看看自己所写的提纲是否完整地表达了文章的整体内容,论点是否明确,分论点是否有遗漏,论述的层次是否主次分明,论据是否充分,材料的详略安排是否恰当。推敲修改提纲的过程,也就是作者的逻辑思维渐趋缜密的过程。

8.2.5 学术论文的结构与格式

1. 结构

(1) 绪论。

绪论又叫前言、引言、引论或序论，是论文的开头部分。绪论大致包括下列几项内容：

说明研究这一课题的缘由、目的、意义。绪论应简洁明了，尽快进入主题，不要绕太多的弯子，让人看了半天不知所云。

提出问题。这是学术论文绪论部分的核心内容，绪论部分的其他内容也常常是为提出问题服务的。可以开门见山、单刀直入地提出。如毛泽东《中国社会各阶级的分析》开头便提出："谁是我们的敌人？谁是我们的朋友？这个问题是革命的首要问题。"也可以从课题的背景介绍出发，说明本课程已做过哪些研究，或者有什么不同观点，从而引出自己将要论述的问题来。如夏之放《论艺术的掌握世界的方式》的开头是这样写的："近几年来，随着美学讨论，特别是形象思维问题讨论的深入，深切感到要弄清艺术的特殊规律问题，非得深入研究艺术的掌握世界的方式不可。本文想就这个问题谈一些不成熟的看法，以期引起进一步讨论的兴趣。"该论文有两万多字，绪论只用不到一百字，就将写作目的和课题的研究意义都交代清楚了。

提出观点。可以在绪论中提出自己的看法，可以开篇第一句话就提出论点，也可以在介绍完课题背景后提出自己的观点。如马积高《赋史》的导言就是一篇完整的论文，论述赋的起源问题。文章先提出关于赋的起源的四种具有代表性的看法：①谓起源于《诗》的"不歌而诵"。此为《汉书·艺文志》之说。②谓出于诗的六义之一。此为刘勰等人之说。③谓本于《诗》、《骚》，出于战国诸子。此为章学诚之说。④谓本于纵横家言。此为姚鼐、章太炎、刘师培等人之说。针对这四种看法，马积高作了这样的分析：

> 以上四说，皆有所见。但刘勰主要就骚赋立论，姚鼐主要就文赋着眼，不免各持一端；刘师培企图把屈原、宋玉也牵合到所谓"行人之官"中去，以弥补姚鼐之说的缺陷，反而把屈、宋赋的起源搞混乱了。章学诚说较全面，但主要是就汉赋立论，于骚赋之源，犹有未究。至于刘勰企图把诗六义之一的"赋"与"不歌而诵谓之赋"两种说法牵合在一起，尤为无谓。故比较四说，以《汉志》之论为长。赋篇之"赋"，应是由"不歌而诵谓之赋"的"赋"转变而来，但所谓"登高能赋"，还是指能诵诗。

作者的观点从具体的分析比较中形成，读后让人一目了然。

（2）本论。

本论是分析问题部分，是论文的主体，是作者表述研究成果的部分。这也是作者对课题进行深入研究，对问题进行具体论证，最后完成证明论点任务的部分。一篇论文质量的高低，主要取决于这部分写得如何，所以务必将本论作为重点，着力把它写好、写充分。本论部分内容丰富，篇幅较长，必须采用恰当的结构方式加以安排。

常见的结构方式有以下三种：

一是递进式结构，又叫纵式结构。它是由浅入深、层层深入地安排内容的结构方式。在这种结构方式中，层次之间呈现步步深入、逐层展开的直线推进的逻辑关系，即围绕课题，一步步深入，一层层展开分析，最后揭示论点，或提出论点后逐层深入开展论证。

二是并列式结构。它是对绪论中提出的问题，分别从几个方面进行论述，这几个方面可以是一个问题的几个角度，也可以是一个问题的几个组成部分，相互之间是并列关系。

三是综合式结构。即在一篇学术论文的本论中综合运用上述两种结构方式，以一种为主，另一种为辅。学术论文的结构方式很少是单一的，而常常是递进式和并列式的结合。有的各大层次之间是并列关系，而各大层次的小层次之间又是递进关系，或是在层次之间具有递进关系，而内部却有并列关系的层次。学术论文中的递进式和并列式是多重组合的。为了使条理更清楚，本论部分经常加小标题或序码表示各层次之间的关系，以便于读者的阅读。

茅盾曾写作一篇篇幅不大的论文——《论〈水浒〉的人物和结构》。它的结构就运用了纵横结合的综合式方式。从题目可以看出，这篇论文讨论了两个基本问题：一是人物，二是结构。在论述《水浒》描写人物的特点时，运用的是并列式，分别论证《水浒》描写人物的两个特点：一是“善于从阶级意识去描写人物的立身行事”；二是“人物的一切都由人物本身的行动去证明，作者绝不下一按语”。这两方面是并列进行的。但文章在分析人物描写的第一个特点时，用的是递进式结构：作者先从林冲、杨志、鲁达这三个人物的不同遭遇开始，然后指出他们三个人的不同思想，进而分析三个人的不同出身，最后形成结论：善于从阶级意识去描写人物的立身行事，是《水浒》的一个最大特点。

（3）结论。

结论是学术论文的结尾，是本论部分论述的自然结果，是对全文的概括总结。可以用高度概括的语言，或归纳出全文内容要点，或写出结论性意见。也可以对课题提出自己的展望性看法。结论不是对本论论点的重复，而是对一篇论文要旨简明扼要的提示。如果结论部分要说的内容已在绪论或本论中作了提示，结论部分就只作为文章的收尾。

2. 格式

（1）标题。它是文章的“眼睛”，是阅读、编辑、索引、摘录的向导。题目不当会失去吸引力，降低论文的价值。学术论文的题目有一些常用格式。如“试论……”、“略论……”、“……初探”、“……刍议（浅议）”、“……之我见”、“关于……的思考”、“……辨析”、“……管见”等。

（2）署名。在标题下空一行居中署上作者的单位和姓名。

（3）内容提要。为了让读者在阅读论文之前对论文的基本内容有所了解，在署名之下空一行，写一个约三百字的内容提要，介绍论文的主要论点和基本内容。内容提要的作用是帮助读者在阅读全文之前就能掌握学术论文的要点，还可为文摘索引、出版物转载提供方便。内容提要应重点突出，把学术论文中的新发现、新观点、新成果等最引人注目的内容介绍出来，不需要去进行主观的评价，更不能自吹自擂。它不是论文提纲或目录，应是一篇比较完整的短文。

（4）关键词。关键词也叫主题词，位置在内容提要的下面。设置关键词的目的是为了制作文献索引、计算机自动检索的方便，最终还是为了便于读者检索文献。关键词可以从标题和内容提要中选取，也可以从正文中选取，一般以3~8个为宜。关键词不能使用句子或过长的词组，也不能使用介词、连词、代词和形容词等，如“汉语主题词表”中有的词应尽可能优先选用。

（5）正文。正文是一篇论文的主体，占据论文最大篇幅。论文所表现的创造性成果或新的研究结果，都将在这一部分得到充分反映。因此，要求这一部分内容充实，论据充分、可靠，论证有力，主题明确，条理清晰。为满足这些要求，结构正文时常常分成小标题或用序数标明层次，使论文逻辑条理清晰严谨。

（6）注释。注释是对文章篇名、作者和文内某一特定内容所作的必要解释或说明。篇名、作者注以星号形式标明，置于篇名页地脚处“作者简介”之前；对文章中特定内容的注释，以带圆圈的序号紧随需作注释处依次标明。注释的具体内容置于文末“参考文献”之前。

（7）参考文献。参考文献应采用顺序编码，即紧随引文的右上方，按引用文献出现的先后，以阿拉伯数字连续编码，序号置于方括号内。一种文献在文中被反复引用的，用同一序号标出，并在序号后加圆括号注明起止页码；参考文献的具体内容置于文末“注释”之后。常用文献的编写格式如下：

［序号］主要责任者．文献题名［文献类型标识］（注：专著为M，论文集为C，学位论文为D，研究报告为R）．出版地：出版者，出版年．起止页码（如文内已列明，则省略）

8.2.6 学位论文的答辩

学位论文的写作者为了获得学位，在论文完成后，一般都要进行论文答辩，只有答辩通过后，才能授予相应的学位，因此，有必要了解答辩的相关知识。答辩一般由3~5名专家组成答辩委员会，针对论文的有关问题进行提问，由作者一一解答，作者也可进行辩解。论文答辩的技巧，其实也就是回答专家问题的技巧，答辩的原则一言以蔽之：知之为知之，不知为不知，是为知也。论文答辩者可以从以下几方面去准备：

（1）答辩之前要充分熟悉论文。不论你做了多么充分的准备，都会有意想不到的问题，所以，虽然论文是自己写的，答辩之前也要反复阅读，做到成竹在胸。应对论文中的关键部分进行反复的推敲。

（2）尽量不要犯常识性错误。论文中涉及的常识性问题，在答辩中应尽量避免出错，一个从事科学研究的人，连基本常识都未掌握，是很难让人相信他的论文的科学性的。

（3）答辩的时候准备好笔和纸。这一点非常重要，体现出你对这次答辩的重视。此外，在回答问题的时候，有的老师一次不只提一个问题，所以答辩之前要准备好笔和纸进行记录。有的学生由于紧张，回答完第一个问题就把第二个问题忘了，再次询问是很不礼貌的行为，而且也影响论文的答辩。

（4）让别人把话说完。有的人在答辩时，老师提问尚未结束，自己就滔滔不绝，不给老师留说话的时间，或者老师还没有说完就激动地插话，这是很不礼貌的行为。

（5）回答隔行的问题态度要诚恳。在答辩委员当中，大部分并非和你研究同一个方向，遇到有人提出隔行的问题，千万不要表现出不屑的态度，也不应质疑他的水平。

（6）要敢于说不知道。没有人能够什么都懂，研究同一个方向或者方向相近的老师可能会提出比较棘手的问题，如果知道就作出详细的解释；当你不会的时候，不要慌，回答“不知道”并不会使你丢面子，极力辩解只会使事情更糟。

8.3 申论概述

8.3.1 申论的概念

公务员考试有两门公共科目，一是行政能力测试，二是申论。只有这两科的总分达到比较高的要求，才有机会进入下一轮的面试。因此，能否顺利进入面试，申论考试的成绩占半壁江山。任何一位有志于参加公务员考试的考生，都必须高度重视。

申论考试是根据目前机关工作的需要，对应试者阅读能力、文字水平及分析、解决实际问题能力的一种综合考查方法。

2010 年国家公务员考试大纲中对申论考试有如下表述：省级以上（含副省级）综合管理类职位申论考试主要测查报考者的阅读理解能力、综合分析能力、提出和解决问题能力、文字表达能力；市（地）以下综合管理类和行政执法类职位申论考试主要测查报考者的阅读理解能力、贯彻执行能力、解决问题能力和文字表达能力。

申论科目为主观性试题，考试时限 150 分钟，满分 100 分。

申论考试是具有模拟公务员日常工作性质的能力测试，要求应试者有比较丰富的常识，对社会生活的方方面面都应当有所认识和思考，并且具备较高的思想水平和较强的分析问题、解决问题的能力。

我国古代选拔考试有一种固定题目，即要求应试者论证某项政策或对策的“策论”。比较汉代的策论与今天的公务员申论考试，对理解申论考试是有帮助的。汉代的策论是根据国家的需要而采取的一种选拔人才的方法，当今的申论考试也是为了选拔人才；汉代的策论对文体没有具体要求，当今对公务员的申论考试在服从目的需要的前提下也没有严格的限定；汉代的策论所阐述的都是关于国家的政事，当今的公务员申论考试也无一不涉及政治、法律、经济、文化等有关国计民生的内容；汉代的策论要求有远见卓识且切实可行，当今的申论考试也要求有针对性，提出的方案要有可行性；汉代的策论要求文章有表现力，当今的申论也要求具有较强的文字表现力。

8.3.2 申论考试的特点与试卷结构

1. 特点

首先，申论考试的背景资料具有普遍性。作为一名合格的公务员，其必须对社会的各个方面都有所了解、有所认识、有所思考。公务员录用考试适应对公务员能力和素质的要求，比较注重对应试者实际能力的考查，考试内容并不局限于某一方面，对政治、经济、法律、文化等均有涉及，一般都是社会热点或者大众媒体关注的焦点，即背景资料不生僻，具有普遍性。此外，申论试题表述明确，涉及的内容、观点和问题对每个考生都很公平，每个考生都能根据自己的实际情况和对背景资料的认识有感而发，即申论考试对不同专业的考生都是公平的，具有普遍性。

其次，申论的题目具有很强的现实针对性。虽然申论考试题目的背景资料涉及面广，内容复杂，但重点突出。针对性和可行性是申论考试的精髓，找准了答题的突破口，就能较好地构建答题的思路和完成论证。因此，考生应仔细地阅读给定的背景资料，不要匆忙作答和写作。只有在把握背景资料本质内容的基础上，抓住重点，条分缕析，才能使回答和论证更富有表现力和说服力。否则，只能是四处出击，尽管洋洋洒洒长篇大论，却不得要领，事倍功半。

再次，申论考试的作答方式具有灵活性。申论考试要求考生根据不同的背景资料、不同的提问内容和方式，具体问题具体分析，不循规蹈矩并巧妙地解决所问问题，提出应对措施和解决方案。同是申论考试，不同的提问内容要求考生灵活处理，而不能墨守成规、千篇一律。

2. 试卷结构

申论考试的试卷有比较固定的结构，由三大部分组成。首先是考试的注意事项，给应试者提出要求和指导性建议；其次给出一些材料；最后提出申论要求，要求应试者在弄清给定材料的基础上完成若干题目。

（1）注意事项。

注意事项部分的内容如下：

①申论考试与传统作文考试不同，它是对材料的分析、驾驭能力和语言表达能力并重的考试。

②答卷时限：阅读材料 40 分钟，作答 110 分钟。

③阅读给定的材料，并按照卷面提出的要求依次作答。

该部分内容是针对应试者的应试作答而提出的指导性建议，应试者在拿到试卷后，切记首先仔细阅读这部分内容，以便于按要求依次作答。需要说明的是，该部分内容在近几年没有什么变化，但并不说明以后也不会有任何变化，因此，在正式考试中一定要仔细阅读这部分内容，以免因一时疏忽大意而在具体作答时出错。

（2）给定资料。

申论考试中给定的材料字数不定，近年来一般在 4 000 字左右，根据考试对象和所给时间的不同，材料字数会有所变化。这些资料大多是带有新闻性质的“半成品”，反映的是社会现实生活中的某一热点问题，基本上不会涉及重大理论问题或专业性极强的问题。

（3）申论要求。

申论要求主要有三部分内容：一是对给定材料的理解、分析、整理、归纳、概括、综合；二是根据材料反映的主要问题，提出具有可行性的解决方案；三是对个人见解的论证。申论试题的题目数量灵活，有时三个题目，有时两个题目，题目的样式也会有所变化。或要求概述事件，或要求概括主要问题，或要求在不同层面上提出解决问题的方案。但不论怎样变，申论要求部分一定会涉及上述三方面内容。

8.4 申论的应试策略

8.4.1 阅读理解的应试

无论申论考试的题型如何变化，阅读理解都是考试的基础，阅读理解能力的高低，直接影响到申论考试的成败。

1. 阅读理解的基本原则

对给定材料的阅读是申论考试的基础性环节。申论阅读的核心是“读懂”，围绕这一核心，可以考虑从阅读原则、阅读方法、阅读理解能力培养方法等方面提出应对的基本策略。

阅读材料，就是要根据目的和要求，对给定材料进行阅读、理解、分析，以确定材料反映的主要内容、主要观点、主要问题，从而为下一步作答做好准备。

为了保证真正“读懂”给定材料，在阅读的过程中必须把握以下几项原则：

（1）合理分配时间。申论考试一般提供几千字的材料，花多少时间去读这些材料便成了首要问题。一般认为阅读须花去40分钟时间，但也因人而异。有的人思路敏捷，写作速度又快，阅读可以细致点；有的人写作速度比较慢，就不宜花太长时间，否则后面写作的时间会很紧。在合理安排时间的同时，应注意阅读的质量。有的考生阅读时如走马观花，草草看完，难于把握文章主旨，答题稀里糊涂，这样答题的质量也一定会受影响。

（2）把握材料主旨。申论阅读往往涉及很多材料，如何从总体上把握这些材料，依此进行分析，并概括出这段材料要说明的中心问题，是申论考试的关键。而这个关键的前提是从整体上把握材料，而不是对材料一知半解。只有全面掌握了材料，才可能全面概括材料、挖掘材料的主旨，制定全面及有针对性、可行性的对策，进而对问题进行论证。所以说整体把握的原则是阅读理解的基础，也是申论考试的基础。

（3）严格筛选材料。申论考试的材料虽然庞杂，但并不是每一个字、每一个词、每一个信息都是有用的，其中可能包含一些迷惑信息、多余信息。因此，我们要在整体把握的基础上对材料的信息进行筛选，否则很容易陷入误区。如

2000年的申论考试材料，提供的主要信息还包括噪音污染引发纠纷和法院审判陷入困境。对于这两个信息，有些考生就没有从整体把握上进行筛选，有的将纠纷问题列为主要问题，有的将法院的司法审判列为主要问题，从而偏离了主旨，使考试成绩受到严重影响。

2. 阅读理解的方法与步骤

对给定材料进行判断，把握其基本主题，做到心中有数。可按以下步骤进行：

（1）快速粗读，把握全局。首先，拿到试卷之后，不要急着看内容，而是花几十秒对整个试卷包括注意事项、材料篇幅、问题等进行通卷浏览。然后带着问题开始粗略地阅读材料，因为问题会提示你材料关于什么内容，帮助你全面了解材料。

（2）准确理解全文，提炼材料。带着问题有目的地通读全文，要集中注意力，认真体会每段、每部分所表达的意思，边读边形成对材料内涵的认识，准确领会材料主旨。

（3）反观材料，归纳主旨。在前次阅读的基础上，对材料中出现频率比较高的词汇、能够体现文章主旨的中心句、直接涉及问题的段落等内容重点阅读，在头脑中形成全面具体的印象。对这些信息进行快速的逻辑处理和语言处理，组合、拼接和提炼，筛除不必要的和关系不直接的，归纳整理，突显主旨。

总之，阅读理解就是既要求快速又讲求质量的阅读，要能从大处着眼，把握实质，拎出主线，抓住要害，获得完整的政策问题和政务信息。

3. 提高阅读理解的技巧

（1）带着问题阅读。题目往往会提示材料的背景以及反映的问题，这样，考生在阅读时就能做到心中有数，尽早进入状态。另外，阅读有目的性，就不会等读完全部材料才知道问题是什么，节省了时间。并且读的时候，对一些不是很重要的段落可以加快阅读，甚至一带而过，把时间多花在重点部分，阅读本身也是一个探索的过程。

（2）侧重对关键句的理解。首先要辨别并理解材料中的重点词语，也就是关键句，把握其准确含义；其次，还应该在具体的语言环境中，了解词语在文中的特定意义。关键句一般是一些段落的起始句、终结句、结论性的句子，材料中统揽全局的句子，提示中心的主旨句、中心句，以及提示文章脉络层次的语句等。另外就是一些分析说理的段落。对这些关键句认真阅读，深入理解，才能更好地把握问题主旨。

（3）圈点画线、重点眉批。实践证明，圈点画线、重点眉批的方法非常有效，对大多数人都适用。考生在阅读材料时往往会读完后面就忘了前面，然后不得不回过头再看一遍，很浪费时间。圈点画线、重点眉批是一种非常适用的方法，考生在阅读的时候对一些出现频率比较高的词汇、能够体现文章主旨的中心句、分析讲解的段落或与后面问题直接相关的段落都可以用笔画下来，也可以用简短的词语对材料的某一部分或某一段落进行简单的归纳。这样，再寻找信息时就有了方向，节省了时间，提高了阅读的效率和质量。

8.4.2 申论考试概括要点的技巧

申论考试概括要点，就是在阅读的基础上，对材料的中心或主要内容进行概括，考查考生分析和归纳问题的能力。可从以下几方面着手：

1. 抓关键词，找关键句

这是作答归纳概括题比较有效也比较常见的技巧。关键句可以是一个段落的开头，也可以是结尾，还可能在段落中出现。找出关键句后，如果答案比较明确就可以直接引用；如果答案不怎么明确，就需要进行一定的加工。

2. 锁定范围，找准材料

有的题目要求直接给定了材料范围，可以直接使用；有的则比较笼统，需要考生依据总体材料和具体要求去判定材料范围。这就提醒考生在审题时一定要看准要求，做到心中有数。首先要从问题出发，看清材料是直接给定还是需要间接获得，迅速定位材料范围。以2008年上半年北京公务员考试第一题为例："请用200字以内的篇幅概括目前我国行业自律中存在的主要问题。要求：表达准确、语言简练。(15分)"该题给定的材料范围比较笼统，根据问题看，相关内容的材料在第2、3、4、5、8、15段中都有，那么答案的概括就要从这几则材料中进行提炼归纳。

3. 提炼核心内容

有些给定材料中可能找不到很明显的关键语句，需要自己提炼。提炼时应当注意材料的叙述线索，理清脉络；然后去掉句子中多余的修饰性词语或者一段话甚至整段材料的干扰性信息，提炼出材料的"主干"，再根据具体要求对提炼的语句进行增加或者删减。以2010年某省级考试第一题为例，题目要求概括"死海"是什么意思。由阅读材料可知关于"死"字的解释，材料还给出了大量事实，这些事实中就包含了一定的要点，作答时要求考生去粗取精，删掉修饰性、干扰性信息，获取核心内容，最后经过整合加工得到准确答案。

4. 串联段落，归纳总结

有的题目涉及的材料分布相对零散，需要考生对整段材料的主题有所把握，然后迅速浏览每段材料，归纳出有用段落材料的中心思想，必要时可在草稿纸上将要点列出，然后根据题目要求将其按照一定的逻辑顺序合理整合加工即可。

归纳概括题的答题难度没有其他题那么高，但也不能轻视，往往越简单的题型越容易失分，考生在答题过程中要仔细认真，审题和答题都应注意抓要点。

8.4.3　申论考试提出对策的技巧

在阅读的基础上，要求对材料中反映的问题提出对策。这部分考查应试者的分析能力和解决问题的能力。提出的对策是否恰当，可从以下四个方面进行检测：

1. 目标是否具有针对性

所谓目标具有针对性，是指备选对策必须是针对问题产生的原因提出的解决方案。因此，要检验目标是否具有针对性，就要由对策选项推出提出该项对策的原因，检验这个原因是否就是“题干所提出的问题”产生的原因。如果是，该对策具有针对性；反之，则不具有针对性。

2. 方法能否解决该问题

即由与问题有关的各个基本要素联系而成的检验对策的方法。需要运用发散思维、逆向思维、求异思维，根据各个环节的有机相继关系分析运用，如备选对策是否有漏洞、有问题，备选对策是否具有时效性和必备条件等，不能脱离实际。

3. 解决问题的职能机构是否正确

解决问题的职能机构是否正确，也就是要判断该机构是否具有解决这一问题的职权。

4. 对策是否合情、合理、合法

给出的对策一定要符合社会的伦理道德规范，国家的法律、法规及党和国家的路线、方针、政策。否则，不但不能解决问题，而且还会带来严重的负面影响。

8.4.4　申论考试综合运用应对技巧

在申论考试中，分值比重最大的是综合运用部分。各地的分值比例虽然有所差异，但一般都不会少于 35 分，高者甚至达到 60 分。从题目的要求来看，一般要求考生针对材料，自拟题目，写一篇 800 ~ 1 200 字的文章或策论，目的是考查考生的综合能力。如何应对这类题目，我们提出如下思路：

1. 拟写标题的技巧

申论考试的议论文大多要求自拟标题。标题是文章的“眼睛”，好的标题可以使文章先声夺人，引起人们的兴趣；也可以使读者对文章的内容和观点一目了然，被吸引和打动，产生阅读全篇的欲望。对申论文章标题一般要求：

（1）贴切。标题贴切，具体有三层含义：第一层是题文要一致。即题目的表述应与文章的内容相一致，不能错位。否则，容易跑题或偏题。第二层是词语的运用要准确恰当。标题遣词用字要准确恰当。第三层是题意要确切妥帖，不能产生歧义和误解。

（2）具体。所谓具体，就是标题不能过于空泛，应有实际内容。即使写重大题材，标题也要尽量具体。

（3）鲜明。所谓鲜明，是指标题表明的态度要鲜明、醒目。提倡什么，反对什么；褒扬什么，针砭什么，都能让人一目了然。明确自己的立场、观点、态度和倾向。

（4）精练。所谓精练，就是文章的标题应以简短的句式、简洁的文字廓清论题的范围，表现文章的中心论点。其中还可展示幽默和犀利。

（5）生动。即文章标题要形象、有感染力。生动的标题能够先声夺人，赋予文章以新意和活力，让人过目难忘。

2. 正确地确定中心论点

正确地确定中心论点，也就是写议论文常说的立论或立意。立论和选题是不可分割的两个方面。选题是立论的基础，立论是选题的思想升华。如果说选题的主要目的是提出问题，选择议论文的方向；那么立论就是经过思考酝酿，提出解决问题的论断和结论。在申论考试中，选题是写作的前提，立论是写作的关键，也是写作的难点。一篇文章的中心论点确定了，对整篇文章就可起到纲举目张的作用。对申论中心论点的基本要求是：

（1）要有针对性。

议论文都应有较强的针对性。针对性是指能够有的放矢、针砭时弊，帮助人们正确认识事物，产生积极的社会效应，对矛盾的解决有实实在在的帮助。而不是无病呻吟、夸夸其谈，搞文字游戏。

申论立论的针对性，主要应是对给定材料引发的问题的论述。针对材料反映的主要问题，阐述自己的认识，提出解决问题的思路和方法等。

（2）要有准确性。

立论的准确性主要体现在以下几方面：一是概念、论断要准确。概念不准确就容易产生歧义，论断不准确就容易引起思想混乱。二是提法、表述要有“度”。世界上很多事情难就难在对“度”的把握上。立论准确，在概念、认识上必须掌握好“度”。如果孤立地强调矛盾的某一方面，很容易导致片面性。三是要符合法律法规。任何立论都不能违背国家的宪法、法律、法规。尤其是公务人员，更应自觉维护法律的尊严，言论、观点不能有悖法律法规。

(3) 要有前瞻性。

所谓前瞻性，指的是对矛盾的发展及其结局要有科学的预见，以便站在时代潮流的前沿引导舆论，推动社会的发展。观点要有前瞻性，就必须要有敏锐的嗅觉，能够透过现象看到事物的本质，从事物的表面看到事物的根源；还要有洞察力和预见性，能够及时洞察现有的矛盾和预见将会出现的矛盾，尽早发现事物的内在规律及发展趋势，并能提出解决的办法和途径。

(4) 要鲜明而新颖。

提出的论点应该是旗帜鲜明的，赞成什么，反对什么，要明确表明自己的观点，绝不能模棱两可。同时，论点应力求有新意，独特新颖。

3. *学会恰当地谋篇布局*

谋篇布局，就是要讲究文章的结构，这实际体现出作者的思路是否清晰。申论谋篇布局要注意以下几点：

(1) 要围绕主题展开。

要使文章写得条理清晰、脉络分明，必须使全文有一条主线贯穿，这条主线就是文章的主题。主题是文章的灵魂，它是作者思想观点的具体体现。因此，文章的整个构思、布局必须紧紧围绕主题展开。

(2) 结构要完整统一。

在构思过程中，有时可能会出现几种写作方案。有时要按时间顺序写，有时要按空间顺序写，更多的是要按逻辑关系写，即按事物的内在联系和认识事物的规律的逻辑去写。不论是哪一种情况，都应连贯完整，前后统一，合乎情理。

(3) 申论文章的基本结构。

引论部分。主要是检索资料，找出能够表现或生发出中心论点的重要语句，从句中提炼出有用信息，概括引用。然后三言两语分析引文，牵引出中心论点。

本论部分。引名言，用资料，讲道理；接着举事例，以事例来证明中心论点；还可从反面论述，增强说服力。

结论部分。联系实际，尤其要与资料反映的社会生活实际联系起来，点明意义，深化中心，同时发出号召。

议论文结构的“三部分九步法”应用于申论文章写作虽没有新意，但是归纳整理，并使之程序化，在应对考试时依然是可行、有效的。“三部分九步法”是：

引论：概引资料；略作分析；提出论点。

本论：道理论证；举例论证；对比论证。

结论：联系实际；深化中心；发出号召。

8.4.5 申论写作应注意的问题

1. 要深入浅出，平易近人

申论文章的议题主要是社会热点问题，面对的是广大民众。因此，文章应写得深入浅出，平易近人。所谓深入浅出，就是要把深刻的道理和平易通俗的论述结合起来。申论的议论部分主要是讲道理，道理既要讲得有理有据、正确深刻，使读者能从中受到启发、得到教育，又要讲得深入浅出，通俗易懂，明白晓畅，使读者容易理解和接受。如果文章的内容很好，但文字却艰深晦涩，甚至任意搬用连作者自己也不懂的词汇，也会使读者感到莫名其妙，文章也就难以达到预期目的了。

因此，要想达到深入浅出的目的，一是必须以平等的态度对待读者，以讨论问题的方式，心平气和地讲道理；二是要多运用通俗易懂、新鲜活泼，接近人民群众的语言，切忌空话、套话和八股腔。

2. 要以理服人，以情感人

申论文章不仅应在道理上说服读者，还要在感情上打动读者。对所论述的事物，或褒或贬，或爱或憎，要有鲜明的流露，理和情应水乳交融，做到既通情又达理。为此，申论文章作者应该是有感而发、有为而作，既对议论的内容有深刻的理解和感受，又有自己的真知灼见和真情实感。

3. 道理要实实在在

申论文章讲述道理要实实在在、实事求是。要说实话，讲真理；要尊重事实，对问题不夸大，不缩小。要做到这一点，必须对所要评论的问题有准确、深刻的理解，对问题的本质有清晰的把握，这样才能把道理讲清楚。如果作者连自己的思路都不明确，抓不住要害，分不清主次，也弄不清读者的思想症结在哪里，问题就很难讲清楚，更谈不上道理的实实在在了。

4. 文章篇幅长短要适度

对申论文章的篇幅，试卷中有严格的字数限制。因此，在写作时要根据试卷的要求和文章的需要而定。在一般情况下，要力求文章简洁、短小精练。

问题思考

1. 学术论文的特点有哪些？
2. 学术论文应如何选题？
3. 申论的特点有哪些？
4. 申论考试中如何提出对策？

写作训练

1. 自拟题目，拟写一篇详细的论文写作提纲。
2. 选取一个社会热点问题，写一篇 800 ~ 1 000 字的申论文章。

9 网络写作

内容提示

网络写作的概念与特点
网络写作的表达手法
网络文体的界定和分类
网络评论与网络日志的写作

9.1 网络写作概述

9.1.1 网络写作的概念

20 世纪 80 年代初诞生了“Internet”，中文正式译名为因特网，又叫做国际互联网。它是由那些使用公用语言互相通信的计算机连接而成的全球网络。一旦你连接到它的任何一个节点上，就意味着你的计算机已经连入国际互联网了。二十多年来，网络以迅雷不及掩耳之势，在世界范围内掀起了新一轮的社会革命，全方位地改变了我们的生活方式、思维习惯、价值取向和审美观念。所有网络的衍生物都受到了各界的热烈追捧，而网络领域的写作活动更是引发了人们的普遍关注。

网络写作是个非常宽泛的概念。狭义的网络写作指那些在线写作，即边写边即刻上网的写作；广义的网络写作指人们通过互联网交流思想、传情达意的一切书面表达活动。一般而言，凡是所写作品通过网络发表和传播的，均可叫做网络写作。

网络写作是以多媒体作为写作工具，以网络作为写作资源和交流平台的电子化、数字化的新型写作方式。数字化是专指以计算机为工具、以二进位制代码 0 和 1 为载体的知识表达与传播方式，它使计算机真正成为信息时代新型的写作工具。网络写作正是建立在数字化基础上的现代化的写作行为方式。

原来作为作家的一般历程，是识字、写作、投稿，然后编辑审稿、出版，最后是评论家的评论。到了数字化时代，网络成为最基本的载体，人人都可以自由地发表作品，即使是名家的作品，人人都可以当即在网络上发表批评意见、质疑权威。它能够让人们交流信息、抒情言志，极大地满足人们的自我创造和表现的欲望，因而有越来越多的人愿意在这个自由的空间里驰骋思想、畅所欲言。

由于网络写作所使用的语言是电子化和数字化的，其文本传播超越了时空壁垒，并轻而易举地扩张了自己的文体边界，浸润了其他文体的领域。网络中的电子邮件、帖子、日志几乎从一开始就具有很强的应用色彩，实用与非实用文体的界限逐渐被网络消解和淡化了。从这个意义上讲，本书所说的网络写作涵盖面较广泛，突破了传统写作学和传播学的界限，网络文体的写作都可以认为是应用文体的写作。

9.1.2　网络写作的特点

1. 网络写作的非线性思维模式

网络写作，由于采用键盘以后，双手操作，书写的速度大大提高。因此，作者的思路能够不受文字输入的影响而畅通无阻。电脑信息的载体几乎没有空间的限制，作者完全可以突破时间和逻辑顺序的约束，自由地翱翔于思维的天地里。可以在文本的任何一个节点上，增加和补充新的思想内容，删除不合主题的冗余材料，不同的部分可任意调换先后次序，进行自由组合。因此，思维不再被限制在一个线性层面上，而是允许在四通八达的网络中穿梭往来。

2. 网络写作的表达手法丰富多样

网络应用文突破了传统应用文单一文字媒体的限制，可加进声音、图像甚至动态影像等多媒体因素，极大地丰富了文本的表现力。电脑网络的多媒体方式，使网络应用文的呈现突破了二维平面的局限。如电子光盘杂志、电子邮件、贺卡等，都可以提供文字、声音、图像、视频、动画等不同媒体通道的呈现方式，以便让读者去感受文本信息对象的魅力。

3. 网络写作的文本语言简洁明快

网络时代写作语言的变化应该说是全方位的。它具体体现在简洁化、数字化、符号化、图像化、节点化、新奇化、多媒体化，以及语体风格的网络色彩、文体样式的标准模板化等方面。

简洁化。它是指语言剔除无用信息，体现信息精华。互联网加速了社会发展的节奏，也必然会提高文本传播的频率。因此，简洁化不仅是网络写作的重要文体特征，同时也符合网络时代人们的心理需求。有人就提出，“简洁是电子邮件的灵魂”。也可以说，简洁是网络时代的特征。网络写作语言只有简洁化，才能使人们获取和处理更多的信息，更好地享受现代化的生活。在这方面，电子邮件和网络聊天的语言是最典型的。

数字化。电子语言可能取代传统纸质的手写语言。比如网络贺卡、电子名片、电子政务的公务文书、电子邮件、网络杂志等，已经极为普及。不仅如此，就连世界上的各大图书馆也在加速馆藏纸质图书的电子化和网络化。随着时间的推移，纸质信息包括传统应用文，其阅读价值会越来越低，甚至老化消亡；而网络化信息如电子图书、网络应用文等，其阅读价值则会因点击率的提升而越来越高，并会永恒存留。

符号化。它是指某些符号开始入侵汉字系统，成为一种新的网络语言形态。它主要有三种形式：一是数字符号。就是利用阿拉伯数字的谐音来替代某些语言，从而简洁地表达特定含义。这种方式比较适用于手机短信和网络聊天。比如用于网络、手机等的“数字语言”：521（我爱你）、530/531（我想你）、584（我发誓）、770（亲亲你）、880（抱抱你）、765（去跳舞）、885（帮帮我）等。它有时能够打破方言区壁垒，沟通人们的情感和心灵。二是脸谱造型。为了适应快节奏的时代步伐，人们在电子邮件中创造出了一种眉目传情的“脸谱”。它简洁、形象、含蓄、幽默，为电子邮件增加了情趣。它通过标点符号的特定组合来传递某种情感和意向。如：）普通笑脸，：-D张开嘴大笑,@>>-->--收下这束漂亮的玫瑰花等。三是缩略语。为了加快电子信件传递，英文缩写便广泛地被使用。其中大部分源于电报惯用简语，也有一些是网上特有的简体缩写。如ASAP（As Soon As Possible）、BTW（By The Way）、CUL（See You Later）、OIC（Oh，I See）、U（You）、VG（Very Good）、WUF（Where You From）等。

图像化。网络社会正处于读图时代。信息呈现出爆炸的态势，单一的文本媒体已经无法承载，时代呼唤具有更大信息承载容量的媒体出现。因此，比文本有着更大优势的图像媒体开始担当重任，进入数字文化的各个层面。台湾几米的图文诗在网上的风行，就是网络时代的某种象征。应用文语言的图像化形态包括加入图像、超媒体链接等。比如有的网络帖子的后面，就加上了题为“东边日出西边雨，道是无情却有情”的简明符号构图，其深层意蕴令读者浮想联翩。

节点化。它主要是指网络化应用文语言的超文本热单词链接。传统应用文文本是一种封闭的平面展示，而有的网络应用文则显示为多种平面文本的叠加，表现为立体化的开放性网状结构。应用文语言常常呈现节点化的“热单词”或“热图形”，它们成为前台文体通往后台潜在文体的枢纽和通道。

新奇化。网络时代应用文语言的新奇化可以清晰地显示出网络时代文化精神的深刻印记。一个时代中新词语的大量涌现，预示着某种新的力量、新的思潮、新的观念的崛起。应用文语言的新奇化同样如此。一时还不能被大家接受的词语，慢慢地就会寻常化、规范化，进而进入我们的各种工具书。网上报道《中国网络语言词典》即将出版，这将为网络信息的沟通提供解读的码本。比如“gg”（哥哥）、“mm”（妹妹）、“gf”（女朋友）、“bf”（男朋友）、“lg”（老公）、“lp”（老婆）、“pmp”（拍马屁）、“bt”（变态）、“酱紫”（这样子）、“plmm”（漂亮美眉）、“青蛙”（丑男）、“菌男”（俊男）、“恐龙”（丑女）、“灌水”（滥发帖子）、“造砖”（认真写）、“东东”（东西）、“荡”（下载）、“B4”（以前）、“FB”（腐败）等。简洁化的新词语在一定的语境中可以形成一种幽默、活泼的语言风格，尤其在网络交际中有它的便利性、灵活性以及存在的必要。

在网络时代，由于文本信息的传递十分快捷，语言的简洁与明快，已经成为电脑文本的基本特征。尤其是电子邮件，这一特点表现得更为突出。传统写作中那种精雕细琢的文字和构思精巧的结构，在网络写作中将被当今简洁的文风所替代。

为适应网络写作及传递快捷的需要，电子文本中不断出现新的语言风格和表达手法，一些象形、表意的表示方式不断涌现，这是网络文化和电脑媒体对人们传统的思维方式和行为模式产生影响的结果。如在电子文本中，人们用标点等符号，创造出不同的“脸谱”来眉目传情，以增加情趣；有的还使用英语的缩略语或几个汉字拼音的第一个字母来表达特定的内容，既简洁又含蓄，富含想象力。

4. 网络写作文本信息的交互性和流动性

在网络上，信息的流动是双向的。人们不仅具有自由的选择性，而且还能对信息对象施加影响，能按照个人的意愿进行加工和改造。人们通过与电脑网络彼此沟通的经验，可以引发新的思想，并逐步使电脑网络成为改变其思考模式的主要途径。网络信息的流动性，使网络应用文的表现形态处于一种灵活多变的格局。超文本应用文是一种具有流动性的开放性结构，它处于多个立体层面的交叉点上，向多重时空辐射和伸展，具有无限大的结构空白和读者参与创造的空间。它有着众多的交互式开放节点，可以伸向其他任何地方的相关文本。它的阅读还允许将自由选择的节点放大，从而使网络文本的结构呈现为个性化的变化格局。

9.1.3 网络文体的界定与分类

从目前对网络文体的研究状况看，对网络写作的界定和网络文体的分类有很多不一致的认识，主要有两大类。一类看法认为，网络写作包含了丰富的内容，从网络新闻的写作到网络博客再到聊天室中的留言和评论，都可以归入网络写作的范畴。从文体学的角度，把网络文体分为文学类和传播类，具体可以分为网络新闻、网络新闻评论、网络广告、网络博客和网络文学等。另一类看法认为，网络写作是一种特殊的写作活动，是以电脑作为写作工具，以因特网作为写作载体、传播媒介，为适应数字化时代需要而产生的一种新的写作行为。将网络作为媒介、载体来对待，就意味着在网上写、在网上发、在网上传。大多数传统文体的身影，如文学文体、传播文体、理论文体等都出现于网络系统中，其中不少文体的存在不是为了实现其文体功能，而仅仅是作为一种资料或信息，不妨称之为传统文体的“网络版”。如果把这些文体全部归入“网络文体”，那么“网络文体”这个概念就成了“文体库”（有“网络新闻”、“网络评论”、“网络广告文案”……）、“百宝箱”、“万金油”，也就失去了讨论的意义。因此，网络文体应该是指以网络为载体原生，以网络技术支持实现其功能的那种文体。就目前而言，包括电子邮件、帖子、签名档和个人主页。

实际上，这两类看法在内容上有相同或交叉的部分。后一种看法更多地从技术表现的层面而非写作文体的层面，分类过于宽泛，由于所包含的内容太多而难以确定其写作方面的特点。因而我们更倾向于前一种看法。从文体影响力的角度，我们重点讨论网络评论和网络日志两种文体。

9.2 网络评论

9.2.1 网络评论的概念与存在形式

在网络成为我国近 9 000 万人口获取信息的重要渠道的今天，人们在不知不觉间发现，在媒体所传播的各类信息中，言论性信息的数量呈大幅度增加的态势，具体表现如报纸纷纷开设言论版，广播电视开办各种类型的评论性节目，网络媒体开辟名目繁多的论坛及讨论区，吸引公众参与从而扩大媒体影响力。这说明，在信息技术高度发达、信息渠道不断扩展、媒介竞争空前激烈的今天，“独家报道”已变得越来越困难，“独家角度”、“独家观点”正成为引起社会关注甚至轰动效应的利器。网络评论正是在这样的大背景下，日渐成为人们关注的热点文体。

网络评论是指网络中传播的关于时事政治、经济等热点、焦点问题的评论。与传统媒体评论相比，网络评论的主体更加丰富多样，评论的形态、作用也发生了变化。

从承担评论的主体看，网络评论大致分为网站评论、专家评论、网民评论。

网站评论即代表网站立场的评论。通常由网站或网站所依附的传统媒介的编辑或记者，或网站的特约评论员撰写。

专家评论是指由网站特邀专家对某一热点问题发表的评论。专家是在某个领域或某个问题上有较多了解与研究的人士。专家评论的形式有：专家撰写、网站采访、与网民的论坛式交流。专家评论的价值在于其专业性、系统性、深刻性、前瞻性，因此，专家评论的视角通常更多地具有专业化特点。

网民评论则是指任何方式的网民意见的自由表达。网友评论通常不是孤立的，而是群发性的。这使网民评论能更全面、直接地反映各种不同的意见。他们可能没有统一的视角，因而更加丰富多样。这一类评论的作用更多地在于体现民意，反映社会生活的风貌。网民通过评论进行意见交锋，也可以得知他人的意见，这为他们对社会的认知提供了参考系统，在潜移默化的过程中，会对网民的价值观形成产生作用。

网络评论主要有两种存在形式。一种是传统媒体新闻评论的翻版或延续，即网络媒体评论，如人民网的《人民时评》、《网友说话》等栏目。它是指网络媒体编辑就新近发生的新闻或变动的事实，在新闻网页上所设的言论专栏里发表或发布的署名评论。这种形式的网络新闻评论是以 Web 网页传送评论文章，同传统的媒体评论相似，都是单向传递信息，用户只能被动地接受网页评论观点。它在较大程度上保持了传统媒体新闻评论的观点，是报纸评论功能在网上的延伸。网站评论和专家评论基本以这种形式存在于网上。另一种形式是网络媒体论坛。所谓网络媒体论坛，是网络媒体在互联网上为网民提供的就新闻和社会问题发表和交换意见的场所，是在相互传递和交换信息过程中形成的一种无形的用户交流网。如天涯社区、大榕树、凯迪社区等就是这样的论坛。网络论坛制造了一种开放的信息传播环境，信息传播途径的多样化促进了信息获取能力和言论表达权利的平等。而网络的匿名性使言论的发表者获得了更高的安全感，极大地促进了网民评论的繁荣。因此，网民评论也是本章讨论的重点。

9.2.2　网络评论的特点

网络具有的时效性强、互动性强、信息海量等特点同样体现在网络评论上。

1. 时效性特点得到更好体现

新闻是指新近发生的事实。然而互联网的出现重新定义了新闻，使之不仅指新近发生的事实，也指正在发生的事实。网络传播速度快，加上有实时更新的优势，使网络评论在时效上占尽先机。有重大事件发生时，随着事件的变化和发展，互联网可以连续滚动报道，两三分钟就可以更新一次，新闻评论也可以实行全天候连续发布，最大程度地体现时效性。

2. 交互性大大加强

网络是一种双向交流的媒介，每一个网络用户都是信息的获取者，同时也是潜在的评论提供者。这从根本上改变了传统的大众传播模式。而且网络为网民提供了很大程度的自由，只要不做违法的事，网民可以在网上“爱我所爱，言我所言”。人民网的原创新闻评论往往引起网友的广泛关注和热评，新闻跟帖常常有好几页，甚至几十页、几百页。如此众多的跟帖也使评论的内容更加丰富。

3. 形式更加灵活多样

网络评论有多种形式，新闻评论、新闻跟帖、论坛贴文，以及网上调查、网上签名，甚至是 FLASH 等，都可以成为网上评论的形式。随着互联网新技术的开发和运用，网络评论的形式还将更丰富、更多样。

9.2.3 网民评论的特点

网民评论以其涉猎的广泛、内容的庞杂、观点的尖锐、语言的鲜活及传播的迅速成为网络评论中最引人注目的部分。虽然水平难免良莠不齐，但是不容否认，网民评论所拥有的能量不管是建设性还是破坏性，都达到了一个惊人的程度，并最终引起社会各方面的关注。其特点如下：

第一，网民评论的自发性与自助性。

网民评论的自发性意味着，网民评论完全是由网民根据自己对某些事物的兴趣来发表评论。在网络中，网民一旦就某些事件发表看法，一定是他自我选择的结果。

网民评论的自助性含义是，网民无须经过媒体机构的特许，就可以在网络中发表评论。他们所利用的手段是多样的，除了在 BBS 发帖外，还可以用电子邮件等方式来散布自己的意见。当然，网站编辑对于那些他们认为不适合发表的评论，会采取扣留或其他筛选方式。但总体来说，网民评论能否进入到传播渠道，与它的质量高低无关，进入的门槛是很低的。几乎任何重大的事件，都会在网络中一石激起千层浪。例如，北约轰炸中国驻南联盟大使馆事件、中美军机相撞事件、美国“9·11”遇袭事件、广西南丹矿井事故等，在网络中引发的网友评论都是十分热烈的。

网民评论的自发性与自助性，使得网络成为民意表达的一种强有力的渠道。它往往能打破社会表面的平静，揭示社会复杂的面貌。在网络中，阻止民意的表达已经是不可能的事了。

第二，网民评论的群发性和互动性。

网民评论分为独立式和互动式两种。但是，总体看来，互动式评论是网民评论的主流，即网民更多是围绕一个主题发表的群发式评论，这个主题可能是某一个新近发生的新闻事件，也可能是由某一网民提出的一个议题。在群发式的评论中，互动式不可避免地成为推动评论向多元化、持续化方向发展的主要动因之一。

即使是独立式网民评论，往往在选题上，在立论与论证方面，也会受到互动环境的影响，有特点的独立式评论往往是引发互动式评论的导火线。群发性与互动性意味着，这样的评论往往不是在一个孤立的环境中深思熟虑的结果，而是网民的既有倾向与当下的情境等各种因素相结合的产物：一方面，网民在获知一个事件后，往往会立即产生一种意见的倾向性，这种倾向性来源于个体的性别、身份、社会阶层、生活环境等各种背景；另一方面，网民在发表评论时的具体环境也会影响到他最终观点的表达。

由于群发性与互动性的特点，网民评论又容易产生以下的现象：

言语极端。在网络中，语言在一定程度上就是个体生存方式和手段。没有语言，就没有其他。虽然网民发表评论主要是为了表达自己对某一个问题的观点，但是，他们同时也希望以此来表明自己的存在。特别是在一些成员关系稳定的论坛中，语言更是一种形成与巩固网民地位的重要方式。中庸的观点，平淡的表达方式，往往起不到引人注目的效果，因此，极端的观点与言语方式应运而生。极端的表现形态是多样的，作惊人之语、使用前所未有之词、挑战权威、消解神圣等都被视为屡试不爽的法宝。比如：

群体的、互动的气氛，使得网民评论的形成，大多不是一个封闭的表达过程，而是通过与其他网民评论的互动来完成的。辩论成为一种主要的互动方式。个体在树立自己的观点后，很可能会引发与之相左的意见，因此，他在此之后的任务之一，便是辩白与反驳，有时会把主要注意力都放在辩论上，甚至会脱离原来的论题，引发人身攻击。这种情绪化、非理性的气氛，虽然有一定的弊端，但几乎又是不可避免的。

个体间的争论引发派别争论。在网民论坛，特别是那些关系较为稳定的论坛中，常常会出现派别之分。因此，网络评论虽然从微观层面看呈现出多元化的分布状态，但从总体看则会出现几种主流性意见。这些派别有的能保持相对的长期稳定性，有的则是临时的结盟。结盟，不仅是意见斗争时的需要，也是个体在论坛中长期生存的需要。这样一种环境，对于网民的未来走势起着重要的影响作用。由于结盟的需要，一些网民会在一定程度上违背自己的初衷，发表与既有同盟者相吻合的观点，以维持自己的人际关系。当然，个体是否发表违背意愿的言论，取决于论坛，以及同盟者对他的意义。

群发性与互动性的特点表明，网民评论的意义更多的是整体上的意义，而不是个别网民评论的价值。

网民评论的互动影响，常常不是一次性的。虽然在单一意见的论争过程中，网民常常很难改变自己的态度，但从长远来看，这个互动过程常常会从一些方面对网民产生一些潜移默化的影响。

第三，网民评论的多线性与循环性。

网民评论虽然可以起源于明确的诱因，但在互动过程中，在论题上并不一定会沿袭某一条单纯的线索，而是会出现多重议题相互交叉、多线程并进的情况。例如，在关于清华大学一学生伤熊事件的网民评论中，除了针对学生个人的议题外，还出现了针对我国教育体制的议题、针对家庭教育的议题、关于动物保护的议题等。几种议题的相互交织，使得讨论过程变得更为错综复杂。

在不少情况下，网民评论是处于一个循环的过程中的，一方面，网民根据形势发展不断发表新观点；另一方面，网民的观点有可能引发新的评论，如此循环往复。

9.2.4　网络评论的写作要求与例文

【例文1】专栏评论

人民时评：公务员和矿工究竟哪个“压力”大

近来，关于职业压力排行榜的走红备受争议，最引人注目的是位于榜首的公务员的职位，明星、农民工均榜上有名，而其中，矿工居于最后一位也让网友议论纷纷。

公务员职业“压力最大”之所以引来热议，是因为许多人对这个结果持有异议。有着“金饭碗”之称的公务员，怎么就成了“压力最大”的职业？每年“国考”的近百万人，难道是为了争着抢着去钻“高压锅”？一个显著事实是，“压力最大”的公务员的幸福感在各个社会群体中最高，远远超过了其他行业。这事儿怎么看怎么都像是一个悖论。要破解这个悖论，我们不妨看看公务员的压力主要来自何处，是什么样的压力。

在制度层面，虽然已有了公务员法，但是公务员在考核、激励、晋升制度等方面，仍有许多不确定或模糊的因素，这给官场的潜规则留下了运行空间。这种制度与潜规则相悖而又并行，自然会在公务员的心里投射出矛盾阴影。在竞争方面，晋升成为公务员个人前途的重要目标。公务员之路其实走的就是仕途，而职位的稀缺使得竞争加剧。在人际应酬上，“关系就是竞争力”在公务员职场上表现得更为突出。公务员为了升迁，既要处理好上下级关系，还要处理好同事之间的关系，与群众的关系也要顾及到。但在实际生活中，一些人言行和私下的意图、行为不一定能一致，其背后也多是各种人际关系体现的利益关系，许多公务员“于私于公都不能不应酬”。从组织文化模式看，机关组织文化具有领导中心的特点。领导说了算，一切得围着领导意图转，这对那些自主意识强的公务员来说，也会成为压力源。另外，在岗位要求上，公务员的工作有常规、琐碎、繁多、不确定等特征，显然，这也是公务员感到压力的一个方面。

由此可见，公务员是有压力，但是他们的压力归结到一起，主要是升迁过程中的压力。马斯洛需求理论把人的需求分成生理需求、安全需求、社交需求、尊重需求和自我实现需求五类，依次由较低层次到较高层次排列。工作、生活的压力越来越大是整个社会各阶层人员的共同感受，只不过压力源不同而已。公务员的压力来自自我实现需求的最高层次，说明公务员已基本满足了较低层次的需求。在排行榜中“职业压力最小”的矿工，他们的职业压力主要是生活、生命是否有保障的压力，属于低层次的生理需求和安全需求；在排行榜中职业压力倒数第二小的下岗职工，他们的职业压力应该主要是经济问题和生存的压力，属于最低层次的生理需求。所以，公务员与矿工、下岗工人的压力完全不是一码事，此“压力”非彼“压力”。

“有比较才有鉴别”，用不可比较的事物来进行对比，这个调查的排行榜就失去了意义。据悉，此项调查突破了国外将生活应激与工作应激相分离的惯例，而是将两者综合起来进行研究，而这种“混为一谈”的研究结果，自然让大众诧异得“跌破了眼镜”。

来源：人民网·观点频道

作者：王兰

发表时间：2010 年 12 月 15 日

【例文 2】网站评论

70 年后，哪里安放我们的房子

最近，上海市的一则关于土地使用权预申请的公告中规定，在土地使用权期满之后，由“出让人收回并补偿相应残余价值”。而在“上海国有建设用地使用权出让预申请须知”中则显示，土地期满后的处理方法为“出让人无偿收回”。

上海市的这些规定意味着，土地使用权期满之后，即使你的房子足够牢固，也面临着土地使用权被“无偿收回”、房屋无处安放的尴尬。这个规定引发了继《物权法》之后，民众对于“70 年”的新一轮焦虑。

70年之后土地使用权如何处理，在《物权法》立法的时候就引发了第一轮焦虑：是续期，还是收回？是有偿续期，还是无偿？最后并无结论。但起码，在土地使用权期满之后应当自动续期这一点上，是达成基本共识的。《物权法》由此共识规定："住宅建设用地使用权期限届满的，自动续期。"唯一没有明确的是，续期是无偿，还是有偿。

"70年"引发的第二轮焦虑是：2009年3月，舆论各界流传着一份名为《土地管理法（修订草案征求意见稿）》的文件，这份意见稿中最受人关注的是住宅70年到期后"按照国家有关规定自动续期"替换了原来表述明确的"无偿自动续期"。显然，该征求意见稿没有违背《物权法》"自动续期"的规定。

上海市由出让人"无偿收回"的规定，倒退回《物权法》出台前。在1990年国务院颁布的《国有土地使用权出让和转让暂行条例》里，不仅规定了"居住用地最高年限为70年"，更是规定"土地使用权期满，土地使用权及其地上建筑物、其他附着物所有权由国家无偿取得。土地使用者应当交还土地使用证，并依照规定办理注销登记"。

这个规定充分体现了"公权"和"私权"两种权利在博弈中的不对等地位，也体现了对私人产权的不尊重的立法指导思想。历史总是在进步，3年之后出台的《城市房地产管理法》，相对于这个规定，就有明显的进步：房产土地使用权到期，房产所有人必须提前一年申请续期，否则土地使用权将会由国家无偿收回。

为什么上海市罔顾法治和理念的进步与变迁，公然作出既违背现有法律的基本精神，又让民众焦虑的明显倒退的规定，实在令人百思不得其解。

由"70年"引发的焦虑已由一个法律事件演化成一个影响中国社会未来的公共事件。高地价导致的高房价已让民众苦不堪言，用终其一生的收入购置房产之后，还要在70年后被"无偿收回"，谁人不焦虑？

在高房价已严重影响社会和谐的情况下，无论是法律层面，还是政策层面，都不宜用"70年大限"这样的问题来刺激民众。一些地方政府在土地资源衰竭的情况下，很有可能将"70年大限"之后的续期看成土地财政一个新的增长点，要么无偿收回，要么高价续期，这是民众无法接受的，更会影响民心的稳定。

公众期待，尽快启动《土地管理法》的修订，并在《土地管理法》中明确70年后"土地无偿续期"的原则，这既是得民心之举，更是贯彻《物权法》的法治原则和精神。地方政府即使要"有偿续期"，也只能是象征性收费，不能再度造成民众负担。眼下，建议有关部门和上海市，重新评估和纠正这个明显违背《物权法》原则的做法，抚慰民众的焦虑。

来源：新华网·新华评论
作者：《新京报》
发表时间：2011年1月17日

【例文3】专家评论

当前物价水平到底有多高

尽管都是见仁见智，但国内CPI（消费价格指数）处于上升趋势十分显著。10月以来，只要你经常进入菜市场，就会发现，食品、蔬菜、粮食、水果等价格都有不小幅度的上涨。还有，随着美元走弱，尤其美国推出第二次量化宽松货币政策后，国际市场大宗商品价格全面上涨。这至少显示与这些大宗商品密切相关的生产品的价格还将全面上涨。

不过，有一个十分蹊跷的事情，在2003年至2006年，PPI（生产品价格）涨得很快，但CPI却相对平静。后来我经研究发现，那是因为PPI价格传导到房价上去了，而住房作为最终产品，其传导过程中的环节颇多，时间要延长（特别是在中国城市居民虚拟房租严重低估90%以上的情况下更是如此）。所以，在一轮房价上涨之后，直到2006年至2007年才传导到CPI上来。

当前情况又如何呢？尽管去年国内经济从危机中反转，但房价涨势前所未有，而且这种涨势还延续到今年上半年。当去年的房价快速飙升后，再加上市场流动性充溢，整个经济物价水平上升，特别是CPI的上涨也是不可逆转的趋势。只不过，当整个经济生活的物价上涨最后传导到食品类的消费价格上时，国内CPI上涨才会真正全面启动。也就是说，当去年这一轮房价上涨之后，全社会物价上涨是一种趋势。由于这种物价传导所经过环节过多，这种趋势是否最终传导到CPI上来存在很多不确定性。而在中国当下的CPI体系下，如果房价上涨最终传导到食品价格上来时，要管理这种快速上涨的通货膨胀，难度则要大得多。

当前物价已有加速上涨的苗头或趋势，宏观调控政策切不可掉以轻心。要关注的是，去年及今年上半年快速飙升的房价传导到哪里去了？

我曾多次撰文提出，当前中国的CPI统计指标体系是以1993年为基点的，其后的改革与修改十分微小。以这样一个指标体系来衡量快速发展了近20年的市场经济的价格变化，早就不适应了。如果还将其作为央行、企业及个人经济行为决策的依据，那给整个社会经济生活的误导肯定是巨大的。近十年来，国内金融市场价格机制严重扭曲、金融资源过度滥用、房地产泡沫严重等问题，基本上都是与这种不合时宜的CPI统计指标体系有关。而这种存在严重缺陷的

CPI统计指标体系也就成了一些人滥用金融资源、一些人利用金融工具掠夺另外一些财富的护身符。为此，管理层及市场不仅应极力推动CPI统计指标体系的重大改革，而且应在这种指标体系没有完成重大改革之前尽早采取新的应对之道。

由此，当前我们所关注的不仅在于CPI的高低以及上行趋势，还在于经济生活中真实的CPI及统计指标意义上的CPI的差异性。这亦是我们投资决策的重要依据。无论是实际物价水平还是统计意义上的CPI上行将成为趋势，如何管理通货膨胀及其预期将是我国央行所面临的重大抉择。让2008年非常时期的非常政策回归到常态，应是最好的选择。

来源：新华网·名家专评
作者：易宪容（中国社会科学院金融研究所研究员）
发表时间：2010年11月25日

【例文4】网络论坛评论

央视《焦点访谈》"买房租房，合理选择"透露出的可悲信息

不知是幸运还是不幸，多年来笔者早已练就了对正式媒体深刻洞察的习惯，因为在央视这种媒体上，你看不到任何"不和谐"的信息，但在各种主旋律的歌咏中，总能嗅到一丝荒诞的味道，所以对于看央视新闻，你权可当作是一种抽离层层表象、拨开重重掩饰过后，看清本质的一种游戏而已。

刚刚无意中换台时看到了央视《焦点访谈》"买房租房，合理选择"这个主题，隐隐感到了一种不善的气息，于是看了下去。

果然，一位叫××的中年女士，一位面目和善、气质沉稳的房地产政策官员在侃侃而谈，她谈到现在的年轻人，27岁没工作几年就想买房，结婚必须先买房，这都是不对的，对比欧美国家的情况，比如说德国，普遍在40岁第一次买房，在英国，30多岁，等等。然后，节目又采访了几位年轻人，以自己的经历证明：不买房，租房也蛮幸福的啦！——好了，对比有了，活例子也有了，可以下结论啦，于是，××女士再次露面，总结说，年轻人，要一步步来，先租房，再买条件差点的二手房，等条件好了再买新房，当然是先买小房，再买大房……虽然估计到秦女士处于这样的位置，必定会说一些冠冕堂皇的话，但她这番话里隐藏着的邪恶逻辑和对舆论的误导以及"话外未尽之音"还是让我愤怒！

1. 究竟该如何来对比

你们说："德国，普遍在40岁第一次买房，在英国，30多岁，等等"，我姑且认同吧，但你不能只拿“第一次买房年龄”这一个单独条件来对比，要知道，德国等西欧国家的福利程度是咱中国远不能比的，他们的住房也纳入了福利保障范畴（实际上，古往今来，中国是唯一一个将经济基础建立在房地产业上的大国，这个承载了老百姓安居梦想的民生工程，居然是赤裸裸的经济手段，房地产业注定不能让任何一个国家成为“大国”的），在德国你很容易就可以住在国家给你安排的福利房里（说是福利房，质量可一点不差），租金便宜，而且以立法的形式严控房租（无论公租还是私租）。德国的哥们，别说40岁第一次买房了，就是一辈子不买房又何妨？在中国您试试?!

比比这些，会得出什么结论？

2. 中国房价为何疯涨

有一些无耻专家在忽悠，说房价的无休止上涨源于中国的“刚性需求”——这个论断很迷惑人，但看看日本，人家不够我国一个大省的土地，居住了一亿几千万人，他们的“刚性需求”不比我们低，但自从上世纪80年代日本的房地产泡沫破裂以来，其房地产价格连续20年下降——拿“刚性需求”说事，糊弄谁哪！

中国房价为何疯涨，原因有三：一是地方政府的土地寻租本质和对土地经济的依赖；二是银行对房地产放贷循环的逐利冲动；三是在政府和银行的蛊惑下，全民兴起的炒房狂热症（全国房屋空置率即为明证）。

有对策吗？有的。

说回德国，从“二战”后到20世纪末，德国大规模兴建社会福利住房，解决低收入者住房问题。过去30年，德国为保障性住房建设投入300多亿欧元。尽管目前福利住房已大规模减少，政府仍通过控制房价和房租等手段保障低收入者住房。如果政府不依赖房地产经济，房地产炒价冲动在源头就会被遏制。

在新加坡是禁止炒房的，他们有个政策，买第一套房或是在平均居住面积以下的住房，是很便宜的，如果超过了平均住房面积，就要对多出的居住面积课以重税（他们认为你占用过多的公共资源了），也就是说，你除了自己住的房子外，再想买房是要交很重的税的，你要再卖会交更多的税，这样，炒房的成本高、利润少，很好地抑制了炒房。

3. 中国房地产及买房人的现状

说中国年轻人27岁不该梦想买房的人太恶毒，中国的年轻人，多半是靠父母攒了一辈子的钱付了首期，然后将自己以后20年、30年拴在房子这条锁链上，透支了大半辈子消费，房地产一下子扼杀了两代人的幸福感。

房价天天涨，今天不买明天更做梦了，租金也水涨船高年年涨，到头来逼死你，没房，打一辈子光棍去吧！所以说，年轻人想买房不想租房也是被一天天高涨的房价给逼的。

现在房地产业成为中国经济的支柱已是不争的事实，中国房价就像是在传销，一旦传不动了，房子卖不动了，建立在房地产业基础上的经济就要垮了。

更可怕的是，由于房地产业的暴利，使得很多的实体经济也抽血进入房地产业，这对中国本来就脆弱的实体经济来说更是釜底抽薪了。

所以说，房地产业已经绑架了中国的经济，是邪恶的产业。

其实政府早在几年前就预见到这种危机，在2008 年全球金融危机的时候，出政策想把房价降下来，实现经济的软着陆，我也盼着中国的经济从此走上良性循环的轨道，但现实大家也看到了，2009 年房价报复性地狂涨。借用一位我很尊敬的人的感言：我只从经济的角度预测房价应该会下跌，但是没料到房地产业既得利益集团在国家政策上的影响力以及该集团的无耻程度（大意如此）。

4. 央视本期《焦点访谈》“买房租房，合理选择”透露出的可悲信息

本期《焦点访谈》我看到了两个可悲信息：

一是中央一再强调的“控制房价过快增长”的努力正遭遇巨大的阻力，已尽现心力交瘁之势（所以才搞一期访谈节目暗示人们“别等房子降价了，租房子住吧”）。

二是……察见渊鱼者，不祥——我还是不说了。

来源：天涯社区·天涯杂谈
作者：歌声忧哑
发表日期：2011 年 1 月 18 日

从以上例文可以看出，网站评论由于其写作者往往是传统媒体的评论员或资深记者等专业人士，思想理论和写作水平都比较高，语言正统庄重。专家评论往往因为其专业水平和专业眼光有能力为“芸芸众生”指点迷津。相比之下，网民评论则自由性和随意性较大，形式不一定完整，但语言往往犀利鲜活。一篇评论后面常有不少跟帖。在写法上，网络评论与传统的评论一脉相承，写作要求与传统评论基本一致。

一般写作要求：

1. 话题适当，以小见大

虽然从总体来看，网站评论的选题要能体现开阔的视野，善于找到合适的角度，以小见大，但在有一定容量的网络评论中承载宏大的话题，容易出现空洞、抽象的问题，脱离网民的阅读兴趣，最终达不到任何效果。因此，网络评论话题通常短小精悍，并能够以小见大。

2. 立意高远

立意高远能起到抽丝剥茧，透过现象洞察实质的作用，甚至可能别有洞天，让人感觉茅塞顿开。平庸的立意只能就事论事，人云亦云。而毫无疑问，如果网站的新闻评论只是停留在平庸上，那将是没有任何价值的。只有不断增加自己的社会体验，积累更多知识，掌握更多信息，才能在写作评论时做到游刃有余。

3. 网络评论的论说

论说包括三个要素：论点、论据及论证。

网络评论因篇幅短小要求作者在论点方面集中而鲜明，因此，一篇评论中，论点最好是单一的，太多的线索可能反而让读者抓不住要点。

论据是作者为了表达自己观点所举的材料和证据。即某一个新近发生的新闻事件或一种社会现象。论说是一个层层递进的过程，为了不断深化自己的观点，作者需要不断加入新的论据。

评论的论证方式有以下几种：

事实阐释：以社会生活中的事件、现象为中心，对它进行条分缕析，以此表达自己的意见和观点。

资料分析：借助对准确、可靠的资料（包括各种数据）的分析来阐明事理，或揭示其中的含义。

逻辑思辨：运用逻辑分析的方法进行推理分析，或破或立。

形象说理：运用类比、故事等手段，可以达到借“他山之石”攻己之玉的目的。

4. 网络评论的语言和文风

在网络中，文风的亲和力高低，决定了评论是否能吸引人们的关注，是否能进一步流传。网络评论的语言需要注意语言表达的准确性、规范性与个性化，忌讳套话、空话连篇，以及机械、生硬、呆板，华而不实的语言。

9.3 网络日志

9.3.1 网络日志的概念与发展过程

近几年，在人数过亿的我国网民中，开设网络日志并进行写作的人数以千万计，并且与日俱增。从个人抒怀到商家用它作为营销手段，直至党政干部、人大代表以它作为跟老百姓沟通、听取意见的平台，应用范围愈来愈广。这种现象早就引起新闻传播学、商业广告学等多个领域的重视和研究，被全社会所关注。因此，也理所当然成为写作学科研究的重要课题。

网络日志源于英文“Web Log”，Web 是网页，Log 是日记或日志，是按时间顺序排列每天所记录的东西。Web Log 的简称为 Blog，翻译过来即为“博客”。所以网络日志与网络博客指的是同一回事。

一般认为，网络日志是一种新型的个人互联网出版工具，是网站应用的一种新的形式。也有人认为网络日志是指以自我信息为主要内容的个人网页制作发布，包括作者撰文、组织项目，配以视频表达和推荐链接相关资料的活动及活动的成果展现。目前关于网络日志的定义有很多，我们比较认可新媒体研究专家孙坚华的解释，即“比较完整的博客概念，一般包括三个方面：一是其内容主要为个性化表达；二是以日记体方式而且频繁更新；三是充分利用链接，拓展文章内容、知识范围以及与其他博客的联系。”

网络日志自 1997 年诞生于美国开始，便日渐显示出其在新闻传播和引领舆论方面的强大力量。1998 年，德拉吉在其个人网站上率先发布“克林顿与莱温斯基性丑闻”的消息，并在半年内引领了美国“舆论导向”。2001 年“9·11”事件爆发后，对其进行最真实、最生动、最细致报道的不是《纽约时报》、《华盛顿邮报》，也不是 CNN 和美联社，而是那些幸存者的博客日志，一段时间内在美国上下掀起了一股“打击恐怖分子”的“爱国主义”热潮。2003 年，许多博客揭露了美国传统媒体在“伊拉克战争报道”中的虚假新闻。这几件事情使得美国传统媒体公信力遭遇空前质疑，而网络日志却声名大振。

在中国，人们知道“网络日志”这个概念是在 2001 年。2003 年有两件事比较引人注目，一是王吉鹏在自己的网络日志中写了《网点 CEO 的下一个称呼》，批判网络色情，在“博客中国”掀起了一场互联网的扫黄运动；二是木子美在自己的网络日志中刊登个人性爱日记《遗情书》，引发了一场全社会伦理道德争鸣的浪潮。网络日志写作作为一种新的电脑写作方式，开始被广大网民接受和关注。

2005 年，博客在中国迅速掀起一股热潮，风靡起来。新浪、搜狐等各大门户网站相继开通博客，并在 9 月份先后推出博客大赛。据中国社会科学院社会发展研究中心发布的《2005 年互联网使用状况及其影响的调查报告》显示，中国 1/3 的网民已成为博客，并且仍然在快速扩散之中。作为一种新的媒体形式，博客的使用人数越来越多，博客在人际交流、引领舆论、新闻报道等方面的影响也越来越大。有人称“2005 年”是中国的博客元年。这一年大众博客开始迅速发展，名人开博成为时尚。

2006 年 2 月，人民网强国博客正式开通，迈出了国家重点新闻网站进军博客领域的第一步。短短几个月，强国博客已经形成了博客精粹、博客关注、博客辩论、专题策划、时政、经济、文史、杂谈、文艺、娱乐等多个板块，掀起了有关“大学就业”、“中国教育”、“新农村建设”、“反腐倡廉”等各种社会热点问题的激烈讨论，显示出较大的社会反响和较强的舆论态势。2006 年被称为“全民博客年”。

据中国互联网信息中心发布的《第 25 次中国互联网发展状况统计报告》数据显示，目前拥有个人博客和个人空间的网民比例已达到 57. 7%，用户已达到 2. 21 亿人，宣告了博客时代的来临。

9. 3. 2 网络日志的传播特点

网络日志是一种纯粹个人意见的表达，它是如何进行传播并产生影响的呢？首先，个人对当前社会、政治、经济等各方面的热点问题、焦点问题形成自己的个人意见，并以日志的形式在个人博客上表达出来。其次，广大网民和博友在版主的博客空间上展开讨论，发表评论，并通过超文本链接实现意见的扩散和融合，形成一个又一个的“舆论圈”和比较成熟的舆论形态。再次，基本属于私人领域的小范围的博客舆论，转帖、转载在 BBS 网络论坛和门户网站上展开进一步的讨论，形成较大范围内的舆论场域；在这种情况下，传统媒体开始介入，并加以正确、理性的分析和引导，最终形成较为强烈的社会舆论氛围。如此，小范围的博客舆论圈逐渐发展成网络领域的舆论场，经由传统媒体的介入进一步延伸到整个社会舆论场，从虚拟状态下的公共领域延伸到现实的公共领域，最终对现实社会产生影响。

网络日志传播的主要特点：

1. 开放性

博客是一种“零门槛”的网上个人写作、出版方式。所谓“零门槛”，主要是指零编辑、零技术、零成本、零形式。因此，博客对写作者是完全开放的，只要你手边有台能上网的电脑，会简单的计算机操作，能进行电脑的中文写作，你就能够在你的个人空间任意挥洒。博客对读者同样是完全开放的，这种全新的网上个人写作和发表方式让传统的“把关人”角色不复存在，博客集信息的接受者、发布者与传播者于一身，各种思想可在此充分地碰撞和整合。博客中的内容既是个人的，也是公共的、社会的，任何人在一定的操作程序下，都可以阅读、转载和利用这些信息内容。

2. 交互性

据搜狐焦点网 2011 年 1 月 18 日报道，著名演员宋丹丹在微博中“请求”SOHO 中国董事长潘石屹“别再盖楼了”。微博发出后迅速在网上引起了震荡，该条微博已经被转发3 600次以及有超过 1 800 条评论，演艺明星、房地产业内以及众多的网友纷纷围观二人的微博。潘石屹沉默12小时后回复：建筑是大众的艺术。这则新闻充分说明了博客的交互性特点。

网民们通过博客可以就自己关心的话题，自由地展开讨论、进行交流，意见双方或者多方可以进行充分的互动，并在互动的过程中，逐渐巩固自己已有的意见，或者改变已有的固定成见，形成对社会事件新的看法和评价。

在博客群体中，一个人既是自己博客的作者，也是其他人博客的读者，当一篇文章、一个思想获得诸多反馈时，读者和作者双方都获得了思想智慧上的收获和心理上的满足。博客可以将相关链接资料同时介绍出来。可以为自己而写，更多的是为了与人共享。于是，一份快乐能够变成多份快乐，一份忧愁可以让多人分担，因此有人称之为“共享写作”。可见，博客与读者的交流是博客生命力之所在。

3. 即时性

博客的主人可以随时将个人的所思所想所作所为写下来，并即时在网上发布。有的博主以此为乐，写博客成为每天的“必修课”。经常更新是提高点击率和关注度的重要方式，也是博客文体区别于其他文体的独特之处。

9.3.3 网络日志的写作特点

1. 内容上的选择性与真实性

不少人都有这样的体会，在个人空间写假的、违心的东西没意思，也没有意义；写真实的东西又怕引来不必要的麻烦和伤害。传统日记写作所写内容是个体对自我的剖析和省察，写作者可以无情而真实地用笔记下自己的想法、记忆、幻想，这样的记录往往充满了自我矛盾和冲突，好与坏、善意与邪恶、理性与荒谬、冲动与克制，包容了一个人的秘密。网络日志的开放性决定了它在展示自我方面的掩饰性、虚构性，写作者所写的内容是经过选择的，常常删除或篡改一些可能引起他人误解、反感、拒斥和批判的真实信息，着力展示自认为优秀和独特的方面。尽管如此，网络日志中还是披露了一些个人的私密性经历和思想认识、情感倾向、兴趣爱好等，可能有不同程度的包装，但它毕竟展现了一个人内心深处柔软和真实的部分。有人说：“匿名特性既让人变得更为坦白，又诱惑人进行刻意的伪装”。网络日志在内容上充分表现出了这种有选择性的真实。

2. 语言上的个人性与多样性

网络日志的表现手法是多样的，语言文字、图片、音频、游戏拼贴、电影制作等，不一而足。但不可否认的是，语言文字始终是最中心和最重要的表现方式。个性鲜明成为博客写作的一个重要特点。博客们的风格各异，有的观点尖锐，个性张扬；有的理性沉稳，成熟理智；有的感性率真，天真活泼；有的老辣精明，快意恩仇……他们有意无意间，已经在证明自己的与众不同，在网络自由、平等的虚拟环境里，每个博主都在用文字情不自禁地张扬着自己的个性。以几个名人博客的语言表现来说，徐静蕾博客的语言自然通俗，有亲和力；洪晃博客的语言率性直白，反传统；潘石屹博客的语言简洁明了，由于常用专业术语而偶显艰深；胖星儿的博客语言随意通俗，但读后的感觉却有点新奇，有点陌生。如她在博客中的一段："我喜欢这样的日子，很随心，很广泛，可以喜欢很多，却没有那种不能改变的坚持，所以很容易在各种境地下都自得其乐——有咖啡的日子喝咖啡，没有咖啡就喝可乐。也喜欢一边喝着咖啡，一边吧唧着疙瘩汤，各种好在我这里，都不抗拒，也能体会其中的好。"

每个博客的语言表现都是个性化的，从而营造了整个网络日志语言表现的丰富性和多样性。

3. 态度上的随意性与游戏性

博客写作首先是自由的，也是随意的，因为开放，其运行的模式掌握在个人的手里，因而也使其具有一定程度的游戏性。博客写作的随意性使得博客们怀着游戏的心态去尝试，也使得读者以游戏的态度把阅读作为一种语言的盛宴或狂欢。例如，后现代艺术中的"戏仿"与现今流行的"恶搞"都是游戏的同一形式。他们在写作中可以随意删改、抄袭，更换名义或张冠李戴，把一些经典的文学作品、历史故事、影视片断引为谈资、笑料。再如"无厘头"，从电影上周星驰"无厘头"式的幽默，一直到胡戈"一个馒头引发的血案"的恶搞，"无厘头"行为一直在青年人当中享有盛誉，并成为许多人的模仿对象。以游戏的心态和形式创造出严肃的、具有社会价值的作品是目前人们较为期待的创作方式。如"聚友博客"上面"老刘的博客"有一篇文章：

高校又爆雷人公告!!!

各位同学：

鉴于最近11#和12#男生宿舍楼女生猖狂，经上级决定，一旦发现，直接上报学校。

请女生自重，男生忍耐!

××公寓

又如"博客中国"上有这样一段话，希望网友讨论补充：

春节又到，中华大地，有钱飞机，没钱站票。望长城内外，大包小包，大河上下，民工滔滔。早起晚睡，达旦通宵，欲与票贩试比高。须钞票，看人山人海，一票难求。车票如此难搞，引无数英雄竞折腰。唐宗宋祖，更是没招!一代天骄，成吉思汗，只好骑马往回飙!

其以戏谑口吻模仿毛泽东《沁园春·雪》的格调，谈论当下一个严峻的社会现象。

9.3.4 网络日志的分类

网络日志的分类恰似整个写作学领域的文体分类一样，复杂和难以把握。博客网站的分类也很难看出有什么标准，如新浪博客按娱乐、教育、时尚、财经、军事、健康等项分了26类；天涯博客在“热门标签”的指示下分了原创、美容、80后等27类。人们从多种角度和需要出发，创造了为数不少的名称。

就目前情况来看，根据写作主体和写作目的的不同，一般将博客分为“集体博客”和“个人博客”两大类。前者多指企业策划、组织团队或命定代表人制作的博客。它的目的是通过博客写作吸引读者认识和消费其产品，也有人称它为“企业博客”或“营销博客”。后者指以个人表述为目的、跟一定范围内的读者进行交流的私人博客写作。

在个人博客中，无论其内容是专题性的还是综合性的，人们往往根据写作主体在社会地位、影响力方面的差异，划分为两大类：“精英博客”和“草根博客”。前者或称“名人博客”，指社会上的各类专家、学者、明星、文化名人、政要等开设的博客。他们大多使用真实姓名，一经公布，即有较高的知名度。也有人使用化名，因其内容的重要性或独特风格迅速吸引广大网民的关注。后者也叫“平民博客”，泛指那些普通的个人博客文章。

从博客的内容来看，可以粗略地划分为新闻类博客、人文类博客、时尚生活类博客、专业学术类博客、教育科技类博客等几大类型。

从写作学科常用的分类标准出发，将所写内容的侧重点和技巧特征结合起来看，目前博客写作主要有记事体、议论体和文学体三大类。

记事体以发布个人信息为主，将自己的生活经历、某种情趣、个人见闻、思想的火花等，及时自由地记录、发布。

议论体则以评论为主，所评范围很广，大到国际风云、社会焦点，小到个人言行、凡人琐事。这种议论多为随想录式的散漫议论，无须讲究议论的三要素（论点、论据、论证），不是完整的立论或驳论，虽然经常有争论的话题。当然，也有些名家博主发表相当精彩的短论与杂文，那是完整的议论文或评论文章。

文学体，指的是不少博客经常发布篇幅不长的诗歌、散文等文学类作品，抒情性较强。

此外，在营销博客介绍产品的文章中，包含说明文体，但相比数量较少。

9.3.5 网络日志的例文

【例文1】

为什么我们最相信“谁都不信”

见人摔倒不敢扶，吃东西怕有毒，媒体说的不敢全信，政府辟谣一定非真……这些体验，相信你我都能对上一两项。当扶起路人几成“见义勇为”，当别人对你释放善意，你反射性地怀疑其动机，当公权力的威信渐行渐远……一个诞生“路不拾遗、夜不闭户”成语的国家，就这样，开始变得人与人互相戒备、人与政府互相防范，面对全方位的信任损耗，谁该站出来负责？面对深层的信任透支，中国社会还能坚持多久？信任体系，我们该如何重构？（发展论坛·深度话题，2011-01-18）

听到这振聋发聩的追问，相信每个中国人的内心都会惊颤！直面国民的“不相信运动”，首先要搞清楚，为什么我们最相信“谁都不信”？是谁让老百姓变成“老不信”？

说到信任，人民最应该相信的是人民政府。可是人民政府给了人民相信的理由吗？林州停暖事件，一开始，“市长热线”说是为了完成节能减排任务，随后竟露出套取国家2 300万补贴款的端倪，中央电视台的记者想问清此事，林州官员竟然玩起了“躲猫猫”。“始作于伪，终于无耻”，为什么“我最爱的人也伤我最深”？“我爸是李刚”的结果竟然是“恨爹不成刚”，跨省追捕王鹏错案警察却成了替罪羊，368万天价过路费把法律演绎成闹剧。如此种种，老百姓怎能不变成“老不信”？基层政府公信力的下降已是不争的事实。

解读基层政府“不为人民服务”的言行，无非一个“利”字在作怪。为什么“住，我们有楼倒倒、楼脆脆、楼歪歪、楼薄薄；吃，我们得小心假烟、假酒、假鸡蛋、假牛奶、地沟油、人造脂肪、美容而成的大米、药水泡大的豆芽、避孕药喂肥的王八、洗衣粉炸出的油条；出门，我们要提防推销的、碰瓷的、钓鱼（执法）的；上医院，我们担心假药、无照行医、被过度治疗；我们还要面对假票、假证、假中奖、银行诈骗、假老虎、假新闻等”？该管的不管、不该管的乱管，已成了一些基层政府的生财之道，儿戏法律、交易原则，都可以换来人民币。公权部门任何离奇古怪的言行，其背后我们总能看到“鬼推磨”的魅影。

贪官事发，涉案金额动辄数百万、上千万，过亿的也是屡见不鲜。谁让他们如此疯狂，难道他们吃了雄心豹子胆？边贪污边升官不稀奇，因为纪委书记也“潜伏”——这就是环境；床上培养干部不古怪，因为床都“拆”了“官”

还在——这就是处理。草民说，贪官不可怕，有情妇举报；贪官说，死刑不可怕，有缓期执行。官不会死，何以死惧之？

两颗人头换来中国官场20年安定。在决定枪毙刘青山、张子善时，毛泽东说："对于这样的叛徒和蛀虫，有多少就必须清除多少。清除了他们，不是党的损失，而是党的胜利；不是降低了党的威信，而是提高了党的威信。"

如是，国之幸甚、民之幸甚！

来源：新浪网·朱门酒肉香的博客

发表时间：2011年1月18日

［评析］

这篇博客从内容看属于新闻评论类博客，从写作角度看属于议论体。首先，标题写得好，十分醒目并且留有悬念。用反问句本身已经加强了语气，而句子同时使用强调程度的"最相信"，造成"我们什么都不相信"的强烈语势，相当吸引读者。

在传统写作中，一直都强调写好标题的重要性，在博客写作中，标题写作的重要性也是显而易见的。网络搜索引擎一般都以标题作为搜索归类的依据和标准，而众多网民在网上浏览的时候往往也是通过标题决定是否再看下面的内容，标题是文章的一张脸，很大程度上决定了文章是否精彩，是否具有吸引力。因此，要想提高博客的关注程度（点击率），精心打造好标题是个关键。

文章开头通过对"谁都不信"现状的概括描述，提出论点：为什么全社会全方位的信任透支？接下来，通过"林州取暖事件"、"我爸是李刚事件"、"跨省追捕事件"这几个最新的社会焦点，论证"人民最应该相信政府，然而政府没能给予人民相信的理由"。原因何在？利字当头。文章从日常生活的吃穿住行都面临的假冒伪劣谈起，揭露公权部门的以权谋私，并指出一些贪官没有得到应有的惩处，也从反面说明这些公权部门为什么敢于以权谋私。

这篇博客首先标题写得精彩；其次，全文用事实论据，而且都是当前热点社会现象和事件，新鲜热辣，非常容易引起读者共鸣；再次，文章结构清晰，语言表述上详略得当，语言生动犀利，很有感染力和说服力。

【例文2】

高科技的便利生活

大约三年前，随着我的设计师老公进入了苹果世界，先是电话，之后就彻底成了乔布斯的托儿。

老公的业务不断发展，今年爱上了水磨石地面。这个技术是一种古老的意大利技术，英文叫 terrazzo。这种地面比大理石要便宜，但是效果可以和大理石一样，甚至更好，因为水磨石是可以根据需要磨成各种图案的。其工艺虽然不太复杂，但是需要熟练的工人，这需要找。如果要磨出五彩缤纷的地面，还需要找各种材料——玻璃颗粒、贝壳颗粒，塑胶颗粒、各种颜色，供应商分布全国。老公开始出差，一是找老师傅，这得去上海，因为上海的老房子里，很多用的是水磨石。材料就不好说了，到处都是，好消息是水磨石很环保，好多材料都是回收的废品做的。

老公跑得很高兴，去趟山东找玻璃，抱一堆大葱回来，说是老家的，葱白是甜的，沾酱卷饼好吃。去上海买了一巨大盒熏鱼，回家如法炮制，结果我们家一天三顿都吃熏鱼。还去了安徽，说那里的豆腐好吃，现磨的，回来之后哭着喊着要自己弄个豆腐坊。

一切顺利，一直到该支付玻璃颗粒、贝壳颗粒、大葱、熏鱼、豆腐坊设备，所有人都说，你网上银行转账就可以，我们收到钱就给你送货。

乔布斯的世界很美好，但就是像朝鲜或“文革”时期的中国——和外面世界不接轨。老公开始琢磨买 PC，去电脑城，各式各样、眼花缭乱。当然都能网上银行转账。我陪他去了两次，之后彻底放弃，人太多，东西太多，各种销售太多。

老公急于接货，有一天我突然看见他的办公桌上出现了一个时髦的黑家伙。

“这是什么?”

“不就是那 PC 吗?”

“买回来了。什么牌子的?”

“不知道，好像是 Dell 新出的一个一体电脑，黑的挺酷的。你不是搞时尚的吗?”

这还是老公头一次用“时尚”这个词，平常他总是把“时尚”和“骗人”一起归类。

跟着这个黑色的台式机回到了有病毒、有免费下载、有 flash 的，当然也有网上银行的、五彩缤纷和罪恶多端的 PC 世界。老公支付了玻璃颗粒、大葱的钱，高兴地说，这玩意也挺好用的。

来源：新浪网·洪晃的博客

发表时间：2010 年 12 月 22 日

[评析]

洪晃 2007 年被评为年度中国十大魅力女人，她的个人博客在国内有很高的知名度，点击量过亿。洪晃在中国很“红”，如果说早年她的出名是源于名门出身背景以及她在婚姻上的大胆选择，但在最近一段时间的名声大噪，却是因为她新鲜热辣的观点，比如其博文“好男人是饭后甜点”等掀起了一阵风暴。

所选此篇应该算较平淡的一文，主要记叙了她和丈夫日常生活的一幕。文章内容较琐碎，但由于结构层次清晰，加上叙述语言简洁、不加修饰，把日常平淡生活写得饶有风趣。这类博客在网上太多太多，写得不好，要么显得无聊，要么有“显摆”之嫌，让人觉得不太舒服。洪晃很好地把握了这个分寸。语言表面上漫不经心、口无遮拦，实际上是经过认真设计和打磨的。其写作风格很值得博主们研究。

【例文3】

无政府主义的土土洋洋过日子

——疙瘩汤 & Nespresso 胶囊咖啡

朋友总说，我把日子过得很无政府主义——

我喜欢这样的日子，很随心，很广泛，可以喜欢很多，却没有那种不能改变的坚持，所以很容易在各种境地下都自得其乐——有咖啡的日子喝咖啡，没有咖啡就喝可乐。也喜欢一边喝着咖啡，一边吧唧着疙瘩汤，各种好在我这里，都不抗拒，也能体会其中的好:)

每天在微博上晒着早餐、晚餐，大部分时候都中式家常得不引人惊艳，但是吃惯了白菜豆腐的中餐，有段日子若生活在国外，每天西餐，哪怕天天三明治这样的快餐，也能吃得塌心塌心。

所以我爸总说，他看着我这样的胃口就会放心我的生活，一定不会受着苦的:)

我就是这么让人放心的孩子啊。如今，克拉也是，真是吃嘛嘛香，去哪都睡得踏实、玩得开心。这也是我多大的福分呀。当然，也是日日受我这样一杯咖啡、一碗疙瘩汤过生活的熏陶，不见啥爱啥才怪呢:)

见什么都爱、都笑，是件多皆大欢喜的事情啊，悦己悦人:)

身边这样的人还真挺多的。所以，咖啡——疙瘩汤——疙瘩汤——咖啡，是微博上前段日子被咨询最多的两样东西。

（略）

来源：新浪网·胖星儿的博客
发表时间：2011年1月12日

［评析］

胖星儿的博客属于典型的时尚生活类博客，主要写的都是“私房菜”的做法。她的新奇之处在于文章内容并不是只讲做菜，还讲一些其他事，比如人生感悟、工作上的事情等，成了一种很奇特的组合。如“工作和爱情一样不靠谱——鳕鱼炒饭”、“婚姻改变了女人什么——杨梅奶豆腐”等都是这样的博文。胖星儿的文章结构松散随意，语言亲切、平易近人，有点女人的妩媚，使用标点符号很不规范。常常配上精美的图片，很有个性特色。

写这类文章要注意，一是要有自己独特的人生感悟或经历；二是既然谈做菜，最好有一定的专业水平；三是忌啰唆冗长，否则就会有矫揉造作、人云亦云之嫌。

问题思考

1. 什么是网络写作？网络写作包括哪些文体？
2. 网络评论的特点有哪些？有何优势和不足？
3. 网络日志的写作特点有哪些？请举例说明。
4. 请找一篇报纸的评论和网络评论，比较它们在表现手法上的异同。
5. 选一篇自己喜爱的博客文章，分析其写作上的优劣。

写作训练

1. 请就广州亚运会期间的交通问题写一篇评论性博客。
2. 选一个自己喜爱的名人博客，就其博客写作的特点和语言技巧进行评议，并将此文放入自己的博客里，配上相关图片。

10　礼仪生活文书

内容提示

礼仪生活文书的概念、特点与作用

感谢信、慰问信的写作特点与规范

贺信（电）、求职信、聘书、祝词的写作特点与规范

悼词、讣告、对联的写作特点与规范

10.1　礼仪生活文书概述

礼仪生活文书从形式上看，尽管不如行政公文、经济文书、法律文书等显得端正威严，但其在工作和生活中所起的作用却是不可小视的，因而也成为应用写作中非常重要的一类文体。

10.1.1　礼仪生活文书的概念

礼仪生活文书是个人或组织在相互往来时，用以调节个人与个人之间、个人与组织之间以及组织与组织之间相互关系的、具有固定格式并且合乎礼仪的一种实用文体。

在人们的日常生活中，礼仪生活文书是最基本、用途最为广泛的实用文体。礼仪生活文书主要有感谢信、慰问信、贺信（电）、求职信、悼词、祝词、对联、讣告、聘书等。礼仪生活文书不受职业的限制，几乎各行各业各个阶层的人都要用到它，应用面极为广泛。

10.1.2　礼仪生活文书的特点

礼仪生活文书是在人类的社会生活中产生的，并且它还随着社会的进步而不断地发展。礼仪生活文书主要是在我们的社交礼仪和生活交际当中发挥作用，因而它的特点也就十分显著。

1. 交际性

所谓交际，即人与人之间的往来接触。随着社会文明的不断进步、人们接触面的不断扩大，礼仪生活文书在我们生活工作中的运用也越来越普遍。比如，人们常常在婚丧嫁娶、迎来送往时，运用请柬、邀请书，贺信、祝词，讣告、悼词等礼仪生活文书来相互交际、沟通感情，这都是交际性的体现。因而，礼仪生活文书最为突出的特点就是它的交际性。

2. 生活化

礼仪生活文书区别于行政公文、经济文书、法律文书等其他应用文体的最突出的特点，就是它的生活化。由于这类文书广泛地运用在人们的人际交往中，互致礼仪、交流情感，因而带有十分强烈的生活化色彩。比如贺信、贺电、祝词，乃至讣告与悼词，都是我们生活中经常用到的应用文体，其中体现出的生活化的情感，对实现人与人之间的交际沟通起到非常重要的作用。因而，生活化也是礼仪生活文书的一个显著特点。

3. 规范化

规范化是礼仪生活文书与其他形式的应用文书的一个共同特点。与其他形式的应用文体一样，各种礼仪生活文书也有自己固定的格式和规范。不同的礼仪生活文书有自己的适用范围和场合，以及特定的格式和写作要求，在运用这些文书时我们必须严格按照要求来撰写，严守各种文书的格式和用文规范，不可随意套用，以避免引起不必要的误会和麻烦。

10.1.3 礼仪生活文书的作用

礼仪生活文书在人际交往中的作用十分明显：它可以表达礼节，交流双方的思想，处理各方之间的事务。可以说，礼仪生活文书在现实生活中起着其他文书所无法替代的作用，它不仅可以沟通人与人之间的关系，还可以增强人与人之间的感情。

1. 传递信息，表示礼节

礼仪生活文书承担了传递信息和表示礼节的功能。礼仪生活文书是信息的载体，人们在逢年过节、婚丧嫁娶、迎来送往的时候，常常会利用对联、请柬、贺信（电）、祝词、讣告等这些常用的礼仪生活文书，把个人、企事业单位、社会团体等想要传递的某种特定的信息传递出去；在传递信息的同时，还通过这些对联、贺信（电）、祝词和讣告等规范的行文来表达喜庆、祝贺、悼念的礼节。这种融合了生活化、情感化和礼节性为一体的礼仪生活文书所承担的传递信息和表示礼节的功能是其他各种文书形式所不能取代的。

2. 沟通思想，交流情感

礼仪生活文书还承担着沟通个人、企事业单位、社会团体之间的思想情感，增进相互了解、彼此联系、交流感情的作用。这也是使用礼仪生活文书非常重要的一个目的。比如慰问信、感谢信、贺信、祝词等文书，借助文字工具，在某些特定的时刻通过礼节性和规范化的用语，来沟通文书传、受双方彼此之间的思想和感情，增进双方的了解和信任，以友善的方式建立良好的关系。

3. 告知事项，处理事务

有些礼仪生活文书还承担着告知事项、处理事务的功能。比如请柬和邀请书，就是以礼节性的方式告知和邀请对方来参加某些特定活动的礼仪生活文书。又如在我们工作过程中经常会用到和见到的聘书，就是聘请对方担任本单位、本公司、本机构相应的工作和职务，起着处理事务的作用。

相比其他应用文书，礼仪生活文书的功能有其特有的作用，比如传递信息、表示礼节；同时也有与其他应用文书相类似的功能，比如告知事项和处理事务。这些功能是礼仪生活文书特点的体现，也是我们在日常工作和生活中运用这些文书的目的。

10.2 礼仪生活文书写作

10.2.1 感谢信

1. 概念

感谢信是单位或个人对某个单位或个人的关心、支持、帮助表示感谢的礼仪生活文书。感谢信不仅有感谢的意思，而且还有表扬的意思。

感谢信用途广泛，可以使用于单位、团体之间，单位、团体与个人之间，或个人与个人之间。感谢信可以直接发给对方或对方所在单位，也可以上门张贴，一般张贴于对方单位内或所在地的公共场所，还可以登报或到广播电台和电视台播送。

2. 基本格式与例文

一般来说，感谢信只要写明为何事向何人（单位、团体或个人）表示何种谢意就行了，内容要能体现感谢方的感激之情。在表达感谢之意时，应该注意感情真挚，措辞恰当、得体，文字要精练，评价要恰当。

具体来说，感谢信由以下几部分组成：

（1）标题。

感谢信的标题应置于第一行的正中，用较大的字号写上醒目的“感谢信”

三个字即可，这种形式的标题是最常用的；也可以在“感谢信”之前说明是写给什么单位或什么人的感谢信，如“致××××的感谢信”；还可以在“感谢信”之前说明是为何事而写这封感谢信，如“春节慰问感谢信”，说明写信要感谢对方在春节期间带给自己的慰问。

（2）称谓。

标题下一行顶格写被感谢单位、团体的名称或个人的姓名。如果是单位和团体，则用全称；如果是个人，姓名后面可以加上适当的称呼，如“×××先生”、“×××女士”、“×××同志”等。称呼后用冒号。

如果需要感谢的对象数量比较多，则可以把感谢对象放于正文中一一列出。

（3）正文。

称谓下一行空两格写正文。这一部分要写清楚感谢的事由，即对方在何时、何地，由于何种原因，做了什么好事，对本单位、团体或个人有什么样的支持和帮助，最后又使得事情有哪些好的结果和影响等。除了叙述事由之外，还要总结对方表现出了哪些好思想、好品德、好风格，并表示本单位、团体或本人要以对方为榜样，努力向其学习，不断提高和进步。

应该注意的是，在叙述对方对自己或本单位的帮助时，一定要把人物、时间、地点、原因、结果以及事情经过叙述得清清楚楚，以便于组织的了解和号召群众向其学习。

（4）结尾。

正文完成后，可以在结尾部分再次表示感谢，如“再次向您表示衷心的感谢”、“致以最诚挚的敬礼”等，或者另起一行以“此致”、“敬礼”结束全文。

（5）落款。

在感谢信的右下方署单位、团体的名称或者个人的姓名。下一行署上感谢信的具体写作日期。

在写作感谢信时，应该注意信中要始终洋溢着感激之情，在叙述事实的过程中，除了要突出对方的好思想和表示谢意外，行文要始终饱含感情，而且必须做到感情真挚、热烈，使所有看到信的人都受到感染。同时，感谢信中表示谢意的用语要得体，既要符合被感谢者的身份，也要符合感谢者的身份。感谢信以说明事实为主，切勿不着边际地大发议论。

【例文】

感谢信

尊敬的×航工程技术部领导：

您好！

在今年12月15日，我××××航空公司×××××次航班原计划于23:50由上海浦东机场飞往德国慕尼黑。由于受突发恶劣天气的影响，浦东机场连续降雪，致使机身被冰雪覆盖从而影响正常起飞。贵方在得知这一情况后，作出了及时的响应，紧密合作，使得该航班顺利出发离港。对此我们要特别向贵方提供的优质服务表示衷心的感谢。

还要特别感谢当班除冰工作人员×××和冰车驾驶员及其他工作人员的积极配合与全力帮助。由于该飞机受冰雪严重影响，给除冰工作带来了很大的困难。但是经过×××同志与驾驶员的不懈努力以及所做的大量工作，终于使航班得以正常出发。

贵方的专业工作能力以及有效的调度指挥，全力保障了该航班的正常运营，给该航班上全体旅客及机组人员留下了极其深刻的印象。再次向×航工程技术部领导及相关工作人员对我们的大力支持表示感谢！

此致

敬礼

××××航空公司

浦东机场办事处

二〇一〇年十二月十九日

[评析]

这封感谢信，标题直书“感谢信”简洁明了。正文写明了感谢的事由，详细写了事情发生的时间、地点、经过和结果，并在信中高度赞扬了×航空工程技术部员工不畏严寒、勇于克服困难的高尚品德。

10.2.2 慰问信

1. 概念

慰问信是向对方表示关怀、慰问的应用文。它是有关机关、团体或者个人，以组织或个人的名义，在有关集团、单位、团体或个人处于特殊的情况下（如战争、自然灾害、事故），或在节假日来临之际，向对方表示表示慰藉、问候、鼓励、关切的礼仪生活文书。

慰问信一般是在他人处于一种特别的情况下才使用的，比如特殊的困难时刻（如战争、灾难、事故中），或是取得了突出的成绩、杰出的贡献和获得巨大荣誉时，或是一些值得庆贺的节、假日，在这些时候用慰问信的方式去慰藉、问候、鼓励或是关心对方，使对方能重新鼓起勇气克服困难，或者百尺竿头取得更大的进步。因此，慰问信可以给慰问对象一种亲切、温暖的感受，能体现组织的温暖和同志的关心，起到鼓舞人、感化人、催人奋进的特殊作用。

2. 种类

根据慰问内容的不同，慰问信一般可以划分为以下三类：

（1）表示同情、安慰的慰问信。同情、安慰类的慰问信用于向由于某种原因遭受重大损失或是巨大困难的集体、个人表示慰问。比如，向地震灾区人民、遭受洪涝灾害的人们、失去至爱亲人的人等发慰问信。发慰问信的目的除了表示难过或哀痛的心情之外，最重要的是慰藉、问候、关心对方，鼓励其战胜困难，重新奋起。在写作同情、安慰类的慰问信时一定要注意感情的真挚和语言的亲切。

（2）表示节日问候的慰问信。这是在传统的节假日来临的时候向有关单位、团体、个人发出的慰问信。比如，向对节日期间坚守在工作一线的同志们表示慰问，向离退休干部表示节日问候等（见例文2）。这类慰问信着重表示节日的问候，在对节日期间坚守岗位者的称颂和对军烈属、离退休干部的关心，应尽量写得态度诚恳、真切。

（3）表示表彰、鼓励的慰问信。这类慰问信是向工作中作出突出贡献的单位、集体或个人表示慰问。比如，向受到某类表彰的单位、个人发慰问信，向获得某项科技新发明的个人和单位发慰问信等。表彰、鼓励类的慰问信要着重称颂对方的成绩和贡献，同时鼓励他们戒骄戒躁，继续努力，以取得更大的成绩。

3. 特点

（1）鼓励、鼓舞。不管是哪一类别的慰问信，其最主要的特点就是鼓励和鼓舞，向处于困难中的人表示关切和鼓励，向取得成就的人表示问候和关心，既让对方感到亲切，也让对方受到鼓舞。

（2）亲切、关心。慰问信是以问候为目的的，因此在写作上一定要亲切、诚恳，以情感人、以情动人，最终才能起到鼓励和鼓舞人的作用。

4. 基本格式与例文

慰问信在写作中要因事、因时、因人而异，富于人情味和鼓动性，文字朴实，语言贴切，这是慰问信写作的基本要求。具体而言，慰问信一般由以下五个部分组成：

（1）标题。

慰问信的标题通常可以“慰问信”来表示，有时候可以用“致×××的慰问信”来表示，如“致邹韬奋夫人沈粹缜的慰问信”，或者还可把慰问信发出单位和个人及慰问信接受方的称谓都写上去，如“×××致×××的慰问信”。标题应放于慰问信的第一行正中位置。

（2）称谓。

慰问信的第二行顶格写慰问信接受单位、个人名称。单位应写全称，个人姓名后面则要加上“同志”、“先生”、“女士”、“小姐”等称谓，以示尊敬。

（3）正文。

慰问信正文一般先写问候、安慰的话，并写明慰问的原因、背景，然后根据不同对象，赞扬对方的精神和贡献，语言要亲切、热情、真挚。

接下来着重事实的叙述，根据慰问对象的不同，写法也有所不同。比如表示同情和安慰的慰问信可表示同情和痛心，并表示对其将采取什么样的援助措施等，最后鼓励对方战胜困难；表彰、鼓励类的慰问信则重在赞扬对方取得的成就，并希望对方能继续作出更大的贡献；节日问候类的慰问信则重在带去节日的问候，并赞扬他们的辛劳和无私奉献的精神等。

（4）结尾。

慰问信的结尾通常用一句慰勉与祝福的话作结语，比如“祝你们取得更大的成功”、“祝您节日快乐、身体健康、阖家幸福”等。

（5）落款。

在慰问信结尾右下方先署上慰问信发出单位的全称或者个人的姓名。换行署上具体的时间。

【例文1】

致邹韬奋夫人沈粹缜的慰问信

粹缜先生：

在抗战胜利的欢呼声中，想起毕生为民族的自由解放而奋斗的韬奋先生已经不能和我们同享欢喜，我们不能不感到无限的痛苦。您所感到的痛苦自然是更加深切的了。我们知道，韬奋先生生前尽瘁国事，不治生产，由于您的协助和鼓励，才使他能够无所顾虑地为他的事业而努力。现在，他一生光辉的努力已经开始获得报偿了。在他的笔底，培育了中国人民的觉醒和团结，促成了现在中国人民的胜利。中国人民一定要继续努力，为实现韬奋先生全心向往的和平、团结、民主的新中国而奋斗不懈。韬奋先生的功业在中国人民心目中永垂不朽，他的名字将永远是引导中国人民前进的旗帜。想到这些，您，最亲切地了解韬奋先生的人，一定也会在苦痛中感到安慰的吧！您的孩子——嘉骝，在延安过得很好，他的品格和勤学，都使他能无负于他的父亲，这也一定是可以使您欣慰的事吧！谨向您致衷心的慰问，并祝您和您的孩子们健康！

周恩来 启

卅四年九月十二日

[评析]

邹韬奋是一位伟大的爱国主义者，我国近代历史上杰出的新闻记者、政治家和出版家，于1944年7月24日因病去世。一年后，抗战胜利。上文是周恩来在抗日战争胜利后写给邹韬奋夫人的一封慰问信。落款所署的年份“卅四年”是指“民国卅四年”，即公元1945年。标题写明慰问信的接收者，一目了然。慰问信的称谓为“粹缜先生”，既亲切又显尊重。正文以深情的笔调写出了对韬奋先生的敬重和怀念，并表达了在抗战胜利这一特殊的时刻对韬奋家人的慰问。全文感情真挚、态度亲切。

【例文2】

春节慰问信

驻××市的中国人民解放军、中国人民武装警察部队和“江门舰”全体官兵，全市军队离退休干部，烈军属，残疾军人，转业、复员、退伍军人：

在2010年新春佳节即将来临之际，中共××市委、××市人民政府代表全市人民，谨向你们致以节日的祝贺和亲切的慰问！

过去的一年，驻我市中国人民解放军、中国人民武装警察部队和“江门舰”全体官兵坚决贯彻落实中央军委的决策部署，以科学发展观为指导，忠实履行使命任务，大力加强部队思想政治建设、扎实推进军事准备，确保了部队高度稳定和集中统一，确保了年度战备训练和勤务工作等任务的圆满完成。同时，大力发扬拥政爱民的光荣传统，在抗击国际金融危机中，风雨同舟，积极参加驻地的经济建设、政治建设、文化建设与和谐社会建设，在重点工程建设中勇挑重担，在扶贫帮困中慷慨解囊，在抗灾救援中冲锋在前，为推动江门经济社会又好又快发展作出了重大贡献。全市烈军属，残疾军人，转业、复员、退伍军人和军队离退休干部继续发扬人民军队的优良传统，在各自的岗位上努力工作、建言献策、扎实奉献，为全市经济社会发展和社会稳定作出了积极贡献。在此，市委、市政府和全市人民向你们表示衷心的感谢并致以崇高的敬意！

2009年，在省委、省政府的正确领导下，我市认真贯彻中央和省的各项决策部署，深入学习实践科学发展观，结合我市实际创造性地开展工作，积极应对国际金融危机，大力推进“三促进一保持”，全市经济保持了平稳较快增长，交出了一份漂亮的成绩单。全市生产总值达到1 355亿元，增长10.8%；地方财政一般预算收入增长11.98%，全社会固定资产投资增长25.3%，社会消费品零售总额增长17.4%，外商直接投资增长13.07%，城镇居民人均可支配收入实际增长12.7%，农村居民人均纯收入实际增长12.8%。总体上看，我市大部分经济指标增长高于全省平均水平，地方财政一般预算收入增长高于GDP增长，城乡居民收入增长高于GDP增长。在实施《珠江三角洲地区改革发展规划纲要（2008—2020年）》中，融入珠三角一体化有了新进展，以交通为突破口，江珠高速延长线、新台高速、西部沿海高速、开阳高速等得以有效推进。珠中江经济圈年票互认、通信同城化、饮用水同网等率先突破，进入实施阶段。全市呈现科学发展上新水平，行政服务水平和机关作风有新风貌，社会和谐稳定、军政军民团结的大好局面。这些成绩的取得，是省委、省政府正确领导的结果，是全市人民共同奋斗的结果，是军政军民团结共谋发展的结果，也是广大优抚对象共同努力的结果。

2010年是全面完成“十一五”目标任务，谋划制定“十二五”规划承上启下的重要一年。我们要坚持以邓小平理论和“三个代表”重要思想为指导，全面贯彻党的十七届四中全会、中央经济工作会议和省委十届六次全会精神，全面落实科学发展观，着力实施《规划纲要》，坚定不移调结构，脚踏实地促转变，实施扩大内需战略，深化体制机制改革，加大力度改善民生，促进社会和谐稳定，加强和改进党的建设，不断开创侨乡科学发展的新局面。按照市委十一届七次全会提出的目标任务，我市要着力在七个方面创新思路，谋划新举措，取得新突破：一是在转变发展方式、构建现代产业体系上有新突破。二是在扩大投资、消费的内需组合上有新突破。三是统筹城乡发展上有新突破。四是招商选资、园区建设上有新突破。五是深化体制机制改革上有新突破。六是改善民生、构建和谐江门上有新突破。七是加强和改进党的建设上有新突破。与此同时，我们将一如既往地大力支持国防和部队现代化建设，全面落实优抚安置政策，深入开展双拥共建活动，进一步巩固和维护军政军民和谐团结的大好局面。

我们希望，驻××的中国人民解放军、中国人民武装警察部队和“江门舰”全体官兵，全市离退休干部，烈军属，残疾军人，转业、复员、退伍军人继续发扬党和军队的优良传统和作风，开拓进取，扎实工作，为我市经济社会发展作出新的贡献。

我们坚信，有省委、省政府的正确领导，有驻××军警部队的关心和支持，有全市人民的团结奋斗，我们一定能够在科学发展的新进程中迈出新步伐，实现新突破，开创新局面！

祝同志们新春愉快、工作顺利、身体健康、家庭幸福！

中共××市委
××市人民政府
二〇一〇年二月三日

10.2.3 贺信（电）

1. 概念

贺信（电）是表示庆贺的礼仪生活文书。

在现代社会当中，贺信（电）已经成为我们社会交往中非常重要的一种礼仪生活文书。它既可用于组织之间，也可用于个人。具体来说，贺信（电）是在组织或个人取得成功和成绩，或是在节日、生日等值得庆祝的日子里用来表示庆贺的一种专用的书信。比如，当某组织作出了某项重大贡献时或举行某庆祝活动时，就可以用贺信（电）；当某项重大的任务顺利完成时，为表祝贺也可用贺信（电）；在某个重大节日举行隆重集会时，或是某些重要人物的寿辰和其他值得庆贺的时刻，都可以用贺信（电）的形式表示祝贺。贺信（电）可以当场宣读或寄给对方，也可登报或广播。

2. 种类

按照不同的分类方式，贺信（电）有多种类别。

（1）按行文方向划分。

按照贺信（电）的行文方向来划分，贺信（电）可以分为四类：

第一类是上级单位对下级单位或所属职工的贺信。这一类别的贺信（电）内容常常是节日的祝贺，或是对对方取得重大成绩的祝贺。由于这类贺信（电）是由上级单位祝贺下级单位或职工的，因而，在表示祝贺的同时，贺信中还会体现诸如"希望……"、"要求……"等方面的内容。

第二类是同级单位之间的贺信（电）。这类贺信（电）的主要内容除了向对方表示祝贺之外，还会有表示向对方学习和互相鼓励的内容。

第三类是下级单位给上级机关的贺信。这类贺信除了表示祝贺之外，因为是下级向上级发贺信，所以一般在贺信中会表示某种决心等。

第四类是个人或组织给某些重要领导人、重要人物的贺信（电）。

（2）按性质、范围划分。

如果按照贺信（电）的性质和范围来划分，可以把贺信（电）分为用于重大成就的贺信（电）（见例文 2）、用于重大会议的贺信（电）、用于重要任职的贺信（电）等。

3. 基本格式与例文

贺信（电）一般由标题、称呼、正文、结尾和落款五个部分组成。

(1) 标题。

贺信（电）的标题一般直接用“贺信”或“贺电”表示，简洁明了；有时贺信（电）会采用发信（电）者+文种作为标题，如“中共中央贺电”；还有采用发信（电）者+事由+文种作为标题，如“中共中央　国务院　中央军委对神七飞行圆满成功的贺电”和“河北省农业厅教师节贺电”等；有时也采用发信（电）者+受信（电）者+文种作为标题，如“浙江省教育厅给全省教师的贺信”等。

(2) 称呼。

标题下另起一行顶格写受信（电）的单位、个人名称。

如果贺信（电）是给个人的，则在个人名称后面加上“先生”、“女士”、“同志”等相应的称谓。

(3) 正文。

贺信（电）的正文部分首先阐明祝贺的事由，并表示热烈祝贺之情；接着可以结合当前形势，概括分析祝贺方取得的成绩或所要祝贺事项的重大意义；最后再表示热烈的祝贺、赞颂。

(4) 结尾。

通常采用祝愿、鼓励的话语作结。如果是上级向下级发贺信（电），可以表示希望、要求的话语作结；如果是同级之间的贺电，可以表示向对方学习的话语作结；如果是下级向上级发贺信（电），则可以“决心……”的方式作结。

(5) 落款。

在贺信（电）右下方写发信（电）的单位或个人姓名，并具年、月、日。

在写贺信（电）的时候要注意几点：一是在正文部分一定要写明祝贺的事由，说明由谁来祝贺，为什么要祝贺，有的还要论及被祝贺的人和事的意义；二是贺信（电）的语言要求简练概括，要有浓郁的感情色彩，遣词造句要充满热情、喜悦、褒扬之意，使人感到温暖愉快；三是贺信（电）的内容要实事求是，评价要恰如其分。

【例文1】

贺　电

广州亚残运会中国体育代表团并转田径队：

欣闻我市运动员陈鸿杰在广州2010年亚洲残疾人运动会男子跳高F46级比赛中顽强拼搏，夺得金牌，为祖国和人民赢得了荣誉。在此，谨向你们并通过你们向陈鸿杰表示热烈的祝贺！期盼厦门参赛运动员再接再厉，再创佳绩，祝愿广州亚残运会中国体育代表团取得更加辉煌的成绩!

中共厦门市委
厦门市人民政府
二〇一〇年十二月十五日

【例文2】

中共中央　国务院　中央军委对神七飞行圆满成功的贺电

总装备部、工业和信息化部、中国科学院、国家国防科技工业局、中国航天科技集团公司、中国电子科技集团公司并参加神舟七号载人航天飞行任务的全体同志:

神舟七号载人航天飞行获得圆满成功,中共中央、国务院和中央军委向圆满完成这次飞行任务的英雄航天员,向所有参加这次任务的广大科技工作者、干部职工和部队官兵表示热烈的祝贺和亲切的慰问!

神舟七号载人航天飞行圆满成功实现了我国空间技术发展具有里程碑意义的重大跨越,标志着我国成为世界上第三个独立掌握空间出舱关键技术的国家。这是我国航天科技领域的又一重大胜利,是中国人民在建设中国特色社会主义伟大进程中取得的重大突破,对于增强我国经济实力、科技实力、国防实力和民族凝聚力,鼓舞全党、全国各族人民夺取全面建设小康社会的新胜利,开创中国特色社会主义新局面具有重大而深远的意义,祖国和人民将永远铭记你们的历史功勋!

发展载人航天技术,和平开发利用太空,始终是中国人民的不懈追求,希望你们在以胡锦涛同志为总书记的党中央领导下,高举中国特色社会主义伟大旗帜,坚持以邓小平理论和"三个代表"重要思想为指导,深入贯彻落实科学发展观,大力弘扬"两弹一星"精神和载人航天精神,自力更生、艰苦奋斗、团结协作、拼搏进取,为继续推动我国航天事业发展,为实现中华民族伟大复兴不断作出新的更大贡献!

中共中央、国务院、中央军委
二〇〇八年九月二十八日

[评析]

这是一则由中共中央、国务院和中央军委联合发给为神州七号飞行成功作出贡献的相关单位的贺电。标题采用发电者+事由+文种的方式表述,使人一看标题就能明了贺电的主题。正文首先讲明了祝贺的事由，接着分析了所祝贺事情的重大意义，最后提出了希望。全文感情饱满、语调喜悦。

10.2.4 求职信

1. 概念

求职信是求职者向用人单位谋求职位的一种专业文书。求职者通过求职信向用人单位介绍自己的基本情况，陈述自己的优势和特长，以使用人单位了解自己，从而获得面试机会，进而谋取相应的职位。

一般而言，求职信是求职者给用人单位的第一印象，是求职的第一步。一封好的求职信有助于求职者找到一份理想的、适合自己的工作；但如果求职信写得不好，则很有可能使求职者输在“起跑线”上，失去与其他人竞争理想的工作岗位的机会。所以，求职信于求职者而言，是非常关键的一种专业文书。

2. 种类

一般而言，求职信可以分为以下两类：

（1）应聘类求职信。应聘类求职信是求职者根据用人单位的招聘需求而撰写的申请职位的信件。应聘类求职信最大的特点是它的针对性。求职者通过招聘单位的用人信息或者是其他一些途径获知具体的招聘职位后，会非常具有针对性地来撰写自己的求职信，目的在于向招聘单位证明自己符合这一职位的各项要求，以求得面试的机会，进而获得这一职位。比如，某公司招聘一位办公室文员，求职者针对这一职位的要求撰写相应的求职信谋职。

（2）自荐类求职信。自荐类求职信是求职者根据自身的条件、意向，写给用人单位谋求职位的信件。相比应聘类求职信来说，自荐类求职信不是求职者根据具体的职位去谋职，而是采用“遍地开花”的方式，将求职信投寄多个单位申请相关的职位。自荐类求职信的重点是详细介绍自身情况，突出介绍自己各方面的才能，希望有单位慧眼识英才，给求职者以机会。比如，某同学即将大学毕业，准备了一份求职信向多家单位自我推荐。这种求职信件就属于自荐类求职信。

3. 特点

（1）针对性。

不管是应聘类求职信还是自荐类求职信，目的都是为了得到一份适合求职者的工作。因此，求职信在内容上具有很强的针对性。求职者在撰写求职信时都会对相关的用人单位作一个具体的了解，对谋求的工作岗位也有自己独到的认识，把这些信息与客观情况相联系，分析自身的优势和弱点，从而在自己的求职信中有针对性地体现出相关的信息。在求职信中，所有内容都要紧紧围绕求职展开，与求职无关的话一律不提。

（2）自荐性。

求职信是让用人单位了解求职者的各方面情况，希望用人单位依照他们的需求为求职者提供相应机会的一种专用文书。因此，求职者在信中必然要自我介绍和自我推荐，带有强烈的自荐性。

求职者在自我介绍和自我推荐时，应该认清自身的情况和条件，客观分析自己的优势和不足，既不夸大自己的能力，也不妄自菲薄、过于谦卑，以给用人单位一个良好的第一印象。

（3）个性化。

目前，随着大学教育的逐渐普及和硕、博研究生数量的不断增加，就业的形势还是相当严峻的。如何在众多求职者中突围而出，除了重视自己的素质培养之外，求职信作为求职者的“先遣部队”，也起着十分重要的作用。为了使求职者的这支“先遣部队”发挥重要的作用，要求求职者在自己的求职信中体现出个性化的、区别于其他求职者的内容，从而在众多求职信中脱颖而出，给对方留下深刻印象。

当然，这里所说的个性化的内容主要是指求职者区别于他人的一些特殊的素质，而不是追求“哗众取宠”的所谓个性。

4. 基本格式与例文

求职信一般由以下几个部分组成：

（1）称呼。

在写求职信时，如果知道用人单位负责本次招聘事宜的部门和人员，就可以直接写上对方的名字，以“×××先生”或“×××女士”称呼对方。为了表示礼貌，也可用“尊敬的×××先生”、“尊敬的×××女士”来称呼。

在撰写求职信时，如果不清楚具体经办的人员，则可以用“单位+部门+主管者职务”的方式来称呼对方。比如“尊敬的××公司人事部主管”、“尊敬的××集团人事部经理”等。

（2）问候语。

由于求职者与读信者并不相识，因而问候语可以简化一些，多以“您好”、“打扰了”等表示。

（3）正文。

正文部分是求职信中最重要的内容。

首先要介绍求职的原因。如果是应聘类求职信，针对的是某一具体职位，要写明是通过何种渠道获知的人事招聘信息，同时要在求职信中表示出对此份工作的强烈兴趣；如果是自荐类求职信，则可以通过简单的个人情况介绍来说明求职的原因。

然后，介绍自己的能力和条件。如果是应聘类求职信，可以把自己的能力与相关条件同具体的职位结合起来谈，比如把自己的专业、经验、能力和特长等与具体的职位要求相对比，表明自己非常适合这个职位，同时表达本人对此职位的强烈兴趣，以及自己任职后的工作目标等；如果是自荐类求职信，则可以列举自身的优势和特点，尤其要突出专业能力和实践经验，以给对方留下深刻的印象。

(4) 结尾。

求职信的结尾部分主要是再次强调自己对求职的愿望和要求，并且恳切希望对方给自己一个面试的机会或者是希望对方给予回复，同时，对读信者在百忙中抽出时间看自己的求职信表示感谢。最后还要写上自己详细的联系方式，包括通信地址、电话号码、手机号码、e-mail 等各种联系方式，以便对方选择合适的方式给予回复。

(5) 落款。

求职信的落款格式与普通书信的写法一样，正文右下角署名，写上具体的日期即可。

(6) 附件。

附件是求职信的附属部分，一般包括个人简历和证件影印件两大部分。其中个人简历中应包括这些内容：个人照片、个人资料介绍、教育背景介绍、工作经验介绍及其他；证件影印件应包括成绩表复印件、学历证书复印件、各种获奖证书复印件、已发表论文的复印件等，如有推荐人，也需在附件中附上推荐信。另外，有些职位还需要求职者提供影像资料或影像作品的，也需在附件中体现。上述这些附件在求职中的作用不可小视，有时甚至会起到关键的作用，因而，对求职信中的附件不可掉以轻心。

总的来说，求职信的大致结构就是以上六个部分。在写作求职信时，应尽量用简单明了的语言和自然的语气来写作，不可盛气凌人，也不要太过谦虚；语言表述要清楚，忌用晦涩难懂的语句；应简明扼要，突出重点，忌面面俱到、作无关紧要的说明。

【例文 1】

求职信

尊敬的人事部主管：

您好！

本人从报纸上看到贵公司的招聘信息，对其中的网页兼职编辑一职很感兴趣，我自信符合贵公司的相关要求。

我目前是出版社的在职编辑，从××××年获得硕士学位至今，一直在出版社担任编辑工作。几年的工作经历，使我对出版社编辑的工作已经相当了解和熟悉。经过出版者工作协会的正规培训和这几年的工作经验，我相信我有能力担当贵公司所要求的网页编辑任务。

我对计算机有着非常浓厚的兴趣。我能熟练使用 FrontPage、DreamWeaver 和 PhotoShop 等网页制作工具。本人自己做了一个个人主页，日访问量已经达到了 100 人左右。通过互联网，我不仅学到了很多在日常生活中学不到的东西，而且坐在电脑前轻点鼠标就能尽晓天下事的快乐更是别的任何活动所不及的。

编辑工作的性质，决定了我拥有灵活的工作时间和方便的办公条件，这一切也在客观上为我从事网页兼职编辑工作提供了必要的帮助。基于对互联网和编辑事务的精通和喜好，以及我自身的客观条件和贵公司的要求，我相信贵公司能给我提供施展才能的另一片天空，而且我也相信我的努力能让贵公司的事业更上一层楼。

随信附上我的简历和相关证件复印件，如有机会与您面谈，我将十分感谢。即使贵公司认为我还不符合你们的条件，我也将一如既往地关注贵公司的发展，并在此致以最诚挚的祝愿。

我的联系电话：××××××××，手机：1302123××××，E-mail：××××@163. com。

此致

敬礼

×××
××××年××月××日

附件：(略)

[评析]

这是一封应聘类求职信。称呼和问候语有礼貌，也符合规范。正文部分首先表述自己获取招聘信息的途径，并表达了自己对该职位的兴趣。接下来，求职者对自身的情况和条件作了详细的介绍，围绕招聘单位的要求阐述了自己的优势，语言简洁、礼貌，不卑不亢、充满自信，是一封不错的求职信。

【例文2】

求职信

尊敬的先生/小姐：

您好！首先感谢您阅读我的求职信！

我是一名刚刚从××大学文秘专业毕业的大学生。在投身社会之际，为了找到符合自己专业和兴趣的工作，发挥自己的才能、实现自己的人生价值，谨向各位领导作自我推荐。

作为一名文秘专业的大学生，我热爱我的专业并为其投入了巨大的热情和精力。在四年的学习生活中，我学习的内容包括了从汉语言文学到外语、从秘书学到档案学、从社交礼仪到法律基础、从外贸函电到办公自动化等多方面的与文秘工作密切相关的课程和知识。通过对这些知识的学习，我对这一领域的相关知识有了一定程度的理解和掌握。同时，我还利用假期进行了多次社会实践和实习，这些实践活动使我对本专业有了更深的认识，也使我平时更注意加强自身处事能力的锻炼，学习相关的企业管理知识，吸收管理经验。

我知道计算机和外语都是将来工作中必不可少的工具，因此，在学好本专业的前提下，我对计算机和外语学习投入了大量的精力。在计算机学习上，我阅读了大量有关书籍，熟悉办公自动化的相关操作，掌握了金蝶财务、用友财务等系统的运用，以及Foxpro、VB语言等程序语言。在外语学习上，我已经通过大学英语六级考试；同时，我还利用课余时间选修了德语，目前可以简单会话。

我正处于人生中精力充沛的时期，我渴望在更广阔的天地里展现自己的才能；我尚不满足于现有的知识水平，期望在实践中得到锻炼和提高，因此我希望能够加入贵单位。在未来，我会踏踏实实地做好属于自己的工作，竭尽全力在工作中取得好的成绩。我相信经过自己的勤奋和努力，一定能在自己的岗位上作出相应的贡献。

随信附上我的简历和相关证件复印件，如有机会与您面谈，我将十分感谢。再次感谢您在百忙之中阅读我的求职信，谨祝贵单位的业务蒸蒸日上，也祝您的事业一帆风顺！

我的联系电话：×××××××××，手机：1302123××××，E-mail：××××@126. com。

希望各位领导能够对我予以考虑，我热切期盼你们的回音。谢谢！

此致

敬礼

求职人：×××
20××年××月××日

附件：个人简历（略）

[评析]

这是一封自荐类求职信。称呼、问候语规范。正文部分简要介绍了求职者的个人情况，包括毕业院校和专业、在校期间的主要学习内容、掌握的基本技术和特长等，以便用人单位根据他们的需要作出选择。全文语气诚恳、自信，反映出求职者对工作岗位的渴望和胜任未来工作的信心。结尾和落款也非常规范，未尽的个人情况，附个人简历予以说明，十分必要。

10.2.5 聘书

1. 概念

聘书之“聘”意为聘请，因此聘书又称聘请书，是聘请某些有专业特长的人担任某一职务或承担某项任务时使用的一种专用文书。聘书一般是在聘请方与受聘方商量妥当后发出，具有证明的作用。

随着我国人事管理制度改革的推进，聘书在日常工作中使用得越来越多了，它是体现人事管理招聘制的科学化、合法化的重要形式。给受聘方发聘书，一方面可作为聘请方发出的聘请凭证，另一方面也可以增强受聘方的荣誉感和责任心。

2. 特点

（1）凭证性。一般来说，聘书一定程度上体现了受聘者的能力和水平，因此聘书具有凭证性，用人单位可以从聘书中了解受聘者的能力和水平，并可作为其任用、调迁的一种依据。

（2）时间性。聘书具有时间性。也就是说，聘书中注明了用人单位聘请受聘者担任职务或承担任务的时间；在规定时间内，聘书是有效的，超出聘书的规定时间，这份聘书就失去约定的效用了。

3. 基本格式与例文

聘书的写作比较简单，只要交代清楚为什么聘请、聘请谁去干什么即可，要言简意赅。

具体来说，聘书主要由以下几个部分组成：

（1）标题。

以“聘书”或“聘请书”作为标题，以较大字号写于上方居中的位置。

有一些聘书使用量比较大的单位，还会在标题的右下方或右上方标明这份聘书的编号。

(2) 称呼。

在标题、聘书编号下方首行顶格写受聘者的姓名和称谓，比如“张××先生”、“王××小姐”或“李××同志”等。也可以在正文中写明受聘人的姓名称呼。常见的印制好的聘书则大都在第一行空两格写“兹聘请××……”。

(3) 正文。

聘书的正文部分讲明聘请的内容，包括所聘工作和职务，以及聘任时间。有些聘书写得比较详细，还会写明聘请原因、要求，受聘者的任务、权限和待遇等。

(4) 结尾。

在聘书结尾部分用敬语表示感谢或祝愿。比如“此聘”、“此致敬礼”等。

(5) 落款。

落款写明聘请单位的全称，并加盖公章。在单位名称下一行注明聘书的发出日期。

应该注意的是，在写作聘书之前，聘请单位应该与受聘方经过充分协商，达成相关的协议，从而使聘书内容做到准确无误。另外，聘书写作时要注意内容的具体、详细，表述要严密、清楚。在聘书形式上要求庄重大方、简单明了。

有些单位聘书用量大，聘书内容相对简单，如只在聘书中注明聘请何人、担任何种职务和工作等，那就可以制定统一的格式，使用时只需填写相关内容并加盖公章即可，操作起来十分便利。

【例文1】

聘 书

×××同志：

为了保障我校学生的心理健康，本校特成立大学生心理健康咨询中心。特聘请您为该中心第一任主任，参加相关的教学、研究工作，并指导开展本校大学生心理健康咨询活动。

此聘

××师范学院（盖章）

20××年××月××日

[评析]

本聘书列明了受聘人姓名、聘请原因、聘任职务和任务，简洁明了，是一种较为常见的写作方法。格式正确，书写规范。

【例文2】

聘请书

兹聘请×××教授为我院教学研究会顾问，参与教学研究，并指导本校的教学工作。任期自2010年××月××日至2011年××月××日。

此致

敬礼

××师范学院（盖章）
院长：×××（盖章）
2010年××月××日

[评析]

这则聘书用直陈式的写法，开门见山地交代了受聘人姓名、聘任职务、工作内容和聘任期限，并在聘书结尾写上表示敬意和祝颂的结束用语以表诚恳之意。态度严肃诚恳，内容清晰完整，使人一目了然。

10.2.6 祝词

1. 概念

祝词也叫祝辞，是指在各种喜庆场合中对人、对事表示祝贺或祝愿的一种礼仪生活文书。

在我国古代，“祝词”之“祝”是指主持祭礼的人，而“祝词”则是祭祀时祷告的话。古代祝词中所祷告的内容无非就是为了生产和生存而向神灵祈福，带有十分浓厚的迷信色彩。现代的祝词与古代的祝词其含义是完全不同的，现代祝词泛指宾客往来应酬和举行典礼或会议时表示良好愿望或庆贺的各种演讲词，主要指日常生活中常用的各种社交礼仪性讲话稿，包括事业祝词、祝寿词、祝酒词等。

2. 种类

祝词根据其内容和应用范围的不同，大致可以分为事业祝词、祝寿词、祝酒词三大类。

（1）事业祝词。事业祝词是较为常用的一种祝词，这类祝词往往也兼有祝贺的意思，比如祝贺会议开幕、祝贺新年来临、祝贺某机构的创办纪念等。

（2）祝寿词。祝寿词的对象主要是老年人，按传统习惯对年轻人的生日祝贺一般不称“祝寿”。祝寿词的主要内容是祝愿寿者幸福、健康、长寿和赞颂寿者的功德。

（3）祝酒词。祝酒，在现代社会是招待贵宾的一种礼仪，宴会伊始，主、客要致祝酒词。在现代公关活动中，祝酒词使用得十分频繁，它既可用于国际交流、交往，也可用于国内各种机关、团体及个人举行的多种内容的宴会上。祝酒词中，“酒”并非“祝”的对象，而是一种祝愿的形式，通过祝酒词起到活跃现场气氛、增进主、客感情的作用。

3. 基本格式与例文

祝词一般由标题、称呼、正文三部分组成。

（1）标题。

祝词的标题可以简单地用“祝词”二字，也可以采用致词人 + 致词场合 + 文种的形式，比如“邓小平同志在中国文学艺术工作者第四次代表大会上的祝词”采用的就是后一种标题形式。

（2）称呼。

称呼是指接受祝贺的单位、团体名称或个人姓名。如果接受祝贺的是个人，应在姓名的后面加上“先生”、“女士”、“同志”等恰当的称谓，以示尊重。

（3）正文。

正文是祝词的主体部分。首先，说明祝贺的事由及致词人的身份，并表示祝贺、祝愿或感谢等；其次，回顾过去、放眼全局、展望未来，并概括祝贺对象已经取得的业绩，赞颂其作出的贡献；最后，以表示祝愿、鼓励或希望的话语作结。

祝词在写作时还要根据不同的对象有的放矢。比如，祝贺结婚和寿辰的祝词，要做到热情洋溢、感情炽热，还必须符合一定的人伦礼仪；事业祝词、节日祝词等，就是要对即将到来或正在开始做、尚无结果的事物表示祝愿、希望，因此一定要热情明快。祝酒词则必须有表示欢迎、感谢和干杯的语句，还要特别讲究外交辞令和礼仪方面的要求。总体来说，祝词的用语要文雅，同时又便于宣读。

【例文】

韩启德会长在2010年新春酒会上的祝词

2010年2月24日

尊敬的各位使节、各位来宾，女士们、先生们、朋友们：

晚上好！

新春伊始，在海内外同胞欢度传统大节之际，我们邀请各位来宾、各位朋友聚集一堂，共庆佳节，畅叙友情。值此，我谨代表欧美同学会·中国留学人员联谊会，向各位来宾、各位朋友的光临表示热烈欢迎！祝大家新春快乐、身体健康、阖家幸福！

刚刚过去的2009年，是中华人民共和国历史上十分重要的一年。面对国际金融危机的严重冲击，我国政府果断决策、及时部署，实施了保持经济平衡较快发展的一揽子计划，在较短时间里实现了经济回升向好，国内生产总值增长8.7%，国内生产总值增量达到3 800亿美元，为世界经济复苏作出了积极贡献。我国社会大局保持稳定，人民生活水平继续得到提高，国家的政治建设、文化建设、社会建设以及生态文明建设取得新的重大进展。我们隆重庆祝中华人民共和国成立60周年，展现出社会主义新中国经济繁荣、政治稳定、人民幸福、国际地位显著提高的形象，极大地振奋了民族精神，也赢得了世界各国人民和各国政要的高度评价。

女士们、先生们、朋友们！

2009年，欧美同学会·中国留学人员联谊会工作取得较大发展，开创了新的局面。我们围绕中央“千人计划”召开座谈会、开展调研工作，提出政策建议，积极引荐人才；围绕应对国际金融危机等问题建言献策，得到中央领导的重视和政府部门的采纳；以“海外留学人员服务祖国科学发展”为主题，在澳大利亚成功举办第十一届“21世纪中国”研讨会；推进报国实践活动，主办或参与主办了全国性的重要项目和重大活动，服务地方经济建设；开展丰富多彩的会员活动，特别是为庆祝新中国成立60周年举办了形式多样的各类活动，举办了“改革开放中的欧美同学会·中国留学人员联谊会展览”，举行了第一届“留学报国杯”乒乓球友谊赛，启动了每月一次、主题鲜明的“会员活动日”，受到广大会员的欢迎；发挥优势，开展公众外交活动，各分会、委员会与所联系的留学国家政府机构、民间团体、友好组织联合举办多种形式的中外文化交流活动，出访俄罗斯、澳大利亚和新西兰等国，发挥“民间交流大使”作用；加强自身建设，根据工作需要组建组织、宣传、联络、建言献策、团体会员、社会服务、会员活动7个工作委员会，发展湖南、吉林、云南、贵州、重庆、甘肃、山东7家留学人员团体为团体会员。

我们深知，每一次工作的顺利开展和每一项成绩的取得，都离不开各位来宾、各位朋友的大力支持。在此，我代表欧美同学会·中国留学人员联谊会向各国使节、各位来宾、各位朋友表示衷心的感谢！

女士们、先生们、朋友们！

当前，世界经济出现复苏迹象，国际社会战胜国际金融危机的信心增强，同时，世界经济复苏基础并不稳固，各种全球性问题相互交织，世界经济全面复苏将是一个缓慢复杂的过程。在新的一年中，欧美同学会·中国留学人员联谊会将在党和政府的领导下，争取各有关部门的大力支持，加强与驻华使馆的沟通与联系，深化与海内外留学人员组织的合作，广泛团结和凝聚海内外留学人员，发挥他们的作用和优势，为彻底战胜国际金融危机，实现中国经济长期平稳较快发展，促进世界经济健康复苏和持续发展，贡献自己的力量！

最后，祝愿各位使节、各位来宾、各位朋友新的一年工作顺利、生活愉快、身体健康！

干杯！

10.2.7 悼词

1. 概念

悼词是在追悼大会上对逝者表示哀悼、敬意和思念的讲话或对逝者表示哀悼、缅怀的悼念性文章。

悼词的主要内容是追述逝者生平，总结逝者的主要业绩和所作出的贡献，从而表达对逝者的哀悼和敬意。悼词的公布形式主要是宣读，多在追悼大会上公开宣读，因而语言应庄重朴实，情感应自然真挚，强调化悲痛为力量，激励后人积极面对生活。

2. 基本格式与例文

（1）标题。

悼词的常用标题是“悼词”二字，或者是“悼×××同志”、“在×××同志追悼会上的悼词”、“在×××同志骨灰安放仪式上的悼词”等。标题应位于第一行居中位置，字体较大、较为醒目。

一些以记叙性或抒情性为主的悼词常常取一个别致的标题，形式多样，不拘一格，有些还具有相当的艺术性。比如有一篇悼念著名作家秦牧的悼词题为“心香一瓣祭秦牧”。

（2）正文。

悼词的正文部分，首先应点明以什么样的心情悼念何人。接着要介绍逝者的姓名、身份、职务、逝世时间和地点、逝世原因、终年岁数。随后介绍逝者的籍贯、出身，按时间顺序介绍逝者的生平简历，并对逝者的一生作恰如其分的评价。最后，指出逝者的离去给社会（国家、单位、行业）带来的损失。

（3）结束语。

结尾部分表达对逝者的怀念和哀悼，并决心要化悲痛为力量，学习逝者的优秀作风和品质。最后常常以“×××同志千古”、“×××同志永远活在我们心中”等作为结语，也可以根据实际情况用其他慰问语作为结束语。

（4）落款。

正文结束，在悼词右下方署名并具年、月、日。如果悼词是在报章杂志上公开发表的，可以在悼词的标题下署名。

以上是悼词的一般写法。有些记叙性和抒情性强的悼词（见例文2），常常不拘泥于格式，甚至会以抒情散文或诗词的形式出现，全篇以“情”为主线进行写作，抒发对逝者强烈的悼念和追思。

【例文1】

在宋庆龄追悼大会上的悼词

邓小平

今天，我们怀着极其沉痛的心情，深切悼念中华人民共和国的缔造者之一，中华人民共和国名誉主席，中国各族人民包括台湾同胞和海外侨胞衷心敬爱的领导人，举世闻名的爱国主义、民主主义、国际主义、共产主义的伟大战士，保卫世界和平事业的久经考验的先驱、中国共产党优秀党员宋庆龄同志。

宋庆龄同志因患慢性淋巴细胞性白血病，经多方医治无效，不幸于1981年5月29日20时18分在北京逝世，享年90岁。

宋庆龄同志是广东文昌县人，从青年时代就追随伟大的革命家孙中山先生，致力于民主革命事业。1913年，她担任孙中山先生的秘书，负责处理同国内外往来的大量机密书信和其他日常工作。1915年和孙中山先生结婚。她坚定忠诚、恭谨谦逊，始终是孙中山先生的亲密战友和得力助手。1921年5月，孙中山先生在广州就任中华民国非常大总统。翌年六月，陈炯明叛变革命，炮轰总统府，叛军进逼，形势危急。宋庆龄同志拒绝先行撤离，对中山先生说：“中国可以没有我，不可以没有你。”坚持先送中山先生撤离险境，她在卫士掩护下正面突破火线，身体受到无法补偿的摧残。这一英勇行动，充分表现了宋庆龄同

志献身革命事业的坚强意志和卓越胆识。(略)

悼念宋庆龄同志，我们要化悲痛为力量，紧密地团结在党中央的周围，为完成统一祖国的神圣大业，为把我国建设成为高度民主、高度文明的社会主义现代化强国而努力奋斗！宋庆龄同志永垂不朽！

[评析]

本文开头简单介绍了所悼念对象——宋庆龄同志的姓名、身份、逝世原因、逝世时间和地点等。主体部分详细追忆了宋庆龄的生平事迹，以及她为国家和社会作出的伟大贡献，表达对她的敬意和哀悼。结束语悲悼逝者，勉励生者。

【例文2】

吊豫才（鲁迅）

曹靖华

豫才先生别我们而去了！听到这极其凶恶的消息，只觉心头欲裂，窒息得出不上气来！他之死，使那些吸血鬼及其爪牙都在狞笑！但千百万被践踏的大众都感到无比的重压！他之伟大，不是几句话所能包括，也不是在这心头破裂时候所能叙述！

豫才先生死了！他之死，使中国不愿做奴隶的千百万群众失掉了一位伟大的导师！使世界上被“法西斯”屠宰的弱小民族与无产阶级丧失一个最真挚的朋友！

豫才先生死了！豫才先生的精神与思想永远在中国千万为生存而斗争的大众的心坎里活跃着！不愿做奴隶的人们，我们听到豫才先生之死，我们千百倍地加强我们的意志，为整个民族的解放而斗争！继续着我们导师的精神，为整个民族解放而斗争！豫才先生的心已化作了千百万民众的心，在千百万不愿做奴隶的心坎里活跃着！

[评析]

本文属于以抒情为主的悼词，是由我国著名翻译家曹靖华为追悼鲁迅先生而作。全文最为醒目的就是一个个惊叹号，作者对鲁迅先生去世感到的意外、叹息、无奈和矢志继承先生斗争精神的决心，都在这一个个惊叹号中表露无遗。

10.2.8 讣告

1. 概念

讣告的“讣”意为报丧，讣告是一种用于报丧的实用文书，又称为讣文、讣闻。讣告一般由逝者的亲属、朋友、生前所在单位或专门成立的治丧委员会发出，以向逝者的生前好友、有关团体、社会公众报丧。

讣告可张贴（常张贴于逝者生前工作单位或住所门前），也可发送，某些重要人物逝世的讣告还可通过报纸、广播、电视等大众传播媒介向社会公众发布。

发讣告的目的是为了把某人不幸去世的消息通知给逝者的朋友、亲属、相关单位或公众。

2. 种类

按照讣告的形式来划分，可以把讣告分为以下三大类：

（1）一般式讣告。一般式讣告是最常用也是最常见的一种讣告形式，这种讣告主要是通知逝者的亲戚朋友或单位同事等，告知的范围不大。一般式讣告常被张贴于逝者原单位门口或某些公共场合，或者是直接发送给有关人士和相关单位。

（2）新闻报道式讣告。新闻报道式讣告是指以消息的形式，通过媒体报道某人逝世的消息。这种形式的讣告，其目的在于把某人逝世的消息周知社会各界人士，其内容和形式都比较简单。

（3）公告式讣告。公告式讣告是党和国家领导人或有名望的人逝世后发布的讣告形式。公告式讣告不由个人发出，而是根据逝者的职务、身份，由党和国家或相关级别的机关、团体作出决定发布，是讣告中最为庄严和隆重的形式。

有的公告式讣告还随文一同发布治丧委员会公告和治丧委员会名单，说明对死者丧事的安排及具体要求。

3. 基本格式与例文

讣告是非常庄重、肃穆的一种礼仪生活文书。为了显示对逝者的尊重和悼念，在写作上，讣告的语言应该准确、简练、庄重，在写到“死”时一般要用“逝世”、“永别”等同义婉词，以体现对死者的哀悼。在讣告用纸上，按照我国的传统习惯，应用白纸，上书黑字。

一般而言，讣告由标题、正文、落款三部分组成。

（1）标题。

讣告最常用的标题就是直书“讣告”二字，排版为第一行居中位置，字体醒目。有的讣告标题在“讣告”之前加上逝者的姓名，为“×××讣告”。

（2）正文。

讣告的正文部分可采用三段式写作，主要包括以下三段内容。

第一个段落，在正文开头部分用郑重、严肃的文字写明逝者的姓名、身份、职务、逝世时间和地点、逝世原因、终年岁数。

第二个段落，介绍逝者生平，主要是对逝者生前具有代表性的经历作一个简单介绍。

第三个段落，说明吊唁、开追悼会的时间、地点等。

(3) 落款。

在讣告的右下方签署发讣告的个人或团体的名称、讣告的发布时间。

以上是讣告的一般写作方法和基本格式。需要注意的是，根据讣告的种类不同，讣告的格式也可作些微的调整。比如，新闻报道式讣告的标题常常采用“×××同志逝世”的形式，而且讣告全文多按照消息写作的一般要求，有标题和正文两部分就可以，一般没有落款。

【例文1】

讣　告

当代中国著名历史学家、教育家，中国人民大学首批荣誉教授，原中国人民大学中共党史系教授、中外政治思想专业博士生导师，原中国人民大学马克思主义学院中共党史系教授、国际关系学院政治学理论专业博士生导师彭明先生，因患胃癌，医治无效，于2008年6月27日上午9时30分不幸逝世，享年83岁。

兹定于2008年7月3日（星期四）上午9点在八宝山革命公墓“竹厅”举行遗体告别仪式。凡有关团体和个人致唁电、唁函，敬献花圈者，请与中国人民大学彭明教授治丧委员会联系。请参加遗体告别仪式的同志于7月3日上午9点前直接到八宝山革命公墓“竹厅”，或于7月3日上午8：10，分别在世纪城时雨园东门口和中国人民大学校园内灰楼门口上车。

特此讣告。

中国人民大学彭明教授治丧委员会
2008年6月27日

[评析]

这是一则典型的一般性讣告，以“讣告”二字为标题，十分简明。正文第一段对逝者的姓名、身份、职务、所获荣誉、逝世原因、逝世时间和地点、终年岁数作了简洁的介绍。正文第二段写到了吊唁时间、地点及遗体告别仪式的时间、地点，信息简洁准确。落款为发布讣告的团体和单位名称以及发布时间。全文十分规范。

【例文2】

告全党全军全国各族人民书（1997年2月）

中国共产党中央委员会
中华人民共和国全国人民代表大会常务委员会
中华人民共和国国务院
中国人民政治协商会议全国委员会
中国共产党和中华人民共和国中央军事委员会

邓小平同志是我党我军我国各族人民公认的享有崇高威望的卓越领导人，伟大的马克思主义者，伟大的无产阶级革命家、政治家、军事家、外交家，久经考验的共产主义战士，我国社会主义改革开放和现代化建设的总设计师，建设有中国特色社会主义理论的创立者。

中国共产党中央委员会、中华人民共和国全国人民代表大会常务委员会、中华人民共和国国务院、中国人民政治协商会议全国委员会、中国共产党和中华人民共和国中央军事委员会，极其悲痛地向全党全军全国各族人民通告：我们敬爱的邓小平同志患帕金森病晚期，并发肺部感染，因呼吸循环功能衰竭，抢救无效，于一九九七年二月十九日二十一时零八分在北京逝世，享年九十三岁。

邓小平同志是我党我军我国各族人民公认的享有崇高威望的卓越领导人，伟大的马克思主义者，伟大的无产阶级革命家、政治家、军事家、外交家，久经考验的共产主义战士，我国社会主义改革开放和现代化建设的总设计师，建设有中国特色社会主义理论的创立者。

（略）

我们一定要努力学习邓小平建设有中国特色社会主义理论，学习邓小平同志的革命风格，学习他运用马克思主义立场、观点和方法研究新情况、解决新问题的科学态度和创造精神，为把我国建设成为富强、民主、文明的社会主义现代化国家而奋斗。

在以江泽民同志为核心的党中央坚强领导下，全党全军全国各族人民高举邓小平建设有中国特色社会主义理论的旗帜，坚定不移，满怀信心，一定能够把邓小平同志开创的社会主义改革开放和现代化建设的伟大事业坚持下去，胜利地到达我们的目的地。

邓小平同志永垂不朽！

［评析］

这是一份公告性讣告，在邓小平同志逝世时由中国共产党中央委员会、中华人民共和国全国人民代表大会常务委员会、中华人民共和国国务院、中国人民政治协商会议全国委员会、中国共产党和中华人民共和国中央军事委员会联合发布。

讣告从标题就体现出了逝者的重要性——“告全党全军全国各族人民书”；标题下面是讣告的发布单位；正文开头部分用十分郑重、严肃的文字写出逝者的姓名、身份、职务、逝世时间和地点、逝世原因、终年岁数；接下来详细介绍了邓小平同志的生平和贡献；结尾部分写继承遗志、勉励后人。

10.2.9 对联

1. 概念

对联，雅称“楹联”、“楹贴”，俗称“对子”，它是一种写在纸上、布上或刻在竹子上、木头上、柱子上的对偶语句。具体而言，它是一种由内容相关、节奏相同、词性一致、平仄协调、上下联字数一致的对偶句组成的应用文体。

对联在我国有着悠久的历史，是我们中华民族独有的一种文学与书法相结合的综合性艺术，应用十分广泛。无论是家庭中还是单位里，每逢重大的日子或者是值得庆祝、值得庆贺的日子，都有写对联的习惯。对联既有实用价值，同时又具有装饰和欣赏价值，是我们中华民族的艺术瑰宝。

对联中最早出现的类别是春联。春联的起源，可追溯到周代的桃符。桃符是周代悬挂在大门两旁的长方形桃木板。据《后汉书·礼仪志》称，桃符长六寸，宽三寸，上面画着“神荼”、“郁垒”二神：“正月一日，造桃符著户，名仙木，百鬼所畏。”传说“神荼”、“郁垒”二神是能捉鬼的，贴二神画像于门上，左“神荼”，右“郁垒”，俗谓之门神，可驱除鬼魅，保家户平安。唐代的时候，开始出现贴唐代大将秦琼、尉迟恭画像的习俗，据说是因为秦琼、尉迟恭两员大将比较英武，不似“神荼”、“郁垒”二神显得有些“凶丑”，民间在新春时节遂逐渐选择前者的形象作为桃符上的画像了。

随着桃符的发展，其形式也逐渐发生了变化，由过去普遍在桃木板上画“神荼”、“郁垒”二位神像而发展为题写联语，开始以文字替代画像。据《宋史·蜀世家》所说，后蜀主孟昶令学士章逊题桃木板，“以其非工，自命笔题云：‘新年纳余庆，嘉节号长春’”，这便是我国的第一副春联。直到宋代，春联仍称“桃符”。王安石的诗中就有“千门万户曈曈日，总把新桃换旧符”之句。宋代，桃符由桃木板改为纸张，叫“春贴纸”。明代，桃符才改称“春联”。对联由此开始获得独立的地位，和过去用于“驱鬼”的门神、神符分工了，并经明太祖朱元璋的提倡，春联开始在我国沿袭成为习俗，实用意义逐渐增强，出现了不同种类的对联，一直流传至今。

2. 特点

对联是从我国古典文学作品中的对偶句完善起来的，具有十分浓厚的文学性，是人民群众喜闻乐见的一种文体。对联的特点也十分鲜明，具体而言，它具有时代性、针对性和艺术性。

(1) 时代性。

对联产生后就与人们的生活密切相关，其内容具有十分强烈的时代性。

一般来说，对联的内容既反映了当时的社会生活，同时也表达着人们的思想感情。因而，随着时代的变迁，对联的内容也随之发生变化。对联具有十分广泛的应用性，所以这种时代性的变化甚至比其他形式的文艺作品更直接、更迅速。

(2) 针对性。

对联具有十分强烈的针对性，不同的对联种类针对不同的场合和事物，不同的对联内容针对不同的人物身份和场景。比如春联就是在春节期间才用，寿联用于贺长者的寿辰，等等。

(3) 艺术性。

对联是一种将健康的思想和完美的形式高度统一的艺术表现形式，因而具有很强的艺术性。

对联的突出特征就是对仗工整。所谓对仗工整，包括五个方面：一是上下联字数相等；二是上下联词性相同；三是上下联的句法结构相同；四是上下联的平仄相对；五是上下联句子的意思要有关联。如此，才能称其为对联。因而，简略地说，对联十分注重平仄相对、讲究节奏感，也追求一定的意境，是一种写法十分讲究、非常注重艺术性的应用文体。

大量从古流传至今的对联，都具有很强的艺术性。比如上海豫园湖心亭上的名胜联“野烟千叠石在水　渔唱一声人过桥”，以简洁的语言十分形象地把湖心亭的美景和佳境收入到对联中；又如苏州网师园的对联“风风雨雨暖暖寒寒处处寻寻觅觅　莺莺燕燕花花叶叶卿卿暮暮朝朝”，运用了大量的叠用，使这副对联有了诗的意境。

3. 种类

对联的写作与对联的类别密切相关，不同种类、不同形式的对联有不同的内容和写作要求。一般来说，根据内容划分，常见的对联有春联、贺联、挽联、名胜联、题赠联等。

(1) 春联。

春联是专门用于欢庆春节的对联。春联是我国对联中出现得最早、应用范围也最为广泛的一种对联。每当新春将至，我国普通老百姓要做的第一件事就是贴门神、贴春联。岁末时节家家户户都纷纷上街购买春联，有雅兴者还常常铺纸泼墨自己写春联，将宅子里里外外的门户装点一新。

春节贴春联，这与古代的桃符驱鬼辟邪有关。古人认为人间的灾害是鬼魅造成的，为了抵抗它们在过年时的侵扰，用红纸写春联贴在门上，那些为非作歹的鬼魅就再也不敢上门了。

春联可以张贴于街门，也常张贴于商店、工地、会场等地，古时还常用于车上，称为“辕联”，用于“磨”这样的劳动工具上，称为“磨联”，而张贴得最多的则是单位或私宅的屋门、院门，称为“门联”、“院联”。可以说，春联是家家户户都可以张贴，各行各业也都乐于采用的一种表示春节喜庆的对联。

春联的应用十分广泛，但是，用于不同场合的春联，其内容也千差万别，所以撰写春联，既要注重时代性，又要注重针对性，要体现出不同的个性。如：

通用春联：

春风传捷报，天增岁月人增寿；
爆竹贺新春，春满乾坤福满门。

四海春临，和风吹绿千堤柳；
九州福至，丽日薰红万径花。

年年喜鹊闹红梅，红梅吐芳映红日；
岁岁捷报贴春联，春联写意迎春风。

餐馆春联：

说地谈天，且以烹茶寻雅趣；
怡情悦性，还从赏月借春风。

图书馆春联：

万卷书中寻好句，长留天地无穷趣；
五线谱上觅强音，最爱书田不老春。

辕联：

日行千里送幸福；
夜走八百争春光。

交通部门春联：

文明行车争先进，缩千里成为咫尺；
礼貌服务似亲人，联两地变成一家。

敬老院春联：

时盛世昌春不老，岁月无情催白首；
丰衣足食寿弥高，东风有意焕青春。

春联还必须要有横批。横批的内容要与竖联的内容相配合。如：对联为“春联迎春春满屋，冬雪欲白千里草；喜炮报喜喜盈门，春晖又红万朵花”，横批则为“春色满园”。

（2）贺联。

贺联是专为庆贺、道喜、祝愿而撰写的对联。贺联根据祝贺的内容不同，又分为多种类型。如祝贺结婚的，则为婚联；祝贺大寿的，则为寿联；乔迁新址、开业志禧、举行庆典时，用喜庆联；还有贺生子、贺参军等，有了可喜可贺的事，都可以使用相应的对联来庆贺。现在我们使用得最多的贺联是婚联、寿联和喜庆联等。

婚联。婚联又称喜联，是新人结婚时专用的对联。其内容大多是祝愿新婚夫妇婚姻美满、白头偕老。婚联具有较强的时代特色，从婚联的用词就可以判断其大致出现在什么时期。如：

文鸾对舞珍珠树；
海燕双栖玳瑁梁。

瑶池晓日翔青鸟，百年佳偶今朝合；
月殿红云拥紫鸾，万载良缘此日成。

自由恋爱两朵红花并蒂开绽；
计划生育一代新人茁壮成长。

寿联。寿联是给老人祝寿时专用的对联。寿联的内容多为祝贺寿者健康长寿，颂赞寿者的功德、业绩等。寿者的性别、年龄的不同和寿联撰写者与寿者的关系的不同都会影响寿联的具体内容。如：

通用寿联：

福如东海长流水；
寿比南山不老松。

喜享遐龄寿比南山松不老；
欣逢盛世福如东海水长流。

五十寿：

不福星，真福星，即此一言，可为君寿；
已五十，又五十，请至百岁，再征余文。

六十寿：

甲子重新如山如阜；
春秋不老大德大年。

七十寿：

从古称稀尊上寿；
自今以始乐余年。

喜庆联。喜庆联是乔迁新址、喜迁新居、开业志禧、举行庆典时专用的对联，它的基调是欢喜明朗，多为颂赞之词。如：

贺新居乔迁联：

起屋开基百年大计，大哉居乎移气移体；
兴家立业五世其昌，慎其独也润屋润身。

贺商店开业联：

财如晓日腾云起，门迎春夏秋冬福；
利似春潮带雨来，户纳东南西北财。

（3）挽联。

挽联是集体或个人哀悼逝者所写的对联，可贴在逝者家门口、骨灰盒两侧、追悼会会场两侧、花圈上等。

挽联是在治丧祭祀时专用的，它除了要符合一般对联的格式要求外，还要注重情感的真挚和真诚。一般的挽联大都评价死者的业绩，与其他类型的对联相比，它的特点是言简意赅、内容充实、一语千钧、感情深切、文辞恳切。为亲人撰写的挽联，其情感更为悲切。

挽联一般用白纸黑字或蓝纸白字来书写，以示尊重和哀悼。如：

通用挽联：

白马素车愁入梦；
青天碧海怅招魂。

明月不长圆，过了中秋终是缺；
高风安可仰，如何一别再难逢。

挽父联：

倚门人去三更月；
泣杖儿悲五夜寒。

挽母联：

杜宇伤春泣残雪泪悲花老；
慈马失母啼伤哀声夜光寒。

郭沫若挽鲁迅联：

孔子之前，无数孔子，孔子之后，一无孔子；
鲁迅之前，一无鲁迅，鲁迅之后，无数鲁迅。

（4）名胜联。

名胜联是为名胜古迹题写或题刻的对联。名胜联常镌刻在名胜古迹的亭、台、楼、阁之上，具有极强的装饰性和艺术性。大部分名胜联是古时流传下来的，由于其保存年代久远，一般富于哲理性、概括性，有很高的艺术价值。名胜联撰写最大的要点是写出名胜的特点。如：

无锡东林书院联：

风声雨声读书声，声声入耳；
家事国事天下事，事事关心。

江西南昌滕王阁联：

兴废总关情，看落霞孤鹜、秋水长天，幸此地湖山无恙；
古今才一瞬，问江上才人、阁中帝子，比当年风景如何。

甘肃玉门关联：

天边晴雪天山出；
不断风云地极来。

(5) 题赠联。

题赠联是人们社会交往中自题、互赠或交际所用的对联。其内容多为自勉、共勉、治学、警世、言志等，或抒怀或叙旧，或自励或励人，多是积极向上、催人奋进的。题赠联不同于其他类别的对联，它常常不贴不挂，多是用于交际的两句短诗。如：

徐特立赠青年联：

有关家国书常读；
无益身心事莫为。

李大钊赠杨子惠：

铁肩担道义；
妙手著文章。

周恩来青年时代自勉联：

与有肝胆人共事；
从无字句处读书。

教师共勉联：

兢兢业业培育桃李芳天下；
勤勤恳恳造就栋梁兴中华。

以上是根据对联的内容划分出来的对联类型。对联还有其他划分方式，比较常见的有根据对联字数的多少把对联分为短联、中等联、长联等。

短联是指字数较少，一般不需要在文中断句的对联，通常以五字或七字为主。最短的短联其上下联分别只有一字，如：上联“墨”，下联“泉”。

长联一般是全联字数超过四十字。有些长联字数可达到上百字，如被称为中国古今第一长联的湖南黄鹤楼长联，全联共计约350字：

跨蹬起层楼，既言费文韦曾来，施谓吕绍先到此，楚书失考，竟莫喻仿自何朝？试梯山遥穷郢塞，觉斯处者个台隍，只有弥衡作赋，崔颢作诗，千秋宛在。迨后游踪宦迹，选胜凭临，极东连皖豫，西控荆襄，南枕长岳，北通中息，茫茫宇宙，胡往非过客遽户。悬屋角檐牙，听几番铜乌铁马，涌浦帆挂楫，玩一回雪浪云涛，出数十百丈之颠，高陵翼轸，巍巍岳岳，梁栋重新，挽倒峡狂澜，赖诸公力回气运。神仙浑是幻，又奚必肩头剑佩，丛里酒钱，岭际笛声，空中鹤影。

蟠峰撑杰阁，都说辛氏炉伊始，哪指鲍明远弗传，晋史缺疑，究未闻见从谁乎？由战垒仰慕皇初，想当年许多人物，但云屈子离骚，熊遗泽，万古常昭。其余劫霸图王，称威俄顷，任成灭黄弦，庄严广驾，共精组练，灵章华，落落豪雄，终归于苍烟夕照。惟方城汉水，犹记得周葛召棠，便大别晴川，亦依然尧天舜日，偕亿兆群伦以步，登耸云霄，荡荡平平，搀抢净扫，睹丰功伟烈，贺而今曲奏平。风月话无边，赏不尽郭外柳荫，亭前枣实，洲前草色，江上梅花。

4. 对联的写作要求

对联要求上下两联字数相等、结构相同、词性一致、平仄协调，要按照对联自身的格律要求去创作。

（1）上下联字数相等、句法相同或相似。

一般的对联都是两句一联，上下联之间的字数必须等同，上联与下联中不能用重复的字；同时，对联的上下联句法也要相同或是相似；要求严格一些的对联，还必须做到上下联词性相对。比如苏州拙政园的名胜联：

蝉噪林愈静；

鸟鸣山更幽。

此联上下联字数相等，皆为五字；两联句法相同，词性一致。上联的“蝉”对下联的“鸟”，二者都为动物、都是名词；上联的“噪”对下联的“鸣”，都是动词；上联的“林”对下联的“山”，都是名词；上联的“愈”对下联的“更”，都是副词；上联的“静”对下联的“幽”，都是形容词。

（2）上下联平仄相对。

这是对对联的声调、节奏、韵律的要求。对联只有上下联两句，与律诗的两联对偶句不同，它不必押脚韵。但是，对联必须注意分节奏、调平仄。

①分节奏。这是对对联句子节拍的要求。节奏是由音响运动的轻重缓急形成的节拍的强弱或长短，主要是音乐中的用词。对联其实是两句短诗，必须具

有节奏感，以实现“念来顺口、听来悦耳”的效果。如：

蝉噪 | 林 | 愈静；

鸟鸣 | 山 | 更幽。

这副名胜联是五字句的对联，与其他五字联一样，其节奏是每句三拍。

又如李大钊赠挚友杨子惠的题赠联：

铁肩 | 担 | 道义；

妙手 | 著 | 文章。

此联也是五字联，每句三拍。节奏很有规律，读来朗朗上口，听起来具有音乐的美感。

再如以下这副成都杜甫草堂联：

读史 | 数千言，秋天 | 一鹄 | 先生骨；

草堂 | 三五里，春水 | 群鸥 | 野老心。

此联采用二、三，二、二、三句式，读来节拍富有韵律之美。

②调平仄。对联不光注重句式的节奏，也必须注重用字的平仄。

我国汉语语音有四种不同声调。在古代，汉语语音分平、上、去、入四调；现代汉语中，没有了入声字，语音分为阴平、阳平、上声、去声。在古代，以平声为平，上、去、入为仄；在现代，以阴平、阳平为平，上声、去声为仄。

在我国，古人作诗特别讲究平仄。对联的写作和律诗的对仗有继承演进的关系，律诗的平仄格律和“一、三、五不论，二、四、六分明”的原则也适用于对联。对联中，上下联的平仄要相对立，上联要用平声字的地方，下联就得用仄声字，反过来也一样。对联的字数并无一定之规，也无限制，有些是四字、五字、六字、七字，有些是八字、九字，甚至有几十字、几百字的，只要有话可说，能成对偶就行。

比如这副春联：

苏岭梅先放；

郴城夜未央。

此联的平仄格式为：

仄仄平平仄；

平平仄仄平。

又如孙中山题双亲卧室联：

法雨沾濡松柏茂；

春风披拂桂兰香。

此联的平仄格式为：

仄仄平平平仄仄；

平平仄仄仄平平。

上述两联中，上联与下联用字的平仄是绝对相反的：上联用平的，下联用仄；上联用仄的，下联用平。在对联的写作中能严格遵守这种上下联用字的绝对相反而不影响对联的内容当然是最佳的，如果做不到绝对相反，能做到大体相反也是可以的。如北京潭柘寺的一副名胜联，其上下联平仄就是大体相反：

大肚能容，容天下难容之事；

开口便笑，笑世间可笑之人。

其平仄格式为：

仄仄平平，平平仄平平平仄；

平仄仄仄，仄仄平仄仄平平。

（3）上下联的意思须有关联。

如果对联上下联句子意思毫无关联、随便凑在一起，即使实现了前面节奏有韵律美、平仄相对的要求，也不能称其为对联。对联上下联的意思必须有关联，如正对、反对或递进对等。比如以下一副戏台联：

看我非我，我看我，我也非我；

装谁像谁，谁装谁，谁就像谁。

这副戏台联概括力非常强，通过上下联的配合，戏剧演员在台上忘掉自我、惟妙惟肖的精彩表演活脱脱跃然纸上，缺了任何一联都是不完美的。而且更为难得的是，此联全联只用了“看”、“我”、“非”、“也”、“装”、“谁”、“像”、“就”八个汉字，作得精致巧妙又风趣、对仗工整又沉稳，而且对联的意境十分隽永，是一副绝佳的戏台联。

又比如下面这副对联：

寿禄比南山，山不老，老福人，人杰年丰，丰衣足食，食的珍肴美味，位列三台，台享荣华宝贵，贵有稀客，客多是理，理正言顺也；

晦气如东海，海真大，大贪鬼，鬼面兽心，心术不端，端是财痞杂种，终必一死，死无下葬墓地，地伏饿狼，狼撕其身，身败名裂哉！

据说，这副对联是一个品性恶劣的老富翁大寿时的寿联。对联的上联是个很会溜须拍马的富家子弟送的，做寿那天，没有一人能对出下联，乐得这个老富翁眉开眼笑。不料这句上联被一个穷秀才看见了，旋即根据这富翁的品性对出了下联，并让一小孩送到了寿宴上，富翁看了，气得七窍生烟，以致寿席不欢而散。这副对联的上下联语意相对，联语就像一条环环相扣的链子，上联把富翁捧上了天，下联却把富翁骂得狗血喷头，少了上联或少了下联，都没有现在这种新异的趣味。

对联在我国民间文化史中经历了千年的发展，是中华民族的文化瑰宝。

问题思考

1. 什么是礼仪生活文书？其作用有哪些，具有哪些特点？
2. 什么是感谢信？感谢信由哪几部分组成？
3. 什么是慰问信？慰问信的特点是什么，有哪些种类？
4. 如果按照行文方式来划分，贺信（电）可以分为哪几个类别？
5. 请柬的基本格式包括哪几方面的要素？
6. 求职信可以分为哪几类，特点是什么？
7. 对联的特点是什么？常见的对联有哪些种类？

写作训练

1. 中文系的小伟同学在坐出租车时，不小心将电脑包遗忘在出租车上，内有手机、钱包等物，该车司机捡到后归还小伟。事后，小伟拟写了一封感谢信寄给该出租车所属的北京××××出租车公司，以对这位拾金不昧的司机表达感激之情。请你代小伟拟写这封感谢信。

2. 春节将至，广东××集团公司的总经理想以春节慰问信的方式向全集团的员工及员工家属致以新春的问候，请你代为写作一篇春节慰问信。

3. ××××大学计算机专业的代表团在全国大学生计算机应用技能大赛中取得了第一名的好成绩，校长在第一时间代表全校师生给代表团发去贺电。请你代为拟写这则贺电。

4. 根据以下材料撰写一封求职信。

××银行资金营运中心2010年应届高校毕业生招聘启事

××银行是中国首批股份制银行之一，位居全球银行300强之列。××银行资金营运中心作为总行直属机构对外营业，业务范围涵盖现有商业银行允许经营的本外币自营资金交易、投资类业务和代客资金交易类业务，为国内银行业首家领取金融许可证、办理工商登记的综合性资金营运机构，办公地点设在××市。现因业务发展需要，诚聘以下人才若干名。我们诚挚地欢迎有志于金融改革创新、勇于接受挑战的应届高校毕业生加入我们的行列，在发展中共成长，共创明日辉煌。

一、招聘岗位（所有岗位工作地点均为××市）

1. 外汇买卖交易岗

岗位描述：协助办理外汇买卖交易、市场研究、客户关系维护等。

2. 行政助理岗

岗位描述：办公室日常事务管理、文书工作、信息工作等。

3. 研究分析岗

岗位描述：协助对国内外宏观经济和金融市场走势进行定量和定性分析，对境内外本外币金融子市场跟踪研究，对具体产品、特定产品进行投资价值分析，提交有价值的研究报告和投资建议。

二、应聘人员基本条件

1. 所学专业要求是金融、经济、秘书或其他相关专业；研究分析岗要求硕士（含以上）学历，其他岗位要求大学本科（含以上）学历。

2. 具有优良的职业道德操守、较强的工作责任心、良好的团队协作精神；思维敏捷、工作积极、身体健康。

三、报名须知

（略）

××银行

2010年×月×日

附件：应聘申请表（略）

5. 北京市××服饰集团公司将于近日举行2011年度新年酒会，邀请了集团公司分布在全国各地的经销商前来参加这场酒会，请你为该集团公司的总经理拟写一则祝酒词，要求这篇祝酒词一方面能活跃现场气氛，另一方面能表达对经销商的重视，起到沟通感情的作用。

6. 春节就要到了，请你为你们家拟写一副春联。

附录：国家行政机关公文文面格式样板

××市人民政府
（发文机关标识用红色小标宋体字）

关于××××××××××××
×××××××××公告
（公文标题用小标宋体字）

×府〔20××〕×号 （发文字号用仿宋体字）

××。特公告如下：（公文正文用仿宋体字）

一、××

二、×××

（成文日期用汉字书写，市政府印章下弧无文字，采用下套方式）

二○××年×月××日

说明：张贴的公文用纸大小，根据实际需要确定。

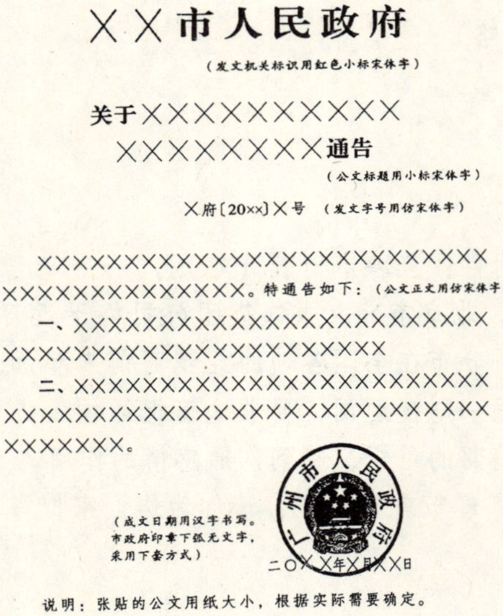

××市人民政府
（发文机关标识用红色小标宋体字）

关于××××××××××××
×××××××××通告
（公文标题用小标宋体字）

×府〔20××〕×号 （发文字号用仿宋体字）

×××。特通告如下：（公文正文用仿宋体字）

一、××

二、×××

（成文日期用汉字书写，市政府印章下弧无文字，采用下套方式）

二○××年×月××日

说明：张贴的公文用纸大小，根据实际需要确定。

001　　　　　　　　　　　　　　　　机密★一年
（发文份数序号用阿拉伯数码标识）　（秘密等级和保密期限用3号黑体字，紧急程度用3号黑体字）　特　急

XX市人民政府文件

（发文机关标识用红色小标宋体字）

（空2行）

X府〔20XX〕X号　（发文字号用3号仿宋体字）

（空2行）

XXXXXXXXXXXXXXX
XXXXXX通知（公文标题用2号小标宋体字）

（空1行）　（公文标题用2号小标宋体字）

XXXXXXXXXXXXXXXXX：（主送机关和公文正文用3号仿宋体字）

XXXXXXXXXXXXXXXXXXXXXXXXXXX XXXXXXXXXXXXXXXXXXXXXXXXXXXX XXXXXXXXXXXXXXXXXXXXXXXXXXXX XXXXXXXXXXXXXXXXXXXXXXXXXXXX XXXXXXXXXXXXXXXXXXXXXXXXXXXX XXXXXXXXXXXXXXXXXXXXXXXXXXXX XXXXXXXXXXXXXXXXXXXXXXXXXXXX XXXXXXXXXXXXXXXXXXXXXXXXXXXXX XXXXXXXXXXXXXXXXXXXXXXXXXXXXX XXXXXXXXXXXXXXXXXXXXXXXXXXXXX XXXXXXXXXXXXXXXXXXXXXXXXXXXXX XXX。

XXXXXXXXXXXXXXXXXXXXXXXXXXX XXXXXXXXXXXXXXXXXXXXXXXXXXXXX XXXXXXXXXXXXXXXXXXXXXXXXXXXXX XXXXXXXXXXXXXXXXXXXXXXXXXXXXX XXXXXXXXXXXXXXXXXXXXXXX。

（空1行）

附件：1.XXXXXXXXXXXX
　　　2.XXXXXXXXXXXXXXX

（附件说明用3号仿宋体字）

二〇XX年X月XX日　（右空4字）

（此件可见报）　　　　（成文日期用汉字书写。市政府印章下弧无文字，采用下套方式）

（附注用3号仿宋体字）

（发文机关标识用红色小标宋体字）

X　X　市　人　民　政　府

机密★一年（秘密等级和保密期限用3号黑体字）　　X府函〔20XX〕X号
001　（发文份数序号用阿拉伯数码标识）　（发文字号用3号仿宋体字）
特　急　（紧急程度用3号黑体字）

XXXXXXXXXXXXXXX
XXXXXX函（公文标题用2号小标宋体字）

（空1行）

XXXXXX：（主送机关和公文正文用3号仿宋体字）

XXXXXXXXXXXXXXXXXXXXXXXXXXX XXXXXXXXXXXXXXXXXXXXXXXXXXXXX XXXXXXXXXXXXXXXXXXXXXXXXXXXXX XXXXXXXXXX。

XXXXXXXXXXXXXXXXXXXXXXXXXXX XXXXXXXXXXXXXXXXXXXXXXXXXXXXX XXXXXXXXXXXXXXXXXXXXXXXXXXXXX XXXXXXXXXXXXXXXXXXXXXXXXXXXXX XXXXXXXXXXXXXXXXXXXXXXXXXX。

XXXXXXXXXXXXXXXXXXXXXXXXXXX XXXXXXXXXXXXXXXXXXXXXXXXXXXXX XXXXXX。

XXXXXXXXXXXXXXXXXXXXXXXXXXX XXXXXXXXXXXXXXXXXXXXXXXXXXXXX XXXXXXXXXXXXXXXXXXXXXXXXXXXXX XXXXXXXXXXXXXXXXXXXXXXXXXXXXX XXXXXXXXXXXXXXXXXXXXXXX。

（空1行）

附件：1.XXXXXXXXXXXXX
　　　2.XXXXXXXXXXXX

（附件说明用3号仿宋体字）

二〇XX年X月XX日　（右空4字）

（成文日期用汉字书写。市政府印章下弧无文字，采用下套方式）

秘　密

（秘密等级用3号黑体字）

市政府常务会议纪要

（会议纪要标识用红色小标宋体字）

X府X届X次〔20××〕X号

（发文字号用3号仿宋体字）

XX市人民政府办公厅　　　　　二〇XX年X月XX日

（发文机关名称用3号仿宋体字）　　（成文日期用汉字书写）

（公文正文用3号仿宋体字）　（空2行）

XX。

XXXXXXXXXXXXXXXXXXXXXXXXXXXXXXXXXXXXXXXXXXXXXXXXXXXXXXXXXXXXXXXXXXXXXXXXXXXXXXXXXXXXXXXXXXXXXXXXXXXXXXXXXXXXXXXXXXXXXXXXXXXX。

（空1行）

出席：XXX、XXX、XXX、XXX、XXX、XXX、XXX、XXX、XXX、XXX、XXX、XXX、XXX、XXX、XXX

列席：XXX、XXX、XXX、XXX、XXX、XXX

请假：XXX、XXX

（出席、列席和请假人员用3号仿宋体字）

（"主题词"用3号黑体字）

主题词：XX　XX　XX　XX　**会议纪要**（词目用3号小标宋体字）

分送：XXX，XXX，XXX，XXX，XXX，XXX，XXX，XXX，XXX，XXX，XXX，XXX，XXX，XXX，XXX，XXX，XXX，XXX。

（分送机关用3号仿宋体字）

XX市人民政府办公厅XXX　　　20××年X月XX日印发

（印发机关用3号仿宋体字，印发日期用阿拉伯数码标识）

001　　　　　　　　　　　　　　　　　　机密★一年

（发文份数序号用阿拉伯数码标识）　（秘密等级和保密期限用3号黑体字，紧急程度用3号黑体字）　特　急

XX市人民政府办公厅文件

（空2行）　（发文机关标识用红色小标宋体字）

X府办报〔20××〕X号　　　　　　　签发人：XXX

（发文字号用3号仿宋体字）　（"签发人"用3号仿宋体字，"签发人姓名"用3号楷体字）

（空2行）

XXXXXXXXXXXXXX
XXXXX**请示**（公文标题用2号小标宋体字）

（空1行）

XXXXXX：（主送机关和公文正文用3号仿宋体字）

XXXXXXXXXXXXXXXXXXXXXXXXXXXXXXXXXXXXXXXXXXXXXXXXXXXXXXXXXXXXXXXXXXXXXXXXXXXXXXXXXXXXXXXXXXXXX。

XXXXXXXXXXXXXXXXXXXXXXXXXXXXXXXXXXXXXXXXXXXXXXXXXXXXXXXXXXXXX。

XXXXXXXXXXXXXXXXXXXXXXXXXXXXXXXXXXXXXXXXXXXXXXXXXXXXXX。

（空1行）

附件：1.XXXXXXXXXXXXX
　　　2.XXXXXXXXXXXXXX

（附件说明用3号仿宋体字）

X州市人民政府办公厅

二〇XX年X月X日（右空4字）

（成文日期用汉字书写。市政府办公厅印章下弧有文字，采用中套方式）

（联系人：XXX，联系电话：XXXXXXXX）

（联系人和联系电话用3号仿宋体字）

参考文献

1. 饶士奇．公文写作处理．北京：线装书局，2000
2. 魏永忠．公务员公文写作原理与范例．北京：人民公安出版社，2002
3. 彭继良．新编公文写作大全．南宁：广西人民出版社，2001
4. 黄荣志．应用公文写作（第三版）．广州：暨南大学出版社，2003
5. 徐秋儿．现代应用写作实训．杭州：浙江大学出版社，2005
6. 黄泽才．新编应用写作．北京：北京理工大学出版社，2007
7. 乔刚，谢海泉．现代应用文写作．上海：立信会计出版社，2005
8. 汪祥云，蒋瑞松．应用文写作（修订版）．上海：上海交通大学出版社，2003
9. 翁世荣．秘书辞典．北京：档案出版社，1989
10. 杨锋，周蓓新．秘书实用写作．广州：暨南大学出版社，2007
11. 朱悦雄．新编应用写作．广州：广东高等教育出版社，2000
12. 陈子典，李硕豪．应用写作大要．广州：广东高等教育出版社，1996
13. 杨元华，孟金蓉．秘书写作．上海：复旦大学出版社，2001
14. 王凯．最新法定行政公文写作与范例解析．北京：中国纺织出版社，2008
15. 栾照钧．公文病例矫正指南．北京：中国时代经济出版社，2003
16. 陈果安．实用写作教程（第二版）．长沙：中南大学出版社，2008
17. 陈子典．实用文书写作．北京：中国传媒大学出版社，2010
18. 潘庆云．法律文书学．上海：复旦大学出版社，2005

后 记

应用文是人类在长期的社会实践中形成的一类文章体裁，是人们处理事务、传递信息、交流感情的工具。应用文具有实用性、时效性、规范性等特点，具有领导管理、交流沟通、依据凭证等作用。在信息社会高速发展的今天，应用文作为一种简单实用的文体，在社会生活和工作中发挥着巨大作用。写好应用文是每个现代人都应具备的能力。

本书从实际需要出发，选择了日常工作和生活中最常用的文体供大家学习。能为广大读者提供最为适宜的学习资源，我们感到无比欣慰。

本书在编写上突出三个特点：一是新颖典型。比如适应社会发展需要，增加申论和网络写作等最新应用文体，各文体所选例文也均具有新颖性和典型性。二是文体写作严格遵循规范。各类文体从内容要求到形式要求，依据相关法规，采用法定或惯用格式，突出应用文规范性和科学性的特点。三是适用好用，便于教师教学和学习者学习。如本书设置“病文诊所”，对常见写作问题进行诊治，帮助学习者认识“该怎么写”和“不该怎么写”，轻松地掌握写作技巧；设置“释疑”，帮助学习者区分容易混淆的文体，准确掌握文体特征，正确使用文体；“写作训练”则结合学习者实际，有针对性地进行写作训练。

本书由杨锋负责统稿，程华审阅了部分书稿。编写分工如下：杨锋撰写第二章、第三章第一节；尹平平撰写第一章、第五章；程华撰写第三章第二节、第九章第二、三节；余潇撰写第四章第二节；杨献农撰写第四章第一节、第七章、第九章第一节；郑周明撰写第六章、第八章；袁佩芬撰写第十章。

在本书编写过程中，参考借鉴了专家、同行的相关成果，为行文方便，有些未能在书中详尽注明，以参考文献形式列于书后，在此表示诚挚的谢意，并祈见谅！由于水平所限，书中难免存在漏误和欠妥之处，恳请各专家、同行以及广大读者批评指正，以便再版时修订。

杨　锋

2010 年 12 月于广州小谷围岛